U0032433

思想
REFLEXION ㉖

香港：本土與左右

編輯委員會

總 編 輯：錢永祥

編輯委員：王智明、汪宏倫、沈松僑、林載爵
　　　　　周保松、陳正國、陳宜中、陳冠中

網路編輯：李　琳

聯絡信箱：reflexion.linking@gmail.com

網址：www.linkingbooks.com.tw/reflexion/

新浪微博帳號：http://www.weibo.com/u/2795790414

# 目 次

# 香港：本土與左右

## 香港本土意識的前世今生

# 思想訪談

## 潛規則與憲政民主：吳思先生訪談錄

文明就是對暴力的抑制和控制，而人類社會在各民族國家裡已經走到了這一步。國際社會也正努力往這個方向走，尋找一種新的世界層面的民主憲政。這是整個地球人類長治久安的基本方向。

# 思想評論

## 伯林批判啓蒙批錯了？──牛津伯林研討會雜記

啓蒙的確不能解決所有中國面臨的問題，但是如果啓蒙所批判的問題都尚且沒有解決，那麼是不是應該不要那麼著急地說超越啓蒙呢？

## 馬來西亞華人的政治思考：
### 「當代大馬政治理念暨制度之省思」研討會綜述

平等／公正是馬來西亞華巫兩大族群一直以來最為重視但分歧最大的理念。許多馬來西亞人未必對這個價值有深入的理解，但卻常常將之提出來以捍衛立場、爭取權利。

# 思想人生

## 湯一介：在歷史漩渦中探索哲學

文化大革命一面把我們的傳統打斷了，一面又把傳統的壞的東西發揮了，某些東西一直延續到現在。要改政治制度才有希望。

# 致讀者

# 綠色思潮與社會正義：
## 與翁米斯希的對話[1]

秦　暉

## 一、建立中國人自己的綠色反思

在改革前的中國，儘管宣傳上作為「資本主義罪惡」時常提到西方的環境污染，但從未承認中國自己有什麼環境問題。相反，在很長一個時期，我們都把「煙囪林立、馬達轟鳴、鋼花飛濺、鐵水奔流」當成理想美景。中國的環境生態保護運動是改革時期在西方綠色思潮的影響下形成的。1980年代翻譯的《增長的極限》、對《寂靜的春天》和羅馬俱樂部的介紹，都起了至關重要的「綠色啟蒙」作用，今天國際上比較熟悉的中國兩種「綠色聲音」：實際從事環保維權的環保NGO組織，和並不怎麼參與維權、卻喜歡在國際上發言的新左派朋友都深受這種影響。

正因為如此，中國的環保思潮在基本價值觀上是普世性的（中國人與西方人同樣需要環保，需要實現人與自然的和諧），但在問題意

---

1　本文是筆者與芭芭拉・翁米斯希（Barbara Unmüßig）女士在「2013中德發展論壇」10月31日對話會上的談話和演講的書面稿。翁米斯希是德國綠黨著名活動家、海因裡希・伯爾基金會主席，從事環境、發展和全球正義等領域的研究。

識上卻是高度西方化的(即把當代西方環境破壞的發生機制當成中國的現實,甚至認為環境破壞就是一種「西方禍害」的東漸)。相對而言,環保NGO的訴求更突出前者,而新左派的環保觀更突出後者。這就造成一種現象:西方綠色思潮具有強烈的自我反思特徵:從反思工業化、反思資本主義到反思西方文明、反思現代性,而中國一些綠色思潮的宣傳者卻有「喜歡西方的反思,卻不喜歡反思自己」的特點。不少人認為,環境破壞只是西方帶來的問題、資本主義帶來的問題、現代性(尤其是工業化)帶來的問題。尤其是一些新左派朋友更喜歡這三個說法。但我認為西方人這樣講是一種反思精神,我們也跟著講,就沒有反思精神了。我是很贊成環保的,但我歷來主張「主義可拿來,問題需土產,思想要自立」,在中國講綠色思潮是要有自己的針對性的。

現代環境保護運動起源於西方,但環境破壞是個人類的問題,不能說是起源於哪裡。人的欲望與環境制約有矛盾,「竭澤而漁」與「細水長流」兩種態度也都源遠流長,很難說某個文明持一種態度另一個文明則只有另一種態度。歷史上很多非西方地區都出現過因人類活動導致的生態災難,乃至導致一些文明的消亡。有人說中國有天人合一學說,可以保護環境。其實我國古代的「天人合一」學說是一種以「宇宙等級秩序」來證明人間等級秩序(例如以「天無二日」對應「民無二主」[2])的理論,它與環境保護本不相干。如今人們把環保意識附會於它,倒也不無可取,因為作為符號的語言能指在歷史中增添新的所指,所謂古為今用,也是好事一件嘛。

但問題在於環境保護決不僅僅是、甚至主要不是一個認識問

---

2    「天地設位,懸日月,布星辰,⋯⋯王治之象,畫州土,建君臣,⋯⋯」
     (《漢書》卷七十五)。

題。沒有一種有效的制度安排,所謂「重視環境」只能流於空談。由於經濟學上所謂外部性,人人明知重要而又人人破壞之的事例不勝枚舉。筒子樓裡公共水房往往污穢不堪,就是一個例子。我國古代雖不像一些古文明那樣環境破壞到了文明消亡的地步,但環境問題確實也不小。遠的不說,明代的《徐霞客遊記》中在江西、浙江、湖南、廣西、貴州一路,在記載奇山異水的同時,也記錄了許多今天所謂的環境破壞:首先是嚴重的亂砍濫伐給森林植被造成毀滅,不僅北方、中原「嵩(山)、少(華山)之間,平麓上至絕頂,樵伐無遺」[3],連南方雁蕩川大龍湫瀑布附近的名山勝景,稍大點的樹木也被砍光,以致霞客欲找根樹枝做拐杖竟不可得[4]。而經濟並不發達的西南不少山區也是「四面童山,光禿無木」,「自入貴(州)省,山皆童然無木,而貴陽尤甚。」[5]

其次很多地區的造紙、燒石灰等傳統手工業也破壞了環境和自然景觀,如江西的南豐、宜黃一帶:「多墜峽奔崖之流,但為居民造粗紙,濯水如滓,因水被污染而混濁骯髒,失飛練懸殊之勝。」[6]吉安永新一帶石灰窯採石也導致山川失秀:「惟東北一角山石完好,而東南盡處與西北諸面,俱為燒灰者鐵削火淬,玲瓏之質,十去其七矣。」[7]再次,人類生活污染也很嚴重,徐霞客看到湖廣永州、廣西柳州等地的許多風景名勝被生活垃圾糟蹋得面目全非,如永州的鈷鉧潭、柳子祠「上瞰既奇,下穿尤幻,但行人至此以為溷圍,污

---

3 《徐霞客遊記·遊太和山日記》。
4 《徐霞客遊記·遊雁宕山日記》:「林中新條柔不中杖,老柯斬伐殆盡矣!」
5 《徐霞客遊記·黔遊日記一》。
6 《徐霞客遊記·江右遊日記》。
7 《徐霞客遊記·江右遊日記》。

穢靈異，莫此為甚。」[8]柳州舊有名勝「羅池夜月」，據說「大江東南有燈檯山，魄懸台上而影浸池中，為此中絕景。」但徐霞客往訪，卻被告知「此景已久湮滅，不可見矣。」原因竟然是官家游景擾民，導致民眾以污染為反抗：「土人苦官府游宴之煩，拋石聚垢，池為半塞，影遂不耀」，徐霞客堅持一見，看到的是「有池一灣，水甚污濁，其南有廢址兩重」，「昔時亭館所托也。」[9]

　　明清以前人的經濟活動破壞環境之事也有不少，如譚其驤等學者指出，歷史上黃河水患最嚴重時期就是因為從遊牧變成過度農耕的緣故。如果說那時沒有出現汽車廢氣、酸雨和核污染，那只是因為古人還不懂得相關工業技術，而不是因為他們懂得「天人合一」。

　　很多人認為改革時期「單純追求GDP增長」導致生態環境破壞，當然有這個因素。不過改革前中國經濟混亂時，環境生態問題也並不輕。大躍進不僅造成大饑荒，也造成空前的生態災難，「大煉鋼鐵」毀滅了森林，三門峽工程把水利弄成「水害」。只是那時嚴重的問題是饑餓，環境問題沒人講。實際上那時這個問題就很大。例如那時我國農業儘管化肥農藥沒有今天用的那麼多，但那時的化肥農藥品種對生態的破壞比今天的品種可要嚴重得多。改革前我國不少地方大量使用廉價的氨水（我至今難忘那嗆人欲暈的刺鼻氨氣和水田施過氨水後田螺蚯蚓都死光、連田埂的草都被熏枯的情景）做當家化肥，一些地方還使用有毒的石灰氮。那時用量最大的農藥還是西方早就禁用了的可導致廣譜累積性中毒的有機氯農藥（六六六、滴滴涕等），以及劇毒、高殘留有機磷（一六〇五、一〇五九、三九一一等）、汞製劑（賽利撒、西力生）等。這些東西對生態的危害

---

8　《徐霞客遊記·楚遊日記》。
9　《徐霞客遊記·粵西遊日記二》。

要比現在的品種大多了。我在農村時親眼看到當時對六六六的濫用：不但用於田間，還被當地人用於熏殺馬蜂（馬蜂蛹和幼蟲是當地美味）、用於毒魚以取食。可悲的是農民並非不知這樣取食有害，只是饑不擇食啊。那時的農民甚至有把六六六粉往自己身上抹用以殺滅蝨子的。農業以外，那時提倡的「五小工業」更是效益小污染大的典型。

改革前的文革時代恰恰是「政治掛帥」，不要說GDP，當時幾乎所有經濟資料都是「機密」，提都不能提，鄧小平抓生產，就被批判為「唯生產力論」，屬於反動的「修正主義」。那時考核官員更不是考核他治下的經濟增長，而是考核他在「階級鬥爭和路線鬥爭」中的作為。總之，那時的環境問題和其他社會問題一樣，與其說是因為「追求經濟增長」，不如說是因為「追求政治權力」而造成的。

不只中國，其實德國也有類似現象，當年的社會主義東德生態環境要比資本主義西德差得多，也比統一後要差。如今綠黨在前東德地區支持率比前西德地區小得多，我猜原因可能是經歷過東德生活的人對「反思資本主義」的綠色思潮不那麼感興趣，不知道是不是這樣？

那時我國的「政治掛帥」到改革後變成了「經濟掛帥」，1990年代後更走向「GDP掛帥」，由此我們陷入了今天的環境危機。於是人們呼籲改變追求目標，另換考核方式，升官不靠GDP，而要考核環境，有人還設計出「綠色GDP」之類新型考核指標。可是如果以前的「政治掛帥」同樣造成環境破壞，今天從「經濟掛帥」改成別的什麼掛帥，哪怕就是「環保掛帥」就可以解決問題？在我看來，「追求」什麼、「考核」什麼不能說不重要，但追求與考核的主語——誰有權「追求」，誰來「考核」，可能更為重要。一個權不受制、

責不可問的體制無論名義上「追求」什麼，都可能與民眾的期待距
離甚大，甚至南轅北轍。中國現在一方面也提可持續增長，建設生
態文明等，一方面環境卻不斷惡化，就是這個道理。

## 二、「綠色公共干預」還是「綠色市場交易」：矛盾與互補

　　這就涉及到了綠色思想的另一個層面即制度層面。如前所述，
我認為環保不僅是個認識問題，更是個制度安排問題。其實我覺得
這似乎也是西方綠黨的認識。我理解德國綠黨主張的「四大支
柱」──生態智慧、參與式民主、非暴力、社會正義，和2001年「全
球綠黨憲章」提出的「六大原則」，即上述四項加上「可持續發展」
和「尊重多樣性」，其實都體現了許多制度創新思想。

　　當然，這方面的爭論也不少。正如過去資本主義的西德與社會
主義的東德都出現過環境問題一樣，今天解決環境問題也有許多思
路，不過在我看來基本還是兩種：一是通過「公共利益干預」去限
制、乃至禁止污染，二是通過「個別利益誘導」去換取減污，乃至
棄污。前者寄希望於國家以及公民社會（環保NGO等）對排污主體
（個人或企業法人）唯利是圖行為的制約，可以視為一種「生態社會
主義」設想。按我的理解，歐洲的綠黨比較接近這種主張。後者以
如今風行的「碳交易」（又名「排污權交易」）為代表，希望靠市場
機制而不是靠強行管制，使排污主體能夠為牟利而自願減少或放棄
排污，可以視為一種「生態資本主義」主張。

　　在西方，這兩者有很大的爭論。排污權交易設想一直被西方左
派強烈批評為邪惡的「空氣私有化」，而靠國家管制控制污染又被

右派看成是可怕的「大政府幽靈」[10]。但是我覺得，正如現代經濟往往是市場經濟與福利國家的某種結合一樣（德國的「社會市場經濟」就是典型），在環境治理方面，市場機制和公權力管制何以就不能並行？實際上，管制限污和交易減排都有成功的例子但也各有局限性，至少在中國，我不認為兩者是完全互斥的。

　　但是在中國，正如我常常擔心既沒有市場自由（由於政府權力太大）、也沒有福利國家（由於政府責任太小）一樣，環境方面我同樣擔心「碳交易」成為政府推卸責任的藉口，而「碳管制」又成為政府濫用權力的說辭。大家知道我對中國改革的基本主張是「為自由而限權，為福利而問責」，在環境問題上我同樣認為限權與問責兩者都是走向「中國式綠色」的道路。與西方人爭論「政府，還是市場？」不同，中國的「政府」與「市場」與西方都不一樣。正如兩德並存時期布萊希特諷刺說：在東德「如果人民不喜歡政府，最簡單的辦法就是解散人民，另外選舉一個人民」。類似地，西方自由市場曾被批評為「贏家通吃」，但中國的「市場」主要弊病卻是「權家通贏」，所以在中國，爭論「政府還是市場」之前先要解決「政府」本身的改革和「市場」本身的公平問題。

　　而據我所知，綠黨與左派一樣對排污權交易並不欣賞，但在公共利益干預方面，綠黨不同於強調民主國家作用的傳統西方左派之處，在於她更強調以NGO方式行動的「公民社會」來干預，這就是作為綠黨思想四大支柱之一的「參與式民主」的主要內容。但是眾所周知，在今天的中國，NGO的生存空間非常有限，如果說由於政治體制的原因，這裡的「政府干預」與「公共利益干預」不是一回

---

10　中國也有類似的觀點，見朱海就，〈政府不應保護環境而應保護產權〉，http://finance.ifeng.com/news/special/caizhidao139/。

事(最明顯的證據是:德國歷史上甚至連馬克思這樣激進的自由市場
批判家,也不主張當時那種非民主的國家干預和國家管制;相反,
他明顯地認為魁奈、亞當斯密這樣的自由市場論者還比柯爾貝、李
斯特這樣的國家干預論者進步),那麼NGO式的公民社會干預在中
國就更是任重而道遠。綠黨「參與式民主」本意是有了憲政民主國
家還不夠,還要讓自由公民通過NGO之類的形式直接參與治理,可
是在中國,可能您不了解的是「參與式民主」的說法被廣為宣傳(有
人宣稱「參與式民主」是中國特色,比「西方民主」更好),「憲政
民主」卻是不能說的,NGO更被壓得似有似無,最近連「公民社會」
都成了敏感詞!那麼這種條件下的「參與式民主」是什麼?就是在
嚴防憲政民主、打壓公民社會的同時讓臣民有所「獻言獻策」,以
供主上參考取捨。這難道是綠黨所提倡的參與式民主嗎?環境問題
可以在這樣的體制下解決嗎?

## 三、在全球,綠色運動的關鍵在於全球治理機制缺失; 而在中國,綠色思想首先應該是民主思想、人權思想

　　不過,環境保護—污染治理與一般的國家治理還是很不同,最
根本的一點就是環境和污染都是無國界的。西方如今的市場經濟和
福利國家雖有弊病,畢竟還一直有效,結合兩者的「社會市場經濟」
更是成績卓著,但是在環境治理方面,無論「管制限污」還是「交
易減排」,都會碰到全球治理機制欠缺的困難。

　　這裡最突出的例子,就是美國對以「碳交易」為內容的京都議
定書的長期拒絕。其實我們知道,與歐洲的福利國家相比,美國在
西方是更強調市場自由的新自由主義根據地,以「碳交易」而非「碳
管制」為內容的京都議定書,應該說更多地體現美國人的價值觀。(正

因為如此，西方一些左派輿論對這個被斥為「空氣私有化」的議定書批評很厲害。）但是儘管在歐洲一些國家和美國一些州「碳交易市場」起了一定作用，在真正關鍵的全球碳交易問題上美國卻不合作。為什麼？就是因為沒有一個全球治理機制，能像民主治理機制在一個國家內那樣維護交易規則，打擊欺行霸市。國際上沒有這種約束，美國就是要「免費排污」，不肯為排污權付費，哪怕這個排污權交易符合他的價值觀，但抽象的價值觀在具體的利益面前往往蒼白無力，尤其在行為不受制約時更是如此。

　　而國際社會之所以推出京都議定書式的交易減排，也並非新自由主義有多大影響，而是由於「碳管制」對治理機制的要求比「碳交易」更高，猶如全球福利制度比全球市場更難以實現一樣。連碳交易有人想不接受就可以不接受，要搞碳管制豈不更困難？

　　所以我認為，在現有的民族國家內民主治理體制下，國界內的環境問題無論是「管制限污」還是「交易減排」都是有作用的，兩者還可以結合起來增強環境治理效果。但是對於全球環境問題而言，兩者都遇到了缺乏全球治理機制的障礙，而由於西方本來就是多元民主的，兩者各自的「無效」似乎就成為對方批評的理由。但我認為，真正要解決的問題還是如何建立全球治理機制以應對全球化時代的各種挑戰（不僅僅是環境挑戰），這方面我對歐洲寄以希望，因為歐盟雖然不是全球治理機制，但畢竟是有史以來相對而言最成功的跨國家治理機制，對於歐洲範圍內的環境治理也能發揮作用。儘管它在最近的歐債危機中經受著「逆水行舟，不進則退」的考驗，但我希望她成功，並且以跨國治理實踐為未來可能的全球治理提供經驗。

　　未來全球治理意味著「全球化的民主」或者「民主的全球化」，它的必要條件（儘管可能不是充分條件）應該是參與治理的各個國家

首先具備國內的民主，就像歐盟只能是民主國家聯合體一樣，而且
參與式民主也只有在憲政民主基礎上才有意義。因此在中國，我認
為綠色思想首先應該是民主思想。沒有國內的民主治理機制，無論
「管制限污」還是「交易減排」首先在國內就會遇到障礙；而沒有
憲政的參與式民主也不可能是真貨。更不用說沒有中國這個大國的
民主化，就更談不上全球治理的民主機制了。

　　因此，在中國講綠色運動應該有與西方不同的特點。例如幾年
前我與一些環保組織朋友就「保護怒江」問題曾有過商榷[11]：當時
這些朋友把「反對水壩」的呼聲集中於怒江，因為該江沿岸人煙稀
少，具有原始生態美景，是世界大河中唯一的「無壩之河」，這些
理由在西方環保運動中很有吸引力。但我認為從歷史上看，如果不
談具體工程本身的缺陷，那麼中國水電開發中最嚴重的問題是補償
標準低下的強制性庫區移民造成的人權災難。在中國如果我們還不
能取消水電(這應當是無可迴避的現實)，就不能「逢壩必反」，只
能選擇性地「反壞壩」。那麼假如不作其他考慮，僅在庫區人口眾
多需要大量強制移民的河段和人煙稀少的「原始」河段中比較，抵
制建壩的重點無疑應該在前者(嚴格地說重點也不在抵制大壩本
身，而在維護庫區人民和其他利益相關群體的權益，抵制強勢者的
侵權行為)。就西南諸河而言，金沙江、瀾滄江水電開發的人權代價
(且不說環境代價)都比怒江大得多，抵制建壩捨此不為，而以水能
密度最大、水文條件好、沒有灌溉通航功能、最重要的是移民也最
少的怒江為目標，只為「無壩河流」之名，未免有點錯位。這也許
是人權標準已經很高、極少聽說強制遷徙的西方民主國家綠色朋友

---

11　秦暉，〈環保與發展中的「天平」與「尺蠖」〉，《經濟觀察報》
　　2007年1月7日。

們很難體會的，他們更熱心於保護「原始」河段完全可以理解。可是在中國，綠色思想就不能不首先是人權思想。

## 四、民主與社會正義遭遇「純經濟全球化」

您提到歐洲與全球的經濟─社會問題，我知道綠黨作為一個具有反思、批判精神的新興政黨對此有很多前衛的看法。我不敢說對歐洲有多少了解，但去年我寫過一篇文章叫〈憲政民主遭遇全球化〉，其中有些觀點請您指正：

西方發生債務爆炸，傳統的「左右之爭」或「福利國家與自由放任之爭」就涉及了危機責任問題。一派說危機的原因在於太自由放任，尤其是金融自由太多；另一派說原因在於高福利太過分，造成開支失控。然而在我這個中國人看來，儘管自由放任與福利國家都各有利弊，但僅就債務而言，理論上無論是右派主張的「低稅收低福利」還是左派主張的「高稅收高福利」都可以在財政均衡條件下運作，至少不至於無限遠離均衡、導致債務爆炸。但是，民主制下有一種「反向的尺蠖效應」，即左派、右派要得勢，都得討好老百姓。而老百姓對左、右的主張都只喜歡一半，所以左派上台增福利容易，增稅難；右派上台減稅容易，減福利難；這就導致憲政制度的基本目的即我以前所說的「天平效應」受到破壞。如此往復迴圈，債務窟窿就難免越來越大，終於導致窟窿塌陷的大禍。

換言之，儘管理論上我們可以指出左右派的主張各有什麼毛病，但有毛病和不能繼續運轉是兩回事。現在這些國家的主權債務危機搞到難以為繼的程度，並不是左派或右派哪一種主張本身造成的，而是這兩種主張在兩派都要討好老百姓的情況下都「只能實行一半」的結果。而「兩派都要討好老百姓」恰恰又是民主制度的基

本特徵，所以也可以說，這樣的危機實際上就是民主制度的危機[12]。

　　這次德國的大選又一次證明了我的看法。如所周知，本次大選基民盟獲得大勝，社民黨得票也有增加。但綠黨和自民黨都吃了虧。為什麼？因為綠黨要求增稅，自民黨要求減福利，德國人民都不喜歡。而基民盟要求減稅（至少反對增稅）但卻迴避減福利，社民黨要維護福利但卻迴避增稅，兩者都得到大量的支持。可問題是，只增福利不增稅，或者只減稅不減福利，那赤字和欠債不就越來越多了嗎？如果這樣發展下去，總有一天德國會變成今天的希臘！

　　但是民主制度如果一直就這樣搞，它還能走到今天？民主國家過去的輝煌成就又怎麼能取得呢？我曾指出：在沒有今天那種全球化局面以前，一國經濟中「既要馬兒跑又要馬兒不吃草」的遊戲是玩不了幾天的，而民眾不是聖賢，但也不是撞死南牆不回頭的傻瓜，他們感到出了問題就會改變。事實上，民主國家歷史上民眾接受增稅與接受減福利的例子都很多。甚至在波蘭等東歐國家，恰恰是民主化使得民眾願意減福利的（而此前「專政」政府要推卸福利責任，民眾就抗議）；而當年的英國、法國，也正是實行「無代表不納稅」後民眾願意增稅的（而此前國王增稅，民眾就不幹）。那麼為什麼那些老牌民主國家的民眾現在變得如此「執迷不悟」？與1990年的波蘭人相比，當然是因為當時波蘭人用有限的減福利換得了他們過去沒有的自由民主，而今天的老牌民主國家卻沒什麼可換，那麼與這些國家的過去相比呢？

　　我的回答是：其實民主制度下發達國家負債率無限提高，是國際經濟一體化（包括全球化與「全歐化」）、但憲政民主治理機制卻限於主權國家的結果。因為經濟一體化提供了前所未有的國際透支

---

12　秦暉，〈憲政民主遭遇全球化〉，《經濟觀察報》2012年6月12日。

機制,同時又吸納了許多樂於被透支的國家,尤其是那些與民主國家相反、左右派都要討好皇上、而無需討好老百姓的「低人權優勢」國家。

比如我們也有左派和右派,可是我們的「左右互動」卻跟你們相反:皇上最喜歡增稅,同時卻討厭民眾向他問福利之責。所以我想,如果你們的綠黨和自民黨能夠放棄民主而擁護專制(恕我冒昧地作這種令人不快的假設),那麼你們的「增稅」和「減福利」主張在我們這裡都會受到重用!「左派」幫他增稅,「右派」幫他減福利,難怪我們會有個全世界最富有的政府。現在有些人在議論中國政府債務危機的可能。我說你們這是操西方人的心,在中國如果出現政府債務危機,那可能是一個空前未有的大進步了!大家不知道中國歷史上曾經出現過老百姓大量餓死、而政府卻自豪地宣佈「既無外債又無內債」的奇觀嗎?假如皇上能夠隨意橫徵暴斂,同時老百姓又不能向他追索福利,甚至餓死了都不能抱怨,他怎麼還會欠債?恐怕他擔心的是錢多得不知怎麼花了吧?這時如果有人要借,那不是求之不得嗎?

這樣兩種相反的國家(當然,由於都有「左」也有「右」,人們有時沒覺得相反)共同玩經濟全球化遊戲,結果可想而知:左右都要討好民眾的國家向左右都要討好「皇上」的國家透支,前者掩蓋了窟窿,後者避免了「過剩」,前者得到高消費,後者得到高增長。表面上是各得其所,但兩種體制的弊病(各自相反的弊病)卻日益發展。後者的社會不公、官民矛盾、腐敗蔓延,包括犧牲環境等積弊無法糾正,出現「越維越不穩」的困境。而前者有這種透支機制,「既要馬兒跑又要馬兒不吃草」的遊戲就可以玩得空前的久,以至於一些國家的民眾失去了糾錯的能力,等到債務窟窿捂蓋不住而終於塌陷,那糾錯成本就太高了。希臘入歐後鑽「貨幣全歐化,財政

國家化」的空子透支歐洲，美國在全球化中利用美元透支國際市場，尤其是透支中國這樣的低人權國家，都是這樣發生的。

對於歐債危機我曾指出：今天歐洲面臨著「逆水行舟，不進則退」的嚴峻選擇，如果不強化歐洲的政治一體化（首先是財政的一體化），貨幣一體化就保不住。而近期的歐洲選舉表明，「逆水」中的歐洲進則舉步維艱，退則後果嚴重。這一次的左右輪替，其實僅就「左」「右」本身的理念而言意義並不大，歐洲民主制度下左右輪替的政治鐘擺已經不知多少次了，這一次也不會是「誰戰勝誰」。但這是正常狀態下「天平效應」的擺動（即財政相對平衡前提下「高稅收高福利」與「低稅收低福利」的輪迴），還是「反向尺蠖效應」下舊弊的積累（左派能增福利難增稅，右派難減福利易減稅，導致財政越來越失衡）才是問題的關鍵。

而對於全球化就更是如此。綠黨一直強調社會正義，我在中國也從1990年代就以「公正至上」的主張聞名，但是我想您也同意，這些年西方與中國的社會不平等都在增加。其中一個重要原因，就是不同政治體制和人權標準的國家之間經濟一體化帶來的深刻社會影響。

理論上，一體化經濟中資本與商品的梯度流動（資本流向不發達地區，生產出廉價商品流向發達地區）應該有益無害。但是在體制不同、而人的流動性比資本與商品流動性小得多的情況下，這種流動會帶來國別差距縮小而一國內差距擴大的結果。我們知道，發達民主國家一百多年來的發展不但在經濟總量、而且在經濟平等方面進步巨大。勞資生活差異和貧富差距在縮小，基尼係數、主要是二次分配後的基尼係數在降低。對於這些成就，有人強調民眾運動、工農組織、民主壓力和再分配的效果，而另一些人則強調自由經濟中要素稀缺格局發生變化的效果，即市場經濟的要素契約中總是稀缺

要素持有者佔據談判優勢，資本主義初期資本稀缺，勞動相對過剩，因此資本的談判實力遠超勞動，導致兩者差異巨大。後來資本積累到越來越過剩，勞動變得相對稀缺了，勞動的談判實力就上升，兩者的談判地位就趨於相當了。筆者認為，這兩種解釋並不是互斥的。一百多年來發達民主國家社會平等尤其是勞資關係的進步，其實是民眾、勞工維權運動壓力和資本積累導致的要素稀缺格局變化的綜合結果。

　　但是單純經濟全球化、尤其是冷戰結束後的全球化增加了發達國家的資本出路，面對工會和民主國家再分配的壓力，資本學會了「惹不起，躲得起」──躲到低人權國家。資本外流後加劇了本國勞動的相對過剩，廉價商品輸入又替代了本國的產業，勞工討價還價的實力大減，工會雄風不再，福利體制陷入危機，所以西方左派對全球化很反感，是完全合乎邏輯的。

　　實際上，資本流出後在低人權國家搞血汗工廠可以增加盈利，但本國勞工就業機會損失卻降低了收入，這就導致即便全球化也給發達國家帶來經濟增長，但收入分配的平等化趨勢卻明顯逆轉。發達國家的勞工發現他們如果不向低人權國家的血汗勞工看齊，就「喪失了競爭力」。然而另一方面，低人權國家的強勢者卻通過這種全球化中與國際資本的結合，其收入也向發達國家的富人看齊（甚至由於權錢結合更方便可以比西方富人還富）。這種「中國富豪一心攀比西方富豪，西方勞工被迫模仿中國勞工」的趨勢，在兩邊都造成了嚴重的社會問題。

　　而更為深層的矛盾在於：就業機會的減少、初始分配差異的擴大，更進一步加深了社會保障和公共福利的需求；但與此同時，全球化中的資本外流又導致稅基萎縮，國家提供福利和公共服務的能力降低。尤其是在「避免雙重徵稅」制度下，資本流出後就不再對

本國福利承擔義務，這就造成了福利需求和福利提供能力的反差越來越大，而這個反差也只能靠全球化中的透支功能來彌補。發達國家的透支越來越厲害也就難以避免了。

## 五、「反全球化」不可取，應該在社會正義基礎上深化全球化

「中國富豪一心攀比西方富豪，西方勞工被迫模仿中國勞工」自然在中國也引起了嚴重的不滿。於是「反全球化」思潮也傳入了我國，尤其是力主反全球化的西方左派，在我們這裡的一些「左派」朋友那裡很容易找到知音。

但這當然是大錯特錯。前面說過西方的左派「反全球化」是合乎邏輯的。因為資本流出、商品流入確實是降低了他們勞工的談判地位。但是，對於資本流入、商品流出的中國來說，其邏輯導向本來應該完全相反：如果純就經濟因果而言，這樣的流動應該在中國導致資本趨於相對過剩，勞動趨於相對稀缺，這本來應該是有利於中國勞動者的。換句話說，在中國，經濟全球化本來應該造成一個「中國勞工趨同西方勞工」的走向，而不是僅僅有「西方勞工被迫模仿中國勞工」。應該說這一走向也不是完全不存在。這些年來我國勞工無論是工資還是福利都有不少進步。這種變化與上面講的全球化中「要素稀缺格局的變化」（這種變化在中國與西方是反向的）倒是有明顯的因果關係。

問題在於這一走向還遠遠不夠。而另一方面「中國富豪攀比西方富豪」的走向卻比邏輯上應有的更加凸顯（主要指有權力靠山的富豪）。這就要歸因於政治體制了。這種體制人為壓制了勞工和其他弱勢者的市場談判權利。關鍵的問題在於：本來專制體制下勞工的談

判能力就被人為壓制，如果在市場邏輯中資本相對過剩，勞工的處境還好些——外資的進入就有這種功能，更何況不少入華歐美企業本身相對尊重勞工權利的「社會主義習慣」也發生著影響。如果對外資關閉國門，或者人家對我們的商品關閉國門，那我國的資本將更稀缺，勞動相對地就更過剩，勞工就更無法討價還價了。所以中國的「左派」也跟著西方左派一起反全球化是不合邏輯的。在勞工權利與現代工會運動已經高度發達的西方，具有社會主義傾向的左派拒斥純經濟全球化以維護本國勞工的談判地位，是理所當然的。但在勞工尚無結社自由、而全球化導致的要素稀缺格局變化卻有利於勞工的中國，如果也有真正的左派，他們應該做的是當然不是拒斥全球化，而是努力把全球化從純經濟層面推向全方位，推進政治體制改革與民主化，為勞工爭取政治權利，使全球化提高中國勞工談判地位的效果能夠充分體現，防止這種效果被「專政」所人為壓制。

　　而就西方而言出路何在呢？這是我應該請教您的問題。不過我可以講幾點看法供您批評，可能很可笑，但對朋友無所謂吧。

　　首先由於我剛才講的原因，社會正義在中國無法迴避民主化，而中國的民主化現在對於西方已經不是價值觀上同情的問題，尤其對於西方的左派和勞工而言，在如今這種全球化之下由於剛才提到的機制，如果中國的勞工不能像你們的勞工那樣維護權利，有一天你們的勞工就會像中國勞工那樣失去權利。在目前的全球化下「血汗工廠打敗福利國家」，不是不可能的！靠貿易保護主義切斷經濟全球化不是辦法，進一步透支維持高福利也不是辦法，從某種意義上講，出路只能是用人權的全球化充實如今的經濟全球化。

　　這當然不是很快能實現的。而在此之前，還有兩個治標不治本的主張：

　　第一是遭遇全球化的民主體制恐怕得調整遊戲規則。也許不必去反對福利國家，但需要適當限制議會權力，即立法禁止議會通過財政赤字與公共債務超標（例如可以參考《馬斯特里赫特條約》規定的「歐洲標準」：財政赤字不超過GDP的3%、公共債務不超過GDP的60%）的不合理預算。換言之，想要高福利就必須接受高稅收，不能「既要馬兒跑，又要馬兒不吃草」。適當限制議會權力本是民主制度的通例，例如很多民主國家都以憲法規定議會不得取消言論自由。而上述限制本來也是符合常識的，否則也不會列入《馬約》。以往在沒有全球化的時代，由於「既要馬兒跑又要馬兒不吃草」的遊戲根本玩不久，基於常識議會一般也不會這麼不負責任。但全球化時代就不同了，《馬約》之所以設立上述門檻，就是看到「全歐化」帶來一國議會不負責任的風險，但是事實證明，在歐洲一體化沒有包括主權層面、《馬約》也沒有變成歐洲合眾國憲法的情況下，這一規定根本不起作用。所以，在形成「超國家民主」之前那些高度參與全球化遊戲的民主國家，有必要把它列入憲法來約束自己。

　　第二就是廢除「防止雙重徵稅」的規定，使雙重徵稅合法化。以此適度約束資本流動，要比搞貿易保護、通過傳統的關稅壁壘限制商品流通更為合理。在人力不能跨國自由流動的情況下，一國國民努力形成的資本轉移到別的國家，尤其是轉移到成本畸低的低人權國家，會使本國損失就業機會、增加福利需求。但是防止雙重徵稅又會導致稅基流失。兩相夾擊，是使發達民主國家走向無限制透支道路的一大因素。不應該以行政限制資本流動（對於資本流入國的勞動者尤其如此，理由如上所述），但是資本追逐低成本所產生的額外收益，應該對母國的社會公益有所補償。當然它也應該對流入國盡公共義務。如果它希望既追逐低成本又不願增加稅賦，當然也有一個辦法，那就是整個公司作為法人、甚至所有者作為自然人都遷

入流入國，完全成為流入國的公司（因而也就沒有了雙重徵稅的問題），從而承擔低人權國家的產權風險。不能既在民主法治國家註冊享受其產權保護同時卻無需納稅，又享受低人權國家的畸低成本帶來的額外收益。

## 六、民主仍然是世界潮流，但民主也必須與時俱進

總之，如今深度與廣度都大為發展的經濟一體化（全球化與全歐化），確實給一國主權下的憲政民主機制出了難題。從根本上說，這個問題的解決有賴於憲政民主機制的普及，以及在此基礎上與經濟一體化相適應的政治一體化（歐盟就體現著這一方向，但現在她面臨著危機「倒逼」的壓力）。但是在這個根本問題尚無法解決的情況下，也不是不可以改進制度設計，降低如今這種純經濟向度的全球化帶來的劣幣驅逐良幣的風險。

這個世界上歷來有很多人為專制唱讚歌，要駁斥這些東西並不困難。但真要有效地推進憲政民主，也不能把憲政民主浪漫化。這種機制並不完美，而且隨著歷史的發展它還會不斷碰到新問題、新挑戰。沒有什麼東西能保證正義一定戰勝邪惡，文明一定戰勝野蠻，歷史上民主制度的衰敗（不含那些民主誹謗者渲染的假民主真獨裁的失敗）不止一次，古代在希臘、近代在歐洲也多次有過專政戰勝民主的教訓，沒有理由認為今後就不再可能出現類似悲劇。民主國家必須好自為之。

同時對於其他國家來講，我們也要看清一點：歐洲國家現在的問題恰恰是經濟全球化條件下「民族國家中的民主制」邏輯上產生的問題，也就是說，如果不是「民族國家」（例如歐洲如果能真正走向政治一體化，能夠避免貨幣一體化與財政國家化的衝突），或者不

是真正的民主制度，即二者只要缺一，都不會導致這樣的問題。換句話說，這樣的事態恰恰表明，歐洲的民主絕不是什麼虛偽的民主。如果只是在「民主」的外衣下搞獨裁制或寡頭制，不是「左右派都必須討好大多數」，而是左右派都必須討好皇上，討好若干寡頭，或者討好一小撮為富不仁者，那即便在民族國家條件下歐洲也不會有現在這些問題。當然，也不會有近代以來民主國家的輝煌。而那些左右派都無需討好老百姓、只需看皇上或寡頭們臉色的國家，是不會出現如此「奢侈」的問題的——猶如饑民不會患上肥胖病。但是這些國家有其更為深刻的大弊。而在解決這些大弊方面，我們是可以互相啟迪的。

秦暉，北京清華大學人文學院教授，著書二十餘種，2013 年近著有《共同的底線》及《南非的啟示》。

# 從演化倫理學觀點整合儒家人性論的嘗試

李雅明

## 一、導論

在中國哲學史的人性論方面，孔子認為「性相近、習相遠」，但對於性之善惡並未多所申論。先秦諸子中：孟子主張性善，告子主張性無善無惡，世碩主張性有善有惡，荀子則主張性惡[1]。漢代以下，董仲舒主張人本質為善但其情為惡；揚雄主張性善惡混；王充認為性有高下之分，韓愈提出性三品說予以補充[2, 3]。宋代以後，孟子成為宋明理學之正統，而以荀子為偏。近代儒家學者中，持「心性之學」宗旨的學者均宗孟子之主張[4, 5]，但其他學者亦有不

1 陳榮捷，《中國哲學文獻選編》（台北：巨流圖書公司，1993），頁394。
2 張岱年，《中國倫理思想研究》（北京：中國人民大學出版社，2011），頁77起。
3 牟鍾鑒，《儒學價值的新探索》（濟南：齊魯書社，2001），頁92起。
4 牟宗三，《中國哲學的特質》（台北：臺灣學生書局，1963年初版，2009年刷），頁92。
5 徐復觀，《中國人性論史：先秦篇》（台北：臺灣商務印書館，1969），

同意見[6, 7, 8]，對此一問題並未有一致之看法。在西方思想界，19
世紀達爾文提出生物演化論，赫胥黎廣為立說，而史賓塞社會達爾
文主義之觀點，遭致種族主義之批評，以演化論為基礎之倫理主張
因而沈寂多年。近年來，生物科學大有進展，基因之重要性及其對
人性之影響也獲得確認。威爾森因而提出社會生物學之主張，認為
可以以生物學為倫理學之基礎[9, 10]。道金斯繼之出版《自私的基
因》、《盲眼鐘錶匠》等書[11, 12]，更詳為立論。學界因而有演化倫
理學之興起[13]，海峽兩岸學者亦開始注意此一發展[14, 15, 16]。本文嘗

(續)────────────────

　　頁238起。

6　陳大齊，《孟子性善說與荀子性惡說的比較研究》（台北：中央文
　　物供應社，1953）。

7　韋政通，《中國哲學思想批判》（台北：水牛出版社，1976），頁99
　　起。

8　李澤厚，《中國古代思想史論》（台北：三民書局，2012），頁113。

9　Edward O. Wilson, *Sociobiology: The New Synthesis* (Cambridge, MA.:
　　Harvard University Press, 1975).

10　Edward O. Wilson, *On Human Nature* (Cambridge, MA.: Harvard
　　University Press, 1978).

11　Richard Dawkins, *The Selfish Gene* (Oxford: Oxford University Press,
　　1976). 中譯本，《自私的基因》，趙淑妙譯（台北：遠見天下文化
　　公司，1995）。

12　Richard Dawkins, *The Blind Watchmaker* (New York: W.W. Norton &
　　Company, 1986). 中譯本，《盲眼鐘錶匠》，王道還譯（台北：遠見
　　天下文化公司，2002）。

13　M.H. Nitecki and D.V. Nitecki, editors, *Evolutionary Ethics* (New
　　York: State University of New York Press, 1993).

14　舒遠招，《西方進化倫理學──進化論運用於倫理學的嘗試》（長
　　沙：湖南師範大學出版社，2006）。

15　孔憲鐸、王登峰，《基因與人性》（北京：北京大學出版社，2009）。

16　黃柏翰，〈由演化倫理學的觀點論道德根源問題〉，中央大學博士
　　論文（2012）。

試以演化倫理學的觀點重新檢討儒家人性論，解開其衝突之部分，
以達到整合儒家人性論之目的。

## 二、先秦諸子的人性論

　　中國哲學史上，在人性論方面，孔子認為「性相近也、習相遠
也」[17]，但對於人性究竟是善是惡並未多所申論。《論語》中與人
性有關的言論，有：「子曰：已矣乎！吾未見好德如好色者也！」[18]，
與「子曰：唯上知與下愚不移」[19]。《論語》中也記載：「子貢曰：
夫子之文章，可得而聞也。夫子之言性與天道，不可得而聞也」[20]。
因此，孔子的確很少討論有關人性的事情。

　　孟子則主張性善。「孟子曰：……所以謂人皆有不忍人之心者：
今人乍見孺子將入於井，皆有怵惕惻隱之心，非所以內交於孺子之
父母也，非所以要譽於鄉黨朋友也，非惡其聲而然也。由是觀之，
無惻隱之心，非人也；無羞惡之心，非人也；無辭讓之心，非人也；
無是非之心，非人也。惻隱之心，仁之端也；羞惡之心，義之端也；
辭讓之心，禮之端也；是非之心，智之端也。人之有是四端也，猶
其有四體也。」[21]

　　類似的話，也見於〈告子篇〉上：「孟子曰：……惻隱之心，
人皆有之；羞惡之心，人皆有之；恭敬之心，人皆有之；是非之心，
人皆有之。惻隱之心，仁也；羞惡之心，義也；恭敬之心，禮也；

---

17　《論語》，陽貨，17-2。
18　《論語》，衛靈公，15-12。
19　《論語》，陽貨，17-3。
20　《論語》，公冶長，5-13。
21　《孟子》，公孫丑上，第6章。

是非之心，智也。仁義禮智，非由外鑠我也，我固有之也，弗思耳矣。」[22]

在〈盡心篇〉上：「孟子曰：人之所不學而能者，其良能也；所不慮而知者，其良知也。孩提之童，無不知愛其親者；及其長也，無不知敬其兄也。親親，仁也；敬長，義也。」[23]

與孟子同時的告子則主張性無善無惡。告子的著作沒有流傳下來，他的人性主張見於《孟子》。《孟子》中提到：「告子曰：生之謂性」[24]和「告子曰：食色性也」[25]，以及「公都子曰：『告子曰：性無善無不善也。』」[26]，因此，他主張生來如此的就是性，食色都是性，而且性無善無惡。

荀子則主張性惡，而與孟子意見相左。他說：「人之性惡，其善者偽也。今人之性，生而有好利焉，順是，故爭奪生而辭讓亡焉；生而有疾惡焉，順是，故殘賊生而忠信亡焉；生而有耳目之欲，有好聲色焉，順是，故淫亂生而禮義文理亡焉。然則從人之性，順人之情，必出於爭奪，合於犯分亂理，而歸於暴。故必將有師法之化，禮義之道，然後出於辭讓，合於文理，而歸於治。用此觀之，然則人之性惡明矣，其善者偽也。」[27]

他又說：「孟子曰：『人之學者，其性善』。曰：是不然，是不及知人之性，而不察乎人之性為之分者也。凡性者，天之就也，不可學，不可事。禮義者，聖人之所生也，人之所學而能，所事而

22　《孟子》，告子上，第6章。
23　《孟子》，盡心上，第15章。
24　《孟子》，告子上，第3章。
25　《孟子》，告子上，第4章。
26　《孟子》，告子上，第6章。
27　《荀子》，性惡篇。

成者也。不可學，不可事，而在人者，謂之性；可學而能，可事而成，之在人者，謂之偽；是性偽之分也。」[28]

　　除了孟子主張性善，告子主張性無善無惡，荀子主張性惡之外，世碩主張性有善有惡。世碩的主張，見於王充的《論衡》一書：「周人世碩，以為人性有善有惡，舉人之善性，養而致之則善長；性惡，養而致之則惡長。如此，則性各有陰陽，善惡在所養焉。」[29]

　　另外，楊朱重己。《孟子》上說：「楊子取為我，拔一毛而利天下，不為也」[30]。《列子》上也說：「楊朱曰：古之人損一毫利天下，不與也。悉天下奉一身，不取也。人人不損一毫，人人不利天下，天下治矣」[31]。楊朱這樣主張自私的說法，其效果顯然傾向於性惡。法家的韓非說：「好利惡害，夫人之所有」，也認為人性惡[32]。

## 三、漢代至唐代的儒家人性論

　　漢代的董仲舒認為，人之德性，天生之而人成之，生而即有的自然之質，有善質而未可謂善，需經後天教化而成其善。他說：「性如繭如卵，卵待覆而為雛，繭待繰而為絲，性待教而為善，此之謂真天。」[33]

---

28　《荀子》，性惡篇。
29　陳榮捷，《中國哲學文獻選編》，頁393。
30　《孟子》，盡心上，第26章。
31　《列子》，楊朱篇。
32　(1)韋政通，《中國思想史》(台北：水牛出版社，2001)，頁363。
　　(2)勞思光，《新編中國哲學史》，第一冊(台北：三民書局)，頁342。
33　董仲舒，《春秋繁露》，深察名號，引自：牟鍾鑒，《儒學價值的

揚雄主張善惡混。他認為：「人之性也善惡混，修其善則為善人，修其惡則為惡人。」[34]

王充在《論衡》〈本性篇〉中把性分為上、中、下。他說：「余固以孟軻言人性善者，中人以上者也；孫卿言人性惡者，中人以下者也；揚雄言人性善惡混者，中人也。」[35]。他總結了過去有關人性的理論，認為：(1)有些人天生為善，有些人天生為惡(世碩)。(2)人生而性善(孟子)。(3)人本無善惡(告子)。(4)人生而性惡(荀子)。(5)人始而為善，而人本質為善，但其情為惡(董仲舒)。(6)人性為惡但情為善(劉向)。(7)人性善惡相混(揚雄)。

唐代的韓愈提出性三品說，在〈原性〉一文中，他說：「性也者，與生俱生者也；情也者，接于物而生者也。性之品有三，而其所以為性者五；情之品有三，而其所以為情者七。曰何也？性之品有上中下三。上焉者，善焉而已矣；中焉者，可導而上下也；下焉者，惡焉而已矣。」[36]

李翱提出性善情惡論，說：「人之所以為聖人者，性也；人之所以惑其性者，情也」[37]，把性與情對立起來，認為性善而情惡，主張去情復性[38]。

---

(續)————————————

　　新探索》，頁109。

34 揚雄，《法言》，修身，引自：牟鍾鑒，《儒學價值的新探索》，頁108。

35 陳榮捷，《中國哲學文獻選編》，頁394。

36 牟鍾鑒，《儒學價值的新探索》，頁110。

37 韋政通，《中國思想史》，頁959。

38 牟鍾鑒，《儒學價值的新探索》，頁113。

## 四、宋明理學的儒家人性論

到了宋代，理學家從張載起，中經二程，到朱熹，他們用理氣論來分析人性問題。張載區別「天地之性」與「氣質之性」，提出性二元論。他說：「形而後有氣質之性，善反之，則天地之性存焉。」。氣質之性是人既生成形之後才有的，天地之性則是人與天地萬物共同的本性[39]。程顥以為，氣稟之性是有善有惡的，天賦的本性則不能說善惡。程頤區別了「極本窮源之性」與「所稟之性」。朱熹採用了張載所謂「天地之性」與「氣質之性」的名稱。天地之性即是理，氣質之性則是理與氣的結合。天地之性純粹至善；氣質之性，有清濁昏明之不同，因而有善有惡[40]。他們雖然並不直指氣質之性為惡，但認為天地之性純善，氣質之性中含有惡，就其基本傾向而言，乃是一種變相的性善情惡論，因為氣質之性就是有情之性[41]。

王安石說：「性不可以善惡言之」，認為情有善惡，性則是情的根源[42]。但他認為「性情一也」，說：「性者情之本，情者性之用，故吾曰性情一也。」[43]

程顥認為天理是善的，人性也是善的，但是現象中有惡，他的態度就是指出現象中的惡，並非根本惡，它們是現象中的實然。現象中有善惡相對，但是本體上絕對是善的，這是張載的立場，也是

---

39　張載，《正蒙・誠明篇》，見張岱年，《中國倫理思想研究》，頁84。

40　張岱年，《中國倫理思想研究》，頁84-86。

41　牟鐘鑒，《儒學價值的新探索》，頁113。

42　陳來，《宋元明哲學史教程》（北京：三聯書店，2010），頁40。

43　牟鐘鑒，《儒學價值的新探索》，頁113。

程顥的立場[44]。

程頤對於性之善惡說：「心本善，發於思慮，則有善與不善。若既發，則此謂之情，不可謂之心。」[45]。他認為：「氣有善不善，性則無不善也」，「心」連著性說，「才」連著氣說[46]。他極反對荀子的性惡論，說：「荀子以人性為惡，則是誣天下萬世之人皆為惡也，其昧於理如是之甚」[47]、「荀子極偏駁，只一句性惡，大本已失」[48]。

到了南宋的朱子，朱子是性二元論的集大成者。他主張心統性情說，認為「合如此是性，動處是情，主宰是心」，又說：「性，本體也，其用，情也；心則統性情，該動靜而為之，主宰也」。性是善的，因為理當如此；一發用便為情，情有中與不中之別，屬於氣質之性，故有善有不善。惻隱是情是善，人欲是情是惡[49]。朱子極贊同張載「心統性情」一語，由此發展出他的心性情三分架局[50]。他批評荀子的性惡論說：「不須理會荀卿，且理會孟子性善」[51]。但是，他也說：「人之性皆善。然而有生下來善底，有生下來惡底，此是氣稟不同」[52]。他對孟子先善後惡的陷溺之說作出批評[53]，認

---

44  杜保瑞，《北宋儒學》（台北：臺灣商務印書館，2005），頁210。

45  杜保瑞，《北宋儒學》，頁227。

46  杜保瑞，《北宋儒學》，頁236。

47  引自：田富美，〈荀子心性論〉，頁28。

48  《近思錄》，聖賢第十四卷。

49  朱熹，《文集》卷74，引自：牟鐘鑒，《儒學價值的新探索》，頁115。

50  劉述先，《朱子哲學思想的發展與完成》（台北：臺灣學生書局，1982），頁350。

51  《朱子語類》卷八。

52  《朱子語類》卷四。

53  郭齊勇，《中國儒學之精神》（上海：復旦大學出版社，2009），頁

為孟子的缺陷乃在於「論性不論氣，有些不備」[54]，不能解釋惡的來源和人生來即有惡這一事實。這樣的論點其實與荀子的主張只有一步之遙了。

　　與朱子互相論爭的陸九淵把人的良心看成是完全不依賴學習與社會生活的天賦意識[55]。他說：「心，一心也；理，一理也；至當歸一，精義無二。此心此理，實不容有二。……愛其親者，此理也；敬其兄者，此理也；見孺子將入井，而有怵惕惻隱之心者，此理也」，「千萬世之前，有聖人出焉，同此心，同此理也。千萬世之後，有聖人出焉，同此心，同此理也。東南西北海，有聖人出焉，同此心，同此理也。」[56]。因此，「象山的思想，可用『發明本心』四字概括。所謂本心，即孟子既屬先驗又是普遍的道德心。」[57]

　　繼承陸九淵心學傳統的王守仁認為良知是生來固有的，這是一種道德先驗論[58]。他說：「天命之性，吾心之本體。自然靈昭明覺者也。凡意念之發，吾心之良知，無有不自知者。其善歟，惟吾心之良知自知之，其不善歟，亦惟吾心之良知自知之」[59]。

　　宋儒所說的性二元論，有義理之性，又有氣質之性，到明代引起許多反對的意見。明末清初之際，王夫之提出人性日生日成說。他認為性情一體，都是在不斷演變中形成。他指出人性是個過程，包括感性和理性都在後天生活中逐步形成[60]。

（續）————————————
　　　208。
54　《朱子語類》卷四。
55　張岱年，《中華的智慧》（台北：貫雅文化公司，1991），頁389。
56　陳榮捷，《中國哲學文獻選編》，頁699。
57　韋政通，《中國思想史》，頁1192。
58　張岱年，《中華的智慧》，頁401。
59　馮友蘭，《中國哲學史》（台北：臺灣商務印書館，2011），頁951。
60　牟鐘鑒，《儒學價值的新探索》，頁117。

清代的顏元主張性情統一、理氣一元。他反對將人性混同天道，認為人性皆氣質之性[61]。因此，他不認為性可以分為義理之性與氣質之性，認為性只有一個，那就是氣質之性[62]。

戴震力主性情合一論，提出血氣心知即性[63]。他所謂的「性」，指本能之全部，故純是自然意義。錢穆指出戴震以生物本能說「性」，以明智之選擇說「善」，認為戴震此種思路近於荀子[64]。

歷史上的儒家學者關於人性善惡，張岱年先生認為有下列的不同主張[65]：

(1)性善論——孟子、宋明理學家、王夫之、顏元、戴震。

(2)性無善無不善論——告子、王安石。

(3)性惡論——荀子，仲常敖。

(4)性有善有惡論——世碩、董仲舒、揚雄。

(5)性三品說——王充、韓愈。

(6)性二元論——張載主張認為有天地之性與氣質之性的分別。程顥、程頤講天命之性與氣稟之性，朱熹講本然之性與氣質之性，朱門弟子講義理之性與氣質之性。

## 五、當代學者對儒家人性論的看法

近代學者對於人性論的看法，可以分述如下：

---

61 牟鐘鑒，《儒學價值的新探索》，頁117。
62 韋政通，《中國思想史》，頁1419。
63 牟鐘鑒，《儒學價值的新探索》，頁118。
64 勞思光，《新編中國哲學史》，三下（台北：三民書局，2012），頁790-791，原見：錢穆之《中國近三百年學術史》。
65 張岱年，《中國倫理思想研究》，頁77。

## 1. 胡適

胡適認為：「孟子把『性』字來包含一切『善端』，如惻隱之心之類，故說性是善的。荀子把『性』來包含一切『惡端』，如好利之心、耳目之欲之類，故說性是惡的。這都是由於根本觀點不同之故。孟子又以為人性含有『良知良能』，故說性善。荀子又不認此說。……依此說來，荀子雖說性惡，其實是說性可善可惡。」[66]他又說：「後來的儒者讀了『人之性惡，其善者偽也』把『偽』字看做真偽的偽，便大罵荀卿，不肯往下讀了。所以荀卿受了許多冤枉。」[67]

## 2. 梁漱溟

推崇東方文化的梁漱溟，強調本體不能向外尋求，而應反求諸己，反求諸己也就是反之於心。由此他將自己的哲學歸結到陸王心學系統之中[68]。

## 3. 傅斯年

傅斯年認為：與孟子相比，荀子的主張更接近孔子。孔子認為人生下來大體類似，但是仍能看得出差等，所以一定要藉由學習，否則即使是良材也無法成器，雖顏回亦不是例外。這種想法與孟子

---

66　胡適，《中國哲學史大綱——古代哲學史》，台灣商務印書館，2008年，頁342。

67　胡適，《中國哲學史大綱——古代哲學史》，頁340。

68　顏炳罡，《當代新儒學引論》（北京：北京圖書館出版社，1998），頁132。

的「萬物皆備於我，反身而誠樂莫大焉」的想法不同[69]。

## 4. 馮友蘭

馮友蘭認為：「宋明道學家陸王一派，假定人本有完全的良知，假定『滿街都是聖人』，故以為人只須順其良知而行，即萬不致誤。孔子初無此意。人之性情之真的流露，本不必即可順之而行無不通。」[70]他也說：「我們亦不必主張如宋明道學家所主張之極端性善論。宋明道學家以為人之性如完全底寶珠，其在人如一寶珠在混水中。寶珠雖為混水所蔽，而其為完全底寶珠自若。陸王一派，更有『滿街都是聖人』之說。我們不必如此主張，即孟子所說性善，亦不如此極端。」[71]

## 5. 熊十力

熊十力認為良知是一個呈現，而非假設[72]。他無疑是孟子性善論的強烈支持者。熊十力特別凸顯了智的意義，認為智與知識不同，相當於宋儒所謂「德行之知」與「見聞之知」的差別。他所說的智與王陽明的致良知「義旨本近」[73]。熊十力因此是一個繼承陸王的心學論者，也是一個主觀唯心論者，與荀子站在完全不同的立場。

69　傅斯年《性命古訓辯證》，收錄於《傅孟真先生集》第三冊（台北：國立臺灣大學出版中心，1952），頁139。
70　馮友蘭，《中國哲學史》，頁100。
71　馮友蘭，《貞元六書》上（上海：華東師範大學出版社，1996），頁104。
72　牟宗三，《心體與性體》，上冊（上海：上海古籍出版社，1999），頁153。
73　景海峰，《熊十力》（台北：東大圖書公司，1991），頁241。

## 6. 陳大齊

陳大齊認為:「作者淺見,既不贊同孟子的性善說,亦不贊成荀子的性惡說,無寧對於告子的性無善無不善說較有同感。故對於孟荀二子所說,不欲做左右袒。」[74]

## 7. 方東美

方東美認為:「中國哲學人性論,旨在強調由天地生物之仁心來推測人心之純善,更從人心之純善,進一步欣賞讚嘆人性之完美。誠然,在中國哲學史上亦有性善與性惡之爭,但若仔細思量,便知都只是來自方法學上的缺點,仍然可以消融衝突,化解無憾」[75]。他對於人性的看法,基本上循著過去傳統的講法。不過,他並不十分贊同宋明理學[76],也強烈批評王守仁的「致良知」說[77],與熊、唐、牟、徐等當代心學家有所區隔[78]。

## 8. 牟宗三

牟宗三強烈贊同熊十力認為良知是一個呈現,而不是假設的看法[79]。牟宗三認為人性論有三層:最高一層是義理之性,這是先驗

---

74 陳大齊,《孟子性善說與荀子性惡說的比較研究》,頁2。
75 方克立、鄭家棟主編,《現代新儒家人物與著作》,(天津:南開大學出版社,1995),頁202。
76 劉述先,《當代中國哲學論——人物篇》(台北:八方文化企業公司,1996),頁196。
77 傅偉勳,《從西方哲學到禪佛教》(台北:東大圖書公司,1986),頁8
78 顏炳罡,《當代新儒學引論》,頁247。
79 牟宗三,《心體與性體》,頁153。

而純粹的道德理性;較高的一層是氣質之性,較低層是指飲食男女
的生物本能之動物性。後面的兩層統稱之為生之謂性,是經驗的實
然的人性[80]。他認為告子所說的「生之謂性」,只看到人的自然生
命。荀子性惡說只觸及人性中的動物層,是偏至而不中肯的學說。
董仲舒把自然生命轉到「氣」處言,也是偏至而不中肯;王充主「用
氣為性,性成命定」亦講「氣性」,始創了中國的定命論。三國時
的劉劭更從「氣性」轉到「才性」。他認為以上五人是中國心性之
學旁支五個最重要的代表,儘管其價值遠遜於「心性之學」正宗思
想的價值[81]。

### 9. 唐君毅

唐君毅少年時,對於孟荀的性善、性惡之論皆表不滿,力主人
性兼有善惡[82]。日後唐君毅在他的著作中說:「心本體是完滿和至
善的,它清明廣大而恆常真實。心本體的絕對完滿和至善性,就是
道德自我純善的本質」[83]。他認為:歷史上各種有關人性理論的分
歧,都是出於人的心思原有不同的方向、不同深度的運用的結果[84]。

---

80  石永之,《中國文化的再展開──儒學三期之回顧與展望》(合肥:
    安徽人民出版社,2012),頁301。

81  牟宗三,《中國哲學的特質》,頁93。

82  (1)顏炳罡,《當代新儒學引論》,頁315。(2)黃克劍,《百年新
    儒林──當代新儒學八大家論略》(台北:中國青年出版社,2000),
    頁184。

83  方克立、鄭家棟主編,《現代新儒家人物與著作》,南開大學出版
    社,1995年,頁228,原見:唐君毅,《道德自我之建立》

84  方克立、鄭家棟主編,《現代新儒家人物與著作》,頁252,原見:
    唐君毅,《中國哲學原論:原性篇》。

## 10. 徐復觀

　　徐復觀認為：荀子所謂的性，包括兩方面的意義，一指的是官能的能力，二指的是官能所發生的欲望。孟子則不把由耳目所發生的慾望當作性，而荀子正是以欲為性。兩人所說的性的內容並不相同。則荀子以孟子為對手來爭論性的善惡，不僅沒有結果，也沒有意義[85]。

## 11. 張岱年

　　張岱年認為：孟子宣稱仁義理智是「不學而能」的良能，「不慮而知」的良知，這些都表現了道德先驗論的傾向，而道德先驗論是錯誤的[86]。荀子把惡歸於性，把善歸於習，也是不符合實際狀況的[87]。

　　張岱年說：「如果所謂性指生而具有，無待學習的本能，那麼應該說性是無善無惡的。在這個意義上，告子所謂『性無善無不善也』是正確的。如果所謂性包含那些有待學習而後實現的可能性，那麼應該承認性有善有惡。在這個意義上，世碩『性有善有惡』或戰國時期『性可以為善，可以為不善』的觀點是正確的。孟子專講性善，陷於一偏。……荀子專講性惡，有自相矛盾之處。他所謂性不包括任何可能性，但他所舉出的性的部分內容卻又僅僅是一些可能性，因而陷於矛盾。但荀子反對道德先驗論，肯定道德是人們『積思慮』而後提出的，確實有重要的理論意義」[88]。

---

85　徐復觀，《中國人性論史：先秦篇》，頁234-238。
86　張岱年，《中國倫理思想研究》，頁78。
87　張岱年，《中國倫理思想研究》，頁81。
88　張岱年，《中國倫理思想研究》，頁88-89。

## 12. 韋政通

　　韋政通認為：孟子與荀子的人性論，不是在同一個觀點上出發。他們之間的根本歧異點，在於他們討論人性問題時，使用了不同的方法。孟子用的是先驗法，荀子用的是經驗法。由於不同的方法，產生對人性不同的瞭解。由此可知孟子性善說荀子性惡說，並不是兩種相反的說法，荀子與孟子之間的爭論，也不是針鋒相對的爭論，而是依據自己的方法，建立了各自的人性論[89]。

　　韋政通又說：討論人性問題的觀點或方法；可以採取兩種觀點，一是先驗的，一是經驗的；孟子屬於前者，荀子屬於後者[90]。孟荀討論人性的觀點不同，孟子主張性善，乃本之先驗的觀點。荀子說性惡，是從經驗的觀點來看人性的。因此他們所說的性，意義根本不同，由此引起的爭辯，也不是針鋒相對的。孟子肯定人有善性，而惡之起，乃由於人的良心為欲所蔽。所以在實踐工夫中，良心與慾望必然處於對決的局面[91]。

　　不過，韋政通指出：孔子說性，與孟子說性的立場不同。有人根據宋儒「義理之性」和「氣質之性」的區別，把孔子性說歸於「氣性」一路，這大致不錯。但在傳統的儒者，是只把握孟子說性的層面，對氣質之性的複雜性，很少肯作深入的探討。根據現代人類學民族學的知識，放諸四海而皆準的價值內容幾乎是不存在的，所以性善之說，並不是定然不可移的。他又說：孟子例證的方式是不當的。孟子之說，使人的善行的範圍，受到太多的限制。孟子對擴充

---

89　韋政通，《傳統與現代之間》（北京：中華書局，2011），頁48。
90　韋政通，《中國思想史》，頁270。
91　韋政通，《中國思想史》，頁319起。

工夫上的複雜性和艱難性所知太少，也就不免把工夫看得太容易[92]。他認為：從人性論的角度看，儒家倫理對生命體會膚淺，對人性負面認識不夠深刻[93]。

## 13. 李澤厚

李澤厚認為：「孟子講性善，是指人先驗地具有善的道德理性。荀子說性惡，是說人必須自覺地用現實社會的秩序規範來改造自己，所以說『其善者，偽也』，是控制、節制、改變自己內在自然性(動物性)的結果。可見性善性惡之爭，來源於對社會秩序規範的根源不同理解：孟子歸結於心理的先驗，荀子歸結於現實的歷史；從而前者著重於主觀意識的內省修養，後者著重客觀現實的人為改造。而荀子的這個客觀現實既包括外在的自然，也包括了內在的『人性』。所以，同樣一個所謂『修身』，孟荀便完全分道揚鑣了」[94]。

不過，他說：「一方面，純粹理論上肯定了感性自然的生存發展，並不要求本體與現象世界的分離；另方面實際又要求禁錮、壓制甚至否定人的感性自然要求，倫理本體必須與現象世界劃清界限。這個重大矛盾，在宋明理學的核心──人性論的『心統性情』的理論中，由潛伏而走向爆發。」[95]

## 14. 蔡仁厚

蔡仁厚認為：「中國哲學中的人性論，看起來好像很複雜，其

---

92　韋政通，《中國哲學思想批判》，頁99起。
93　尹文漢，《儒家倫理的創造性轉化──韋政通倫理思想研究》（合肥：安徽人民出版社，2008），頁31。
94　李澤厚，《中國古代思想史論》，頁113。
95　李澤厚，《中國古代思想史論》，頁249。

實也不過二條主線，或是以氣言性，或是以理言性。……自孔子孟
子中庸易傳下及宋明儒，都是以理言性，必須是這樣的義理之性，
才是第一義的性，才可以建立道德實踐所以可能的根據。順告子下
來的種種說法，則是以氣言性。如荀子的性惡說，以及漢儒之種種
說，都是順自然生命的種種內容和特質來看人性。……但以氣言性
這一線，並不是人的正性，必須在『氣』上逆顯一『理』而以理言
性，亦即由第二義的性升進到第一義的性，才能奠定道德實踐的根
據，以開發生活的原理，開創生命的道路。」[96]

　　因此，近代學者對於人性論的看法是有些分歧的。持「心性之
學」宗旨的現代心學論者，如梁漱溟、熊十力、牟宗三、唐君毅、
徐復觀、蔡仁厚等人均宗孟子性善的主張。但是其他學者，如胡適、
傅斯年、馮友蘭、陳大齊、韋政通、張岱年、李澤厚等則對這個問
題有不同的意見，他們多認為這個問題並不像宋明理學家說的那麼
簡單，現代學者對於人性論並沒有一致的答案。

## 六、演化倫理學的興起

　　達爾文在1859年出版了《物種始源》[97]，掀起了生物學的革命。
達爾文發現物種會演化，而演化的原則是「物競天擇，適者生存」，
這大幅度改變了人類的思想，對於基督教尤其造成了嚴重的衝擊。
不過他為了避免教會人士的攻擊，在這本書中他故意不提人類的演

---

96　蔡仁厚，〈中國哲學的反省與新生〉，收錄於《當代新儒學論文集——
　　總論篇》，牟宗三等（台北：文津出版社，1991），頁33。
97　完整的書名是《依據天擇或在生存競爭中適者存活討論物種始源》
　　（*On the Origin of Species by Means of Natural Selection, or the
　　Preservation of Favoured Races in the Struggle for Life*）。

化，只寫了一句：「這會照亮人的起源和他的歷史」[98]。十二年之後的1871年，達爾文終於出版了《人類的由來》，1872年又出版了《人類與動物的感情表達》，探討人類的演化。

在達爾文《物種始源》出版前八年，史賓塞已經出版了《社會靜力學》一書，提出把社會當作有機體，並且用自然的生存鬥爭和適應來解釋社會的發展。達爾文的表弟高登(1822-1911)提倡優生學。這種在人類社會中主張「優勝劣敗」的論點後來被稱為社會達爾文主義。並且在一段時間中，與種族主義、殖民主義和帝國主義，以及後來的納粹主義連結在一起，招致了很大的批評，雖然史賓塞本人並不是殖民主義和帝國主義理論的鼓吹者[99]。

赫胥黎強烈的為演化論辯護，甚至獲得了「達爾文的鬥牛犬」的稱號。1893-1894年間，赫胥黎在牛津大學演講，並以《演化論與倫理學》的書名結集發表。這是嚴復翻譯《天演論》的主要來源，在中國造成了重大的影響。不過，嚴復並沒有完全忠實的翻譯原著，除了翻譯之外還加入許多自己的見解，以及其他學者如史賓塞的主張。赫胥黎不贊成社會達爾文主義，他也反對把演化論應用到倫理學，認為社會的演化與物種的演化是不同的[100]。由於社會達爾文主義的不良影響，以演化論為基礎的倫理學在二戰後一度消沉。

人性究竟是由遺傳還是由環境造成的，以及如果這兩者都有影響，究竟是環境的影響大，還是遺傳的影響大，這就是所謂「天性

---

98　H. James Birx , Introduction in: Charles Darwin , *The Descent of Man* (New York: Prometheus Books, 1998).

99　舒遠招，《西方進化倫理學──進化論運用於倫理學的嘗試》，頁89。

100　Matthew H. Nitecki and Doris V. Nitecki, editors, *Evolutionary Ethics* (Albany, NY.: State University of New York Press, 1993), p. 5.

與教養」(nature vs. nurture)的爭議。目前的看法是認為：人性不是完全由遺傳基因決定，也不是完全由環境與文化決定，而是兩者都有影響，其結果是由兩者之間複雜的關係而決定的。早期認為環境較為重要的人在政治上多為自由派，而認為遺傳較為重要的則多為保守派[101]。美國心理學家帕斯托(Nicholas Pastore)在1949年出版的書《天性與教養的爭議》，研究了24個英美學者，說遺傳比較重要的，除了一個以外，都是保守派；而說環境比較重要者，除了一個以外，都是自由派或激進派[102]。

到了1963年和1974年間，四位生物學家分別從不同的角度，開始了一場與生物演化論有關的革命。他們是漢彌敦(William Hamilton, 1936-2000)、威廉斯(George Williams, 1926-2010)、崔弗斯(Robert Trivers, 1943-)和梅納‧史密斯(John Maynard Smith, 1920-2004)[103]。其中，漢彌敦和梅納‧史密斯是英國人，而威廉斯和崔弗斯是美國人。他們提出了一系列的理論，完善和擴展了天擇的理論，加深了生物學對於包括我們人類在內的動物行為的認識。

自從有了達爾文的演化論以後，生物學家就在思索人類的道德感是從哪來的。演化論主張「物競天擇，適者生存」，所有生物在演化中最優先的考量必然是自己的生存與繁衍，基本上都是自私的。人類在這種情形下，為什麼會有道德感？甚至在一定的情況下，

---

101 Richard Morris, *Evolution and Human Nature* (New York: Seaview/Putnam, 1983), p. 55, 164.

102 Richard Morris, *Evolution and Human Nature* (New York: Seaview/Putnam, 1983), p. 27.

103 (1)K.N. Laland and G.R. Brown, *Sense and Nonsense-Evolutionary Perspectives on Human Behavior* (Oxford: Oxford University Press, 2002), p. 70. (2)舒遠招，《西方進化倫理學——進化論運用於倫理學的嘗試》，頁221。(3)John Maynard Smith複姓Maynard Smith。

會有利他的行為？這是達爾文最感困惑的地方，甚至說這可能會推翻他所有的理論[104]。

為了合理解釋動物的利他行為，1963年英國的一個研究生漢彌敦提出了近親選擇理論(kin selection theory)。如果天擇的單位是個體，那麼利他行為是很難以演化論來解釋的，因為包括人類在內的動物為了自己的生存，都是自私的。可是如果天擇的單位不是個體而是基因，那麼動物的利他行為就可以解釋了。這就是漢彌敦提出來的理論。1964年，他發表了〈社會行為的遺傳演化〉的論文，這篇論文分成兩部分刊出，後來非常有名，但是投稿的過程卻非常艱辛，因為他的論文很數學化，當初沒有人知道他在說什麼[105]。在近親選擇理論提出之前，當時主要的理論是群體選擇論(group selection)，物種演化的最高指標稱為適應度(fitness)，這是演化生物學界的術語，意思是指演化過程中直接後代的數量[106]。漢彌敦用了一個新名詞「內含適應度」(inclusive fitness)，就是具有相同基因的後代數目，這變成了演化成功與否的新指標。

1966年，美國紐約州立大學石溪分校的生物學教授威廉斯出版了他的代表作《適應與天擇──現代演化思想的評論》。他在這本

---

104 (1)K.N. Laland and G.R. Brown, *Sense and Nonsense-Evolutionary Perspectives on Human Behavior* (Oxford: Oxford University Press, 2002), p. 75. (2)A. Grafen and M. Ridley, eds, *Richard Dawkins: how a scientist changed the way we think* (Oxford: Oxford University Press, 2006), p. 76.

105 Ullica Segerstrale, *Defenders of the Truth: The battle for science in the sociobiology debate and beyond* (Oxford: Oxford University Press, 2000), p. 57.

106 John Alcock, *The Triumph of Sociobiology* (Oxford: Oxford University Press, 2001), p. 24.

書中提出基因層次的演化觀點，這是一本按照新達爾文主義[107]來研究社會行為的著作，包括人類社會行為的生物學基礎教材。它澄清了長期以來困擾社會行為研究的困惑，同時為有關性別和友誼的研究奠定了基礎。

美國學者崔弗斯發揮了威廉斯有關動物性別和友誼的論點，1971年發表了有關「互惠利他主義」(reciprocal altruism)的論文，1972年又發表了「父母投資理論」(parent investment)的論文。當時他還是哈佛大學的研究生，前此還曾經因為精神崩潰而休學。崔弗斯提出的「互惠利他主義」認為動物雖然是自私的，但是在一定的條件下，也會有互惠利他的行為。他的「父母投資理論」，用投資的理論代替威廉斯的「犧牲」概念，來解釋動物界父母與子女的關係。

英國蘇薩克斯大學生物學教授梅納‧史密斯則在用博奕理論來解釋生物現象方面有著不可磨滅的貢獻[108]。1973年，他和一位從美國來訪的學者普來斯(George Price, 1922-1975)一起發表了名為「動物衝突的策略」論文，提出了「演化穩定策略」(evolutionary stable strategy)，簡稱為ESS的觀念[109]。他們提出的理論解釋了動物利他的行為，也充分解釋了動物的行為與演化論的意義。他在1982年出版了代表作《演化與博奕理論》一書。他研究的「鷹鴿博奕論」也

---

107 新達爾文主義就是把達爾文的自然選擇與孟德爾(Johann Gregor Mendel, 1822-1884)的遺傳學和基因理論結合起來的現代綜合演化理論。

108 K.N. Laland and G.R. Brown, *Sense and Nonsense-Evolutionary Perspectives on Human Behavior* (Oxford: Oxford University Press, 2002), p. 85.

109 Ullica Segerstrale, *Defenders of the Truth: The battle for science in the sociobiology debate and beyond* (Oxford: Oxford University Press, 2000), p. 68.

是一個非常有名的理論模型[110]。

　　到了1975年，哈佛大學教授威爾森出版了《社會生物學：新綜合》一書。就是這本書掀起了社會生物學論爭的軒然大波。威爾森把社會生物學定義為：「針對一切社會行為的生物學基礎所進行的系統性研究」[111]，也就是把達爾文演化論應用到社會科學。以威爾森為代表所提出的社會生物學，延續了達爾文的演化論，融合當代的遺傳學知識，以演化論解釋生物的社會本能[112]。在這本厚達697頁的大書中，大多都是在討論動物世界，只有第一章和最後一章牽涉到人類。威爾森認為：人類的道德、宗教和政治信仰有許多都是來自於我們基因的影響[113]。他說：「自然科學家和人文學者應該開始共同考量這種可能性，要將倫理學暫時從哲學家的手中轉移出來，並使之生物學化。」[114]英國動物學者道金斯在1976年出版《自私的基因》，在1987年出版《盲眼鐘錶匠》等書。道金斯與威爾森的主張雖然稍有出入，道金斯也不喜歡用社會生物學這個名詞，但是他們基本上都大力為社會生物學辯護。

　　社會生物學的理論包括了五項基本主張，這五項是：(1)基因決定論、(2)父母投資理論、(3)近親選擇理論、(4)互惠利他主義、和

---

110 Wikipedia, John Maynard Smith.

111 Edward O. Wilson, *Sociobiology: The Abridged Edition* (Cambridge, MA.: Harvard University Press, 1980), p. 4.

112 黃伯翰，〈由演化倫理學的觀點論道德根源問題〉，中央大學博士論文，(2012)，頁64。

113 Mark Ray Schmidt, editor, *Human Nature: opposing viewpoint* (San Diego, CA.: Greenhaven Press, 1999), p. 24.

114 E.O. Wilson, *Sociobiology: The Abridged Edition* (Cambridge, MA.: The Belknap Press of Harvard University Press, 1980), p. 287.

(5)演化博奕論[115]。把社會生物學，特別是演化論的理論，應用到
倫理學的領域因而稱為演化倫理學。社會生物學引起了很大的爭
議，其原因一方面因為當時的社會學者還是把道德看成主要是受到
環境和文化的影響所決定的，而威爾森的社會生物學則強調生物學
的影響，這就造成了「天性與教養」孰重的爭議。另一方面，許多
左派人士認為威爾森的主張有種族主義和性別主義的傾向，也有替
資本主義現狀合理化來辯護的嫌疑，因此大肆加以攻擊。這當中尤
其以同在哈佛大學任教的雷翁廷（Richard Lewontin）和古爾德
（Stephen J. Gould）態度最為激烈。威爾森在受到攻擊後，又在1978
年出版了《論人性》，以及與他的博士後研究員倫斯登（Charles
Lumsden）在1981年出版了《基因、心智與文化》，進一步討論人性
的問題。到了2010年，威爾森與他的合作者發表論文，認為近親選
擇理論並不完全正確，正確的理論應該是多層次的選擇理論
（multi-level selection），也就是天擇的單位可以是基因、也可以是個
體或群體[116]。不過這個理論受到許多其他學者的批評，他們認為近
親選擇仍然是正確的[117]。

　　這項有關社會生物學的爭論，到現在已經有三十多年了。現在
一般人的看法認為社會生物學作為一門科學是值得研究的。而遺傳
基因與環境文化對於人類的倫理道德都有重大的影響，其間或許有
孰重孰輕的爭議，但這並不是一個有你無我零和的狀況。注重基因

---

115 舒遠招，《西方進化倫理學——進化論運用於倫理學的嘗試》，頁
　　226。
116 Edward O. Wilson, *The Social Conquest of Earth* (New York: Liveright
　　Publishing Corporation, 2012), chapter 18, The Forces of Social
　　Evolution.
117 Wikipedia, kin selection.

影響的演化倫理學與注重環境影響的文化主義或稱環境主義兩者之間並不矛盾。至於社會生物學這個名詞，由於1970年代起的激烈論戰，讓這變成一個有爭議性的名稱，社會生物學跟social biology很接近，與納粹所用的Sozialbiologie很像。後來有許多人因而不願意用這個名詞，而改用演化心理學、行為生態學或動物行為學等名稱，不過內容仍然大同小異。

## 七、從演化倫理學的觀點整合儒家人性論：開創「科學的儒家人性論」

在進一步討論人性善惡之前，我們應該先要定義什麼是善，什麼是惡。如果摒除宗教方面的主張，一般講：讓人能夠感到幸福快樂的是善，而讓人感到痛苦的是惡。引申一點的說，符合大眾利益的是善，反之則是惡。

演化倫理學認為人性有很大一部分來自基因的影響，不過環境和文化也有其作用，因此演化倫理學並不是完全的基因決定論。後來學者們還提出「基因—文化協同演化論」[118]的講法。在「物競天擇，適者生存」的情況下，動物為了要生存繁衍，必然會保護自身的利益，因此基本上是自私的，這在《自私的基因》一書中討論的相當詳細。但是動物的行為也不完全是本位主義的，因為我們在動物界會觀察到有利他的行為，演化論的近親選擇理論和互惠利他主義也合理的解釋了這些行為。應用到人類，我們可以知道：人性首

---

118 K.N. Laland and G.R. Brown, *Sense and Nonsense: Evolutionary Perspectives on Human Behavior* (Oxford: Oxford University Press, 2002), p. 241.

先是自私的，會維護自身的利益，其次會維護親人的利益，然後擴
展到更大的範圍。孔子說：「己欲立而立人；己欲達而達人。」[119]
儒家講仁愛，以親親為本，然後逐步的、擴及到親屬、社群、民族
和人類。演化倫理學因此與傳統儒家有差等的仁愛思想是一致的。

　　人性的自私會造成社會上的惡，因此荀子的性惡論有演化倫理
學的基礎，應該是可以成立的。而孟子的性善論也不是完全沒有演
化倫理學的基礎。這看起來有些矛盾，其實一點都不矛盾。因為這
些善與惡的行為，是針對不同的對象、在不同的條件下所表現出來
的人性，有這些差異是很自然的。社會生物學的理論，除了自私的
基因以外，也包括了近親選擇和互惠利他，後者也為性善論提供了
理論基礎。性惡與性善其實是整個人性的一部分，兩者合在一起才
是真正的人性。

　　孟子在陳述他主張性善的理由時說，見孺子將入於井，人人都
會有惻隱之心，這應該是可以成立的。但是，他僅僅以這樣一個例
子，就接而擴大說：「無羞惡之心，非人也；無辭讓之心，非人也；
無是非之心，非人也」，這樣的論述實在是證據不足。不要說世界
各地不同社會在歷史上有著不同的道德標準，就是在同一個社會
中，無羞惡之心，無辭讓之心，無是非之心的人也多得是。即使是
社會生物學的近親選擇理論和互惠利他主義也都是建立在基因自私
的基礎之上的。這也就難怪一些現代學者，受到演化論的影響，會
認為孟子的性善論是建立在錯誤的立足點上，孟子的性善論因而成
為空洞的理想[120]。不過，我們前面已經提到過，孟子的性善說並不
是完全沒有演化倫理學的根據，只不過性善論能夠應用的範圍會受

---

119 《論語》，雍也，6-28。
120 孔憲鐸、王登峰，《基因與人性》，頁189

到嚴格的限制。

　　中國哲學史上，繼承孟子學說的，陸九淵是重要的一位。上文提到他說：「千萬世之前，有聖人出焉，同此心，同此理也。千萬世之後，有聖人出焉，同此心，同此理也。東南西北海，有聖人出焉，同此心，同此理也。」我們如果觀察世界各民族的狀況，就知道這其實不是事實。而且，如果每個人生來都性善，都是此心同，此理同，那麼世界上的惡是從那裏來的？陸九淵解釋說：「有所蒙蔽，有所移奪，有所陷溺，則此心為之不靈，此理為之不明，是為不得其正」[121]。但如果人人都性善，則這些「蒙蔽」和「陷溺」的原因是什麼？韋政通認為：陸九淵的心學，可以給人一種道德的信心，卻不能解決現實人生中複雜的道德問題[122]，正是這種情形的一個反映。

　　王守仁更將心學推向極致。他建立「良知」之說，強調「致良知」。他所說的「良知」，如果指的是人性方面的，那麼演化倫理學已經告訴我們，人性中惡的成分比善的要多；如果指的是知識方面的，那麼人生下來像是一張白紙，根本沒有什麼與生俱來的知識。王守仁「良知」論的偏差，已經見於王門後學「滿街都是聖人」的弊端[123]。

　　總結來說，依照社會生物學的理論，人類為了生存和繁衍，其基本的表現是自私的，對於整個社會來說，人性中惡的成分要比善的成分為多，荀子性惡論的作用應該比孟子的性善論要大。從演化倫理學的觀點來看，人性因此是「善惡混」的，或者說是「善惡並

---

121 勞思光，《新編中國哲學史》，三上（台北：三民書局，2007），頁358。
122 韋政通，《中國思想史》，頁1194。
123 余英時，《現代儒學論》（台北：八方文化企業公司，1996），頁147。

存」的，這與我國歷史上世碩、揚雄等人的主張比較接近，孟子和
荀子則都只指出了人性的一部分。不過世碩所說的是：「人性有善
有惡，舉人之善性，養而致之則善長，性惡，養而致之則惡長」[124]。
揚雄說的是：「人之性也善惡混，修其善則為善人，修其惡則為惡
人」[125]。因此，他們說的都是人性有善有惡，人長成之後，就會變
成善人或惡人。從演化倫理學的觀點來看，其實應該說是「善惡並
存」，人性在任何時刻都會有善有惡，善惡永遠是相隨的，只是因
為文化與環境的影響，長成以後善與惡的程度會有差別罷了，但不
會在長成以後只剩下善或惡。

　　演化論認為所有的人都會為了生存競爭而努力，從個人的觀點
來看，最重要的自然是個人，其次是家庭，再其次是親屬，然後才
能擴大到社群，國家和世界，就像幾個同心圓一樣。一個人維護父
母的利益，就表現為孝親。照顧子女的利益，就表現為愛幼。照顧
親屬和大眾的利益，就成了熱心公益。這一切合在一起，就成了儒
家所說的「親親」。從演化倫理學的觀點看來，人性的「善惡混」
或「善惡並存」是非常合乎自然與科學的，也是完全沒有矛盾的。
這樣的解釋，可以把孟子的性善論和荀子的性惡論結合起來，成為
一個完整的人性。這樣的解釋完全符合現代以演化論為代表的生物
學。以社會生物學為基礎的演化倫理學，因而可以為我們帶來「科
學的儒家人性論」。

---

124 陳榮捷，《中國哲學文獻選編》，頁393。
125 揚雄，《法言》，修身，引自：牟鍾鑒，《儒學價值的新探索》，
　　頁108。

## 八、以「科學的儒家人性論」重新解讀傳統儒家哲學

在中國哲學史上，人性論是一個重大的問題，宋明理學把許多立論建築在人性論之上，使得這個問題影響了整個中國哲學後續的發展。

宋明理學家多遵從孟子性善的主張，而以荀子的性惡論為偏。但是在實際的人生中，每個人都會注意到人性中有惡的一面，為了解釋這種現象，宋明理學家提出了許多相當不自然的說法。張載說人有「天地之性」與「氣質之性」的分別。程顥、程頤講「天命之性」與「氣稟之性」，朱熹講「本然之性」與「氣質之性」，朱門弟子講「義理之性」與「氣質之性」[126]，其實意思都差不多。都是認為「義理之性」是絕對善的，而「氣質之性」則可能會受到污染，因而有惡的情形出現。其實，這些說法都是為了替孟子的性善論作解釋，因為一方面孟子說性善，而另一方面，實際上的人生又的確有惡存在，因而不得不作出這種分類。

如果以邏輯經驗論的思維來看，一個命題要能有認知的意義，應該要能夠被證實，或者至少要能夠被否定。而人性是否能分為「義理之性」和「氣質之性」，這樣的命題其實是無法驗證的，因而也就沒有認知的意義，只有感性的意義。中國哲學中的人性論並不是從生理學或心理學的觀點立論的，它基本的方法是形上直觀，根本的進路則是道德實踐[127]。這樣的思路，在科學已經昌明，特別是基

126 張岱年，《中國倫理思想研究》，頁77。
127 林安梧，《牟宗三前後：當代新儒家哲學思想史論》（台北：臺灣學生書局，2011），頁3。

因生物學已經大幅進步的時候，就不再是一個有益的思想方式了。

　　依照演化倫理學的說法，人性既然是「善惡並存」，是渾然一體的。那麼善惡都是人性整體的一部分，就沒有區分為「義理之性」與「氣質之性」的必要，也無法作這樣的區分。宋明理學的人性二元論沒有了科學根據，這些為了替孟子的性善論辯護而勉強提出來的區分就不再需要了。《中庸》裏面的中和問題，「已發」與「未發」的論爭，也可以告一段落。由張載提出，而由朱熹發揚的「心統性情」說，把「心」分為「性」與「情」兩方面。「性」是「天理」，來自本體世界，它是所謂「未發」，也稱作「道心」，是純粹理性。另方面是「人心」，即「情」屬於「已發」的現象世界[128]。其實人性是完整而齊備的，善惡都是人性的一部分，既沒有階段性可言，也沒有說什麼「未發」和「已發」的必要。這樣的討論都變成不需要的了。

　　儒家傳統哲學因而可以大幅更新。許多學者都注意到：荀子、程頤和朱子都有經驗論的傾向，而荀子與朱子的經驗論傾向尤其明顯[129]。朱子之所以沒有繼承荀子，而仍然隨著其他宋明理學家把孟子當作是儒學的正宗，荀子的性惡論應該是主要的原因。就如程頤所說的：「荀子極偏駁，只一句性惡，大本已失」[130]，朱子也說：

---

128　李澤厚，《中國古代思想史論》，頁249。

129　關於荀子的經驗論，可見：(1)陳榮捷，《中國哲學文獻選編》，頁203。(2)徐復觀，《中國人性論史：先秦篇》，頁225。(3)韋政通，《中國思想史》，頁319。關於朱子的經驗論，可見：(1)張君勱，《新儒家思想史》(台北：弘文館出版社，1986)，頁233。(2)韋政通，《中國思想史》，頁1166。(3)張岱年主編，《中華的智慧》，頁381。

130　《近思錄》，聖賢第十四卷。

「不須理會荀卿，且理會孟子性善」[131]。如果去除掉後世儒者對於荀子性惡論的顧忌，那麼荀子和朱子的思想傾向是非常接近的，而與陸王心學有著明顯的差異[132]。如果我們把荀子和朱子歸類到一起，那麼荀子加上程朱的理學系統，對應孟子與陸王的心學系統，這樣的區分將改變整個儒家思想體系的歷史面貌。牟宗三先生曾提出朱子是孔孟儒學的「別子為宗」，在這樣的區分下將不再成為一個問題。這樣的分類與西方哲學史上，經驗主義與理性主義的論爭也有很多相似之處[133]。

　　我國在歷史上，雖然有許多實用的技術發展，但是在純粹科學方面一直進展有限。與西方國家比較起來，古代的希臘人在純粹科學方面，無疑有著相當領先的地位。像是畢達哥拉斯(約西元前570-495)的數學，阿里斯塔克(約西元前310-230)、喜帕恰斯(約西元前190-120)的天文學，歐幾里得(約西元前323-235)的幾何學，阿基米德(約西元前287-212)的力學等[134]，都是古代科學極高的成就。雖然因為基督教的影響，在歐洲造成了中世紀長達千年的黑暗時代，但是在啟蒙運動和工業革命之後，西方國家在科學方面的進展可謂迅速。這中間有一個很大的原因就是西方人在文藝復興之後繼

---

131 《朱子語類》卷八。

132 (1)牟宗三，《從陸象山到劉蕺山》(上海：上海古籍出版社，2001)，頁62。(2)韋政通，《中國思想史》，頁1169。

133 (1)張君勱，《新儒家思想史》，頁233。(2)牟宗三，《心體與性體》，下冊，頁49。

134 (1)W.C. Dampier, *A History of Science and Its Relations with Philosophy & Religion* (Cambridge: Cambridge University Press, 1952), chapter 1, Science in the Ancient World. (2)鮑耀三、張純成主編，《簡明自然科學史》(鄭州：河南大學出版社，1988)，第一章，古代世界的科學。

承了古希臘向外求知的經驗論精神。

　　荀子的思想有很強的經驗論傾向，如果能夠繼續發展下去，應該可以帶動科學的發展。可惜因為他主張性惡的關係，未能獲得後世的支持。連朱子這樣一位與荀子心向非常接近的人，都因為人性論的關係，沒有能發揮荀子的傳承。在中國歷來的儒家學者中，朱子無疑是最具有科學精神的一位。他主張「性即理」，對《大學》「格物致知」做出了「即物窮理」的解釋，為經驗科學的發展鋪平了哲理的道路。程頤、朱熹的說法，遭到陸九淵的反對，陸九淵認為「理即在心中」，堅決反對向外求理，王守仁更強調「心外無物」、「心外無理」。張岱年認為：陸王學派反對「即物窮理」，表現了反科學的傾向[135]。方東美批評王陽明的「致良知」說阻礙了中國科學的發展[136]。韋政通也認為：「宋明儒者講學，以心性問題為主。陸王一系主張『心外無物』、『心外無理』，把經驗知識的根苗，剷除的最為徹底。順著這一思路發展下去，永遠不會發生科學知識的問題。同時限於這一思路的心靈，也永不能認取科學知識的價值。……理學家中，程朱一系較有注重知識的趨向，這可從大學『致知』『格物』的解釋看出來。」[137]物理學家楊振寧[138]和丁肇中[139]也都批評王陽明的學說有礙於科學發展。如果循著陸王心學「心外無物」、「心外無理」的思想方向，中國將永遠無法在科學上有任何

---

135 張岱年主編，《中華的智慧》，頁13。

136 傅偉勳，《從西方哲學到禪佛教》，頁8。

137 韋政通，《儒家與現代化》（台北：水牛出版社，1997），頁149。

138 楊振寧，〈中國文化與科學〉，1999年12月3日，香港中文大學新亞書院演講。劉述先，《當代中國哲學論──問題篇》（台北：八方文化企業公司，1997），頁4。

139 丁肇中，〈應有「格物致知」精神〉（1991）。

重大的進展。我們現在根據演化倫理學，知道宋明理學家對於荀子性惡論的批評，是由於當時沒有演化論的科學知識，造成了誤解的緣故，這實在是中國思想史上一件非常可惜的事情。

## 九、結語

　　由於基因科學和社會生物學的發展，演化倫理學因而興起，人們開始以基因學說、近親選擇理論和互惠利他主義來解釋人類社會的倫理道德。把這樣的思路應用到儒家人性論，可以完整的結合孟子的性善論和荀子的性惡論，得到「科學的儒家人性論」，這與儒家「親親」的仁愛思想是一致的。以「科學的儒家人性論」來重新解讀傳統儒家哲學，可以釐清宋明理學人性論的主張，並開創出儒家思想與近代科學充分融合的新道路。

　　李雅明，曾任美國凱斯西方儲備大學電機與應用物理系教授，清華大學電機系教授，現為清華大學榮譽教授。除科技專業論文外，著有：長篇小說《惑》、《固態電子學》、《半導體的故事》、《我看基督教》、《科學與宗教》、《出埃及：歷史還是神話？》、《從半導體看世界》，主編《管惟炎口述歷史回憶錄》，翻譯《IC如何創新》。

# 我不在家國：

## 馬華文學公民身分建構的可能

魏月萍

> 「我自己的國家拒絕讓我這樣的人把那裡當作故鄉。」
> ——林玉玲《月白的臉——一位亞裔美國人的家園回憶錄》，
>　　頁363。

　　近年來，「移民—離散—流寓」的特質，使「國家」與「國籍」概念變得無關重要，又或更尖銳化，也間接衝撞作者的「家／國情懷」以及對「文學身分」與「文學屬性」的認定。「馬華文學」的流動與境外生產，使馬來西亞在地作家產生不少的緊張感，旅居境外的「馬華」作家的國籍問題，成為一些在地作家的指責要點。這促使我們不得不思考，作者的「公民身分」與「文學屬性」之間的關係。一旦作者脫離出生地的國籍以後，落籍於他國，注定會讓作品面對「離鄉失所」與不被承認的境況嗎？而身體遠離原鄉土地的作家，也將一併喪失對原鄉文學論述的發言權？「國籍」問題的干擾與困擾，尤其表現在「文學定位」與「文學的存在感」這兩方面。

　　本文試圖尋求一種新的思考方式，從「文學公民身分」（literary citizenship）的視角探索在跨國、離散的流動狀態中，如何開拓可游移於出生地與居住地之間，甚至是跨越不同國境的公民身分，並進一步思考在文學共同體中，是否可以尋求超越既定的「公民—國家」

關係模式,開拓出不一樣基礎結構的文學公民身分,超越狹隘的國籍與地方觀念?

## 一、在他鄉與家鄉之間

　　著名華美作家哈金於《在他鄉寫作》一書,曾透露自身作為「移居作家」(migrant writer)身分的脆弱性,使用借來的語言(英語)在美國從事創作,不但必須承受背叛故國與母語的指控,還得面對「誰賦予你替我們發聲的權利了」的質問,甚至會被挑戰說:「**你如果沒和我們一起受難,那麼你僅僅是利用我們的痛苦來為自己謀利。你在國外出賣自己的國家與人民。**」[1]這似乎是離散作家普遍面對的難題。「在他鄉寫作」對原居地人民來說也可能是一項政治不正確的事,對故土的依戀最終受到質疑而轉化為一種錯愕的情感。「故鄉」與「他鄉」,必須找到一種適當的溝通方式,以能在一個寫作位置上,找到過去、現在與未來的聯繫。對於如何處理自身與「家鄉」、「家國」的關係,也是重新確立作家與作品身分屬性的方式。「家鄉」這個詞的定義有兩層意思——其一是指故土,另一個是指家園,如哈金所說,這兩層涵義曾經很容易調和為「家」,標誌著「原居地」,因為過去與現在是不可分開的。然而在我們的時代,這兩層涵義往往造成內在的歧義,因此我們經常聽到「我的新家鄉」、「我的第二個家鄉」、「我移居的家鄉」的說法。「家」、「鄉」與「國」是三個獨立個體還是彼此聯繫的「命運共同體」,往往牽扯出千絲萬縷的複雜層面,導致文學作品的屬性與身分,隨

---

1　哈金,〈文學代言人及其部族〉,《在他鄉寫作》(台北:聯經出版,2010),頁26。

著作家本身的自我認定，以及如何把握與以上三者的關係，深深影響它的棲身命運。

　　馬華文學作家當中，不少已是移居他鄉／他國的寫作者。他們在台灣、香港、新加坡或美國等地讀書、教書、寫作，最後也成為哈金所說的「在他鄉寫作」的離散文學群體。他們或在寫作上如旅台馬華作家黃錦樹所說「開闢兩個戰場」，又或在故鄉與他鄉建立「兩條文學生產線」。他們在「他鄉」書寫「家鄉」、出版馬華文學讀本、參與「家鄉」的文學論述等，偶爾他們的作品也交由家鄉的出版社來出版。可是他們同樣得面對家鄉在地作家的質疑，例如以為旅居他國的作家在「他鄉」販賣「雨林書寫」的異國情調，把「家鄉」轉換成自己的文化資本，讓馬華文學在「他鄉」成為「新移民」。已故在地馬華作家陳雪風在一份名為《馬華文藝布羅閣》的文藝刊物，針對黃錦樹的〈十年來馬華文學在台灣〉[2]一文作出了以下的批評：

> 如果我們把在台的馬華僑生(其中有不少人改籍成為台灣公民)的文學作品當作馬華文學來看待，這是錯誤的，也是難以接受的。因為，馬來西亞僑生在台灣的文學創作與活動，是沒有理由被看成馬華文學的作品與作者。
> 如果有堅持把它視為馬華文學，那無異是明目張膽要沾人家的光，唾棄真正馬華文學。
> 講實際一點，我們期待的是在地的馬華文學的作品與作者的被認識與肯定，否則，更大的收穫與成就，都不能歸入馬華文學

---

2　黃錦樹，〈十年來馬華文學在台灣〉，《南洋商報·南洋文藝》，2009年9月1日，D14版。

名下，並引以為榮。

馬華文學不能被流放，或去做新移民。馬華文學是植根於馬來
西亞的土地上的文學，不是別的其他地區的文學。

請要警惕，馬華文學這個稱號，如果被拐離了馬來西亞的地域
或華人的指涉，那麼，不論是被收編或被出賣，結果就是沒有
馬華文學的主體與文本，屆時，才真是馬華文學的完蛋。一如
黃錦樹等人曾經那樣想望。[3]

　　不辭繁瑣引了一大段文字，目的是更全面展示陳雪風對旅台文
學／作家的看法：第一、在台馬華僑生的創作不應納入馬華文學範
疇，不少作家後來已改籍為台灣公民。第二、不在馬來西亞土地上
的文學都是被流放的文學，是他國文學的「新移民」。然而，文中
所指的「僑生」是一個政治身分，自1990年代起，大馬旅台同學會
主辦的《大馬青年》對台灣僑生政策展開批評與反思，對僑生的身
分認同以及自我主體身分等問題，累積了不少論述。在台灣留學的
馬來西亞學生或旅居者的群體意識當中，已漸漸共識不再使用這個
稱謂，它只是台灣人對「他者」的一種身分辨識方法而已。這種歷
史時空錯置的類似情形無處不在，猶如今日仍聽到不少人說「你們
在南洋」，地理空間的差異，導致歷史時間意外延長，這也說明地
理空間與周邊地方的連結關係，將決定歷史知識如何被形塑，以及
一套判別他者的方式。其次，對「新移民文學」的解讀，往往有兩
極的看法，它究竟是一個消極的「輸出」抑或是可轉化為積極的「再
輸入」情況，常需視不同國家對新移民的觀念與態度。文中所提的

---

3　陳雪風，〈我們要另有期待〉，《馬華文學布羅閣》第14期，2009
　　年11月1日，頁2。

文學移民觀念，是被認為是文學的輸出、一種流放的狀態，意謂著
文學與其原生土地的關係已經斷裂。這樣的「土地」觀念，儼然被
賦予一個固定與恆久性，以及身體投入的「根源意義」，如我們一
般所認知的「生於斯、長於斯、死於斯」的觀念，而非流動可任意
變動的「選擇意義」[4]。而作家「改籍」為「台灣公民」，亦喪失與
原生土地的關係，不植根於馬來西亞的文學不適合被稱為「馬華文
學」。陳雪風在意的，是他後來所說：「在台馬華文學」不能當作
馬華文學的主體來論述，「在地」才是主體，要防止馬華文學被收
編或出賣。

　　陳雪風在世時，曾是多項馬華文學爭論的辯論者，對於自身的
文學觀有堅韌的執著與貫徹。他所堅持的在地性觀點，可視為一種
在地發聲，也須給予尊重。只是在世界秩序急遽改變的年代，人與
事物頻繁跨國、流動，作家如何看待自我的身分位置，包括文學身
分或政治身分，對家國的想像、對土地與原鄉情結，早已改變原來
的思考與提問方式，本文不旨在解決陳雪風與黃錦樹長期以來的文
學論爭，而是希望從尖銳的分歧觀點中找到重新審視馬華文學公共
論述的著力點，尋求一套理解與判斷問題的認知方式。究竟影響我
們時下對「國籍」與「文學身分」、「空間」與「身分」之間認知
的基準是什麼？一種本質化的地方建構、土地觀念，形成具有某種
排他特徵的界限，到底又是如何形成的？本文最後引入文學公民身
分的視野與思考，探討如何可以改變我們對家／國的提問與界定方
式，並得以文學公民身分超越狹隘與封閉的地方觀念。在現今人頻
密移動與國家邊界日益模糊的跨境時代，以上的問題或不僅存在於

---

4　Tim Cresswell著、徐苔玲、王志弘譯，《地方：記憶、想像與認同》
　　（台北：群學，2004），頁65。

馬華社會，但藉由馬華文學所面對的問題，或可提供一個有關文學
公共領域的討論視野。

## 二、國籍、護照與回鄉

　　黃錦樹曾針對馬華文學身分問題提出「無國籍文學」概念，以
解決「在台馬華文學」面對在台灣與馬華社會的困頓狀態，並認為
馬華文學在意識上只有持續流放，繼續流亡，它永遠找不到可以自
我安頓的「家」。黃錦樹看見了台灣文學與馬華文學有著相同的命
運，她們同樣是「徹底政治的」，同時也受到國族與民族靈魂的糾
葛。台灣文學如何能彰顯完整的國家主權觀念，如何取得她的國籍
身分，是台灣文學史建構的核心問題。可是有國籍不代表可以掌握
主權，黃錦樹從馬華文學處境認識到現實狀態，體悟台灣文學要解
放自我，也有必要宣示自己是無國籍文學，讓馬華文學與台灣文學
相濡以沫[5]。但護照、國籍與家的想像，三者並不全然等同。旅居美
國多年的作家林玉玲(Shirley Geok-lin Lim)有一部詩集取名為《護
照詩》，她在2008年秋天客座於高雄中山大學，接受張錦忠的訪問
時說：

　　這卷《護照詩》聚焦於「護照」一詞。我們持護照從此地渡到
　　彼地。集中每一首詩都呈現在地化情境，詩中的觀察、象喻，
　　詩的源頭那個感官世界，都有其特殊性。不過詩中說話的主體

---

5　黃錦樹，〈無國籍華文文學——在臺馬華文學的史前史，或臺灣文
　　學史上的非臺灣文學：一個文學史的比較綱領〉，收錄於張錦忠、
　　黃錦樹主編，《重寫台灣文學史》(台北：麥田，2007)，頁123-160。

則是一個自由浮動、充滿焦慮、無法在地化的二十世紀主體。
此主體是個不斷旅行、遊蕩的人，不斷往外看，當然，往外看
即向內觀。此主體絕無定性。因此在「在地」與「無處」之間，
在「當地」與「全球」之間，不是矛盾，而是辯證。[6]

　　「主體無定性」的描述，是離散身分的寫真。「離散」(diaspora)
最原始的意義起源於猶太與非洲人「被迫遷離」(離家)而無法「返
鄉」(歸鄉)的經驗。但「離散」的定義並非僵滯不變，因移民與跨
國的興起，離散的意義擴大至移居與族群的概念，具有許多不同層
面的解說。例如張錦忠從移民歷史角度指說，馬來西亞華人是「離
散華人」的後代，其後代也還是離散華人，同時把林玉玲、楊際光、
白垚等多位在1969年去國離家的馬華作家，喻為「再離散」[7]。李有
成也認為許多地區的華文文學充滿了離散感性，認為「離散作為一
種網絡是很重要的體認」[8]。馬六甲出生的林玉玲，身為峇峇人，長
期在英語背景中成長，對自身的「華人」身分也有不少的困惑，對
中文存在隱約的抗拒，不斷尋找「與自己華人身分和解」的方式。
林玉玲是在1969年513種族衝突事件後離開家鄉到美國求學，歷經40
年多的時間，仍不斷尋求證明自己的身分，在「華裔馬來西亞人」
和「亞裔美國人」之間找尋平衡。新舊身分的拉鋸與張力，漸循構
成不斷游離又不斷回歸的生命基調。例如她在另一個訪談中陳述：

---

6　張錦忠，〈在秋蟬中與林玉玲談詩及其他〉，《星洲日報、文藝春
　　秋》，2009年5月3日。

7　張錦忠，〈「我要回家」：後離散在台馬華文學——黃明志、廖宏
　　強與原鄉書寫〉，國立中山大學人文社會科學研究中心主辦「國家
　　與族群」國際研討會會議論文宣讀，2008年11月8-9日。

8　李有成，《離散》〈緒論〉(台北：允晨文化，2013)，頁16。

「我了解到將與馬來西亞相連,因為在那裡有我的兄弟、姪子姪女,
而且我會常回去拜訪他們,所以有一部分的我永遠留在那裡,但是
同時還有一部分的我在這裡。」[9]無論是「此地」或「彼地」,「這
裡」或「那裡」都有作者不能割捨的情感,不能單獨存在,形成其
浮動、焦慮與無法在地化的特徵;而另一方面,在情感上,它們是
互為依存,互為主體。林玉玲頻繁的「回去」原來的故鄉/家鄉的
馬六甲,或視為另一個家的新加坡,便是有意識讓作品屬性不斷與
兩個不同形式的「家」發生關係。對她而言,她的作品就是她的護
照,她的作品屬性就是她的國籍。

與林玉玲同屬一個世代的旅台作家李永平,對「護照」的觀念
有著迥然不同的看法。出生與成長於婆羅洲的李永平,在後殖民時
期依然無法脫離殖民地時期所經歷的童年成長記憶,到了台灣以後
開始追求中國文字的純淨世界,極少書寫馬來西亞。對馬來西亞種
族政策不滿,使他無論在政治或文化認同上,都覺得與「馬來西亞」
或「馬來半島」有格格不入之感:

　　我不喜歡馬來西亞,那是大英帝國,夥同馬來半島的政客炮製
　　出來的一個國家,目的就是為了對抗印尼,唸高中的時候,我
　　莫名其妙從大英帝國的子民,變成馬來西亞的公民,心裡很不
　　好受,很多怨憤。所以我特地從臺北飛亞庇,繞了一圈,當時
　　這航線一週才一次。[10]

---

9　林玉玲,《月白的臉》附錄〈林玉玲訪談錄〉(台北:麥田,2001),
　　頁378。
10　施慧敏、伍燕翎訪李永平,《問答集——李永平訪談錄》,2008年
　　11月25日。

我這輩子沒有接近過馬來西亞,沒寫過馬來半島,只寫婆羅州,
對其他人來說,也許很難理解,在身分認同上,你們從小就認
定是馬來西亞人,我卻在大英帝國殖民地長大,拿英國護照,
後來成立馬來西亞了,我需要一個身分,才拿馬來西亞護照,
可是心裡沒辦法當自己是公民,因為我不知道這個國家怎樣冒
出來的,到現在還在疑惑,所以離開後就沒有再回去,尤其婆
羅洲已經變成馬來西亞聯邦的一個州了。[11]

對李永平來說,「護照」是一種強制性的政治身分,一種形式
意義上的公民身分。他在主觀意識上曾說:「我不太願意承認我是
馬來西亞人,因為我根本不承認馬來西亞這個國家」,卻始終認為
「人啊,還是要落葉歸根,我的根在婆羅洲這塊土地上。」[12]婆羅洲是他
所不承認的國家的一個州屬,但那裡是他的「原鄉」,是他的根。
李永平對婆羅洲強烈的認同,說明了對於1963年成立的「馬來西
亞」,西馬人與東馬人具有不一樣的體認與情感,關鍵在於東西馬
本來就擁有不一樣的歷史文化發展與進程,卻在1963年9月16日合併
成為一個國家,在這之後,兩地人民的溝通與理解仍十分不足。李
永平的話告訴我們,標誌著國籍身分的護照與國家認同不必然有直
接的聯繫,換言之,隸屬於國家疆域的「公民身分」與「公民意識(情
感)」也不必然劃上等號。護照的更換,自然也不代表文學身分的更
換。李永平至今只書寫婆羅洲,特別是近兩年出版的婆羅洲書寫之

---

11 施慧敏、伍燕翎訪李永平,《問答集——李永平訪談錄》,2008年
   11月25日。
12 詹閔旭採訪撰文,〈大河的旅程,李永平談小說〉,《印刻文學生
   活誌》六月號2008,頁175。

《大河盡頭——上卷：溯流》及《大河盡頭——下卷：山》，通過
整理自己的婆羅洲經驗，想要在寫作上「回歸」鄉土，通過文字「回
去」最原始的家鄉，如他所說：「到了現在都快六十歲才決定在寫
作上回到我的原鄉。」[13]

　　在最初希臘語言中，「回歸」具有「懷舊」(nostalgia)的意涵。
不過在現代社會情境底下，回歸不再必須以身體力行為條件，「而
是一個怎樣看待我們的過去，是否接受過去為自己的一部分的問題」
[14]，唯有接受(承認)那一段過去的歷史經驗，才能真正完成回去的
儀式，在精神上抵達家鄉。「回歸」故土後，才能進一步「回去」
家鄉。李永平精神上的「家鄉」是婆羅洲而非馬來西亞，另一個身
體上的家鄉卻是台北，這也應和了哈金所說，家是移民可以遠離故
土而建的，建築家園的地方才是家鄉，書寫婆羅洲，可以說是李永
平找到一種和過去握手的方式。

　　但須加以說明的是，「回歸」或「回去」不一定與「認同」有
直接的關係，黃錦樹曾指說「雙鄉」(在台/在馬)可以是「資源而
不是認同或忠誠的選項」。如前所言，某些作家在寫作上「開闢兩
個戰場」，同時進行「馬華經驗」與「台灣經驗」的書寫，開拓馬
華文學的「兩條生產線」，更多是一個書寫策略勝於認同的問題。
不過黃錦樹也意識到「寫作的兩屬」(台灣/馬華)也可能是「兩不
屬」，兩地都有各自的「地方主義的本土派」[15]。黃錦樹1986年到
台灣讀書，博士畢業之後棲身於大學，除了朱天心所說「右手寫小
說，左手寫小說批評」以外，還有另一隻手則寫文學論述。在馬華

---

13　同上注，頁180。

14　哈金，〈一個人的家族〉，《在他鄉寫作》，頁119。

15　黃錦樹，《土與火》〈與駱以軍對談〉，頁317。

文壇，他在1990年代末提出中國性與斷奶的批判，揭露了馬華寫作
（者）的道德、精神與美學困境，爾後被喻為「壞孩子」[16]，在馬華
文壇被冠上「燒芭者」的名號。另一方面，在台灣文壇，他積極介
入批評台灣去中國化的文學論述，以致被視為是「外省第二代的文
學打手」。這一些都是以上所說「兩不屬」的關鍵原因。

## 三、地方、空間與身分

究竟「地方主義本土派」具有怎樣的特徵？「地方」（place）可
以是單數或複數的意義，對本土作家或在地作家而言，「地方」作
為作家「生活空間」裡文學實踐的必要脈絡，它其實具有排斥「感
知空間」的有效性——一種經由過去經驗構想與想像基礎所建立的
地方聯繫，並在「生活、實踐與居住空間」基礎上建立起「文學地
方政治」的合理性與正當性，排斥通過「記憶與想像」來建立認同
的文學場址[17]，這樣便漸漸形成一種狹隘性的「地方主義」觀念。
可是對某些居於他鄉的作家來說，「地方」不一定只是一個地理場
景，它也具有國家聯繫的意義。我們輕易可觀察出，每一位離散作
家都有一個心目中的「地方依戀」，例如李永平和張貴興的婆羅洲、
林玉玲的馬六甲、陳團英（Tan Twan Eng）的檳城等，如以下林玉玲
說道：

---

16 張錦忠，〈散文與哀悼〉，黃錦樹《焚燒・序》（台北：麥田出版，
2007），頁4。又見王德威，〈壞孩子黃錦樹：黃錦樹的馬華論述與
敘述〉，《跨世紀風華：當代小說20家》（台北：麥田出版，2002），
頁417。

17 Tim Cresswell著、徐苔玲、王志弘譯，《地方：記憶、想像與認同》，
頁65。

許多偉大詩人在他們的寫作生命中都有一些孜孜以求的重要主
題，我也有一些從早年開始即著迷的主題，其中一個是對「地
方」的認同感，不管這個地方是否地理場景。例如我一再重覆
書寫馬六甲。我的故鄉馬六甲，我出生的地方。「地方」的另
一意義是國家，那是社會政治層面也是感情層面的意義。我的
詩處處都呈現我和原鄉關係的主題。我在一九六九年離開馬來
西亞，三十多年後，儘管我經常返鄉，我和其他地方別的國家
的關係層層重疊。我想我的詩總是一再重覆書寫這種進行中的
認同感，以及我和不同社群不同地方的種種關係。[18]

　　林玉玲所認知的「地方」不是一個封閉的概念，她是「將地方
理解為與世界之間的具體關係，地方是由行事的人建構出來的」[19]。
從這角度而言，地方不是一個「完成義」而是一個「不斷發展」的
意義。地方除了具有「國家」的意涵，它也是「家」的指稱。「家」
不是具體的內容，不是固定在同一個地方，如她所言：「家通常是
指我們創建的一個地方」[20]、「家就是我們把故事說出來的
地方」[21]。換言之，「家」作為一個情感認同的空間，是一個需要
經由詮釋與認定的文化意涵。洪宜安(Ien Ang)在一場演講中也曾指
出，「家」作為一個建構的空間概念，是和政治、歷史與文化等因
素有緊密關係。「家」所形成的範圍，和人們詰問「我是誰、我們

18　張錦忠，〈在秋蟬中與林玉玲談詩及其他〉，《星洲日報、文藝春
　　秋》，2009年5月3日。
19　Tim Cresswell著、徐苔玲、王志弘譯，《地方：記憶、想像與認同》，
　　頁64。
20　林玉玲，《月白的臉》附錄〈林玉玲訪談錄〉，頁382。
21　林玉玲，《月白的臉》，頁365。

從那裡來以及應該往那裡去」有直接關係。一個人對一個地方擁有
家的感覺，是依賴不同的空間條件所形成，或更貼切說，是被形構
或創造。不過當「地方」被形構成為「地方主義」，對地方的詮釋
具有排外行為的社會建構時，地方的認同開始劃分「我們」與「他
們」，或訴諸於國族主義的力量，則將加強地方觀念的封閉性。

　　無論是「在台馬來西亞僑生文學」、「在台馬華文學」或「旅
美／英文學」，有許多的故事，如張錦忠所說「是作為後離散『在
台馬華文學』所抵抗種族政治的原鄉書寫」[22]，離散在外的寫作人，
以「我不在家國，我又在家國」的實踐方式來進行「文學介入行動」。
倘若「地方」作為一個複雜與多元的空間形式，最終只化為一本護
照中的記號，文學作品也只能被硬性囚禁在有限的文學世界，難免
會扼殺馬華文學發展的生機。

## 四、超越地方的「文學公民」

　　以往談「公民身分」，一般是維繫於特定的政治權力與政治參
與，「選民」形象與資格是現代公民觀念最典型的標誌。例如古希
臘時期的公民身分概念，建立在城邦─國家（city-state）基礎上，它
原指人人具有的平等權利與義務；公民與非公民的區別，就在於對
這些權利與義務內涵的「接受」或「拒絕」。T.H. Marshall曾把公
民身分最初的權利範圍大致分為三種：公民權利（人身權──個人安
全和財產、思想、信仰與結社自由）、政治權利（公職的選舉和代表

---

22 張錦忠，〈「我要回家」：後離散在台馬華文學──黃明志、廖宏
　　強與原鄉書寫〉，國立中山大學人文社會科學研究中心主辦「國家
　　與族群」國際研討會會議論文。

權)與社會權利(受教育和享受福利的權利),而這種劃分進一步延伸
至文化權利,即公民的文化參與權。然隨著「民族─國家」的興起
以及全球化時代的來臨,全球跨國與流動人口的頻密,國與國疆界
之間的變化,不但使國籍問題或走向雙國籍或多國籍[23],也進一步
改變人們對公民的定義與思考,不少富啟發性的說法相繼出現。公
民身分趨向多元化,拓展出雙重或多元的公民身分(dual or multiple
citizenship),進入一個「新公民運動」的時代,各種不同的權利訴
求愈加多元,例如「全球公民身分」、「世界公民身分」、「跨國
公民身分」(transnational citizenship)、「文化公民身分」、「多元
文化公民身分」或「性別公民身分」(gendered citizenship)等不同的
公民身分形態[24]。

　　「公民」已被詮釋為變動性的概念,主要有三點:(一)它允許
對「公民身分」概念詮釋的發展;(二)它允許一種革命或漸進式的
變化;(三)它是一個在不斷完成的過程中,處在沒有終點的進行式
當中[25]。例如王愛華(Aihwa Ong)認為所謂的「護照」已非是對民族
國家表示的忠誠象徵,公民身分的意義已大為減弱,反之,它意指
勞工市場的參與度,全球化的經濟市場使政治所形成的邊界變得毫

---

23　相關討論,請見Linda Bosniak, *The Citizen and The Alien: Dilemmas of Contemporary Membership*（New Jerssey: Princeton University Press, 2008), p. 32.

24　魏月萍,〈誰在乎文學公民權?馬華文學政治身分的論述策略〉,張錦忠編,《離散與本土》(高雄:中山大學人文社會科學院,待出版)。

25　John Hoffman, *Citizenship Beyond the State*, "Introduction"（London: SAGE publications, 2004), p. 13.

無意義[26]。王愛華提出「靈活的公民身分」(flexible citizenship)，這個概念強調「流動的資本」(包括人力、技術或知識等)，如何打破福柯所指出「護照」的「生物政治」特質的限制，認為護照僅限於透露個人的居所、旅行與歸屬[27]。這些具有靈活性的公民，是跨國資本的流動媒介，他們把國家工具化，不必然與國家的權力一致，如果國家無法保障其個人自由，或個人自由無需國家保障，個人可以選擇棄之，因為公民權利是與個人自由、形成共同責任的聯繫。

在討論公民身分問題當中，鮮少有觸及「文學公民」的議題，導致 些根本性問題難以確立。例如，文學公民身分如何確立？誰來擬定其規則？它的責任範疇是什麼？是否如探討現代公民概念般，它有須履行的責任與義務？文學共同體如何建立？在這共同體裡文學公民被保障的東西又是什麼？以上的問題恰好涉及了文學公民身分構成的條件、條規與保障等方面，雖然目前它只具有複雜又模糊的意義界限，但正好提供一個釐清的契機。我曾經在另一篇論文〈誰在乎文學公民權？馬華文學政治身分的論述策略〉中提出「文學公民(身分)」的概念，如下：

> 「文學公民身分」，以各種不同的文學議題作為主要的共同體，除了強調人們在書寫與創作的多元參與享有自主與自由的權利，也注重於文學資源的平等分配。在書寫者與作品流動情況底下，它的公民屬性並非隸屬於任何一本護照，抑或某一個單

26 Aihwa Ong, *Flexible Citizenship: The Cultural Logics of Transnationality* (Durham: Duke University Press, 1999), pp. 2-3.

27 Aihwa Ong, "Flexible Citizenship," Pheng Cheah and Bruce Robbins edited, *Cosmopolitics: Thinking and Feeling beyond the Nation* (Minneapolis: University of Minnesota Press, 1998), pp. 142-143.

一民族的國家，而能在原鄉與居住地之間仍保有以文學為發言
權的一種權利。這賦予它游移的特質，可以穿越在不同的文學
共同體之間。[28]

　　這是初步嘗試對文學公民身分作出詮釋與界限。學者在界定不
同身分的公民意義，試圖超越政治、民族國家、個人等，這導致再
定義的準則一般是依據於特定的邏輯和準則，並具有較普遍的意
義。[29]首先，文學公民指的是在「創作與書寫」的認知範疇建立一
種「創作秩序」，並以多元與自由為其最高原則。這原則能保障創
作者在維護文學共同利益的主觀意願底下，在變動不居的客觀環境
中，仍然守護著自由創作的最高理念，爭取平等的文學權利（資源或
發言）的責任意識，形成具相同理念的文學共同體（或可稱文學自主
國）。因此，凡期許創作突破狹窄的族群觀與虛幻的國家觀，走向公
民社會裡公民多元主義的創作者，可經由作品取得文學公民的憑
證。它打破國家與根的觀念，不受邊界的限制，可以選擇在不同的
文學共同體發聲，這奠定了它具有可游移性的特質，可以擺脫地方
給予身分的干擾，並賦予其文學發言的權利。
　　不過「游移」的特質首先得面對的嚴峻考驗是：如何回答對「資
本」條件的拷問。以旅居在台灣或美國的馬華作家而言，有不少是
位居大學的教授，具有理論資源、經濟基礎以及較豐厚的人脈網絡。
相對在地作家的社會文化環境面對的匱乏，例如較為貧瘠的文學知
識場域、理論話語以及經濟條件等，導致二者出現「失衡的資本」

---

28　同注24。

29　Linda Bosniak, *The Citizen and The Alien: Dilemmas of Contemporary
　　Membership* (New Jersey: Princeton University Press, 2008), p. 24.

的情形,資本上的落差,相對影響游移的機會,最後儼然形成了地方主義與世界主義的對比。不過這樣一種差距不需要被過度強調,因為世界主義雖然是一個超越國家界限的概念,但地方主義背後的認同對象不一定是屬於國家。

文學公民身分的確立,是經由文學公共空間而確立的,因為「文學公民」是一個文學公共身分的認定。在這個公共空間,人們因為對文學的聯繫與承諾而凝聚認同感,並享有一定的公共權利,針對與文學相關的種種問題提出意見與看法。其「公民性」的彰顯,在於它可以履行文學公共義務的實踐,即文學的創作自由、作家的創作權以及評論者的批評權。創作可以是個人的、私密的,但作品需要面對大眾,它有一定的公眾讀者或賴以對話的群體。所以文學公民身分在超越國家、個人、語言之餘,其實是一個通往文學公民社會的途徑。在這樣的文學公民社會裡,作家、作品、評論者和專業讀者,都得以投入到文學公共社群,建立可以連帶及對話的開放空間,彼此學習如何建立公共話語的理性價值。狹義而言,文學公民身分賦予個體文學發言權,提供在原鄉與居住地之間的文學論述、話語與行動紐帶;廣義而言,它建立一個超越國境並具共生關係的文學圈,以文學公共理念為彼此的聯繫與媒介,這樣的一種理想形態最貼近香港作家董啟章所陳述的理念——文學需要有超越自我的準備,重建自己和世界的關係,因為文學既是一個人的事,也是所有人的事。

## 結論

馬華文學長期以來不只糾葛在政治、語言或文學屬性等問題上,對於不同文學群體的思考,缺乏深層的理解基礎,以致掀起的

文學討論最終總是回到個人層面,甚至是意氣之爭,難以把一些議
題導向文學公共議題的領域,共同爭取作為創作者或作家的權利。
正因為有著較強的我們/他們的區別觀念,在尋找馬華文學身分的
正當性時,便有了「有國籍」與「無國籍」尖銳的對立,雙方各執
一面。文學公民身分的提出,或仍是一個理想的初步構想,它所論
及的「公民」意義已非傳統定義——隸屬於民族國家的政治社群,
反之,它是以文學共同體作為公民性的實踐空間,以文學的訴求貫
徹對文學的信念、價值與權利,找到一個可以超越國家與地方的發
言權利。對於許多作家來說,作家或作品的政治身分或不是他們首
要關心的,像李永平寧可別人視他的作品為「世界文學」而非「馬
華文學」或「台灣文學」,黎紫書也不在乎自己是否被視為「馬華
作家」,他們在意的是如何通過作品來表達他們的思想意識、情感
或美學思考。在家國的思考上,「家」的意義往往比「國」來得開
放與豐富;「家」是一個創造修辭,而「國」是一個既定概念。至
於所創作的文學是否獲得國家的承認,那已是後話了。誠如以下這
段話,或是大多數作家心裡所認可與期待的一段話。

> 大多數寫過有份量作品的移民作家,其命運是被一個以上的國
> 家承認,因為他們存在於國與國之間的空間,那裡是不同語言
> 和文化交織並互相滲透的地帶。在這個邊緣地區出現的任何有
> 價值的作品極可能會被一個以上的國家認可,用來提高該國的
> 軟實力。[30]

---

30  哈金,〈為外語腔辯護〉,《在他鄉寫作》,頁153。

魏月萍，任教於新加坡南洋理工大學中文系，專業為古代思想史，也關注新馬歷史與文學文化知識生產研究，尤其是文學公共性與公共領域問題。近期著作包括〈青春、革命與歷史：賀巾小說與新加坡左翼華文文學〉、〈族群政治與宗教暴力：馬來西亞宗教多元論的實踐困境〉及〈馬來馬共的歷史論述與制約〉等。

# 讓歷史遺忘：
## 中越邊境上的戰爭與記憶

張 娟

　　二月的下午天色陰沉沉的，我在雲南河口的朋友李飛文騎著摩托車來找我喝茶[1]。那時我在河口做田野調查已經住了一個多月，他問我還有沒有什麼地方想去看看走走。河口這小地方沒什麼好玩的，他說，不像紅河對岸的越南老街——老街雖然落後點，沒有河口發展得那麼好，中國人還都很喜歡去那裡看看法國人留下的大教堂，坐落在大榕樹旁的尚廟，小山坡上的胡志明塑像，還有市中心的抗法抗美英雄紀念碑。飛文的話不經意的就觸動了我心裡長期以來想問的一件事，我就對他說：越南人有抗法抗美紀念碑，怎麼沒有抗中紀念碑？就十多年前這裡不是還在打仗嗎[2]？飛文楞了一下，想了想然後才對我說：以前是打了仗，那是兩兄弟鬧矛盾。不

1　本文取材於在雲南河口進行的為期12個月（2007-2008，2012）的田野調查。除了新聞媒體及已經發表的刊物報告中出現的名字外，所有的姓名及人物身分工作等均使用化名。感謝澳大利亞悉尼Macquarie 大學人類學系的研究資金，以及新加坡國立大學亞洲研究院在寫作過程中的支持。

2　在本文中提到的這場戰爭是1979年2月17日爆發的中越邊境戰爭，又稱第三次印度支那戰爭。中方稱之為「對越自衛反擊戰」，越方稱之為「越中邊境戰爭」（Chiến tranh biên giới Việt-Trung).

過中國和越南已經和平友好了，現在還提那個幹什麼。這麼多中國
人來越南旅遊的，如果看到一個抗中的紀念碑多掃興啊。越南人才
沒那麼傻有生意不做，他能多賺點中國人的錢什麼打仗呢都忘了。
他看我好像對這個說法不是那麼信服，就接著說：像我們這樣在邊
境上的老百姓，誰都知道1979年那一仗是政府他們打的，跟我們老
百姓沒有關係，不是我們要打。所以現在誰也不提這個事了，提了
也沒用，還傷感情。當時多少娃娃死了啊，為了什麼誰知道吶！現
在兩邊都開放了，這個事也過去了，都不提了。現在河口年輕的小
娃都不知道有這回事情咯，不知道打過仗。我們兩邊現在只說怎麼
做生意賺錢。

　　我在河口住得越久，就越發現飛文說的話不無道理。這裡中國
和越南的邊民對這段不太久遠的歷史都極有默契，開口閉口絕對不
提傷感情的往事。不只是邊民，中越兩國似乎也在不經意間就達成
了不成文的協議，為了兩地經濟合作和發展的長遠利益，大家還是
做回「好朋友，好夥伴，好睦鄰」比較實際[3]。我在河口的貿易銀行
認識了一個越語翻譯金小雲。她就是河口本地人，1979年邊境打仗
時全家撤到了蒙自(雲南省紅河自治州的首府，距河口約200公里)，
直到1988年戰事基本平息後才搬回河口。在那時中越其實還沒有正
式建交，小雲說，可有些膽子大「不怕死」的中國人已經跑來河口
跟越南人做生意了。她那時見到不少中國生意人想請會說越語的當
翻譯，就開始自學越語。老街當時也有不少越南人會說中文，不過
中國人信不過他們，寧可多花點錢也要請河口本地人當翻譯。除了

---

3　這是2007年中越河口邊貿交易會打出來的標語。中越邊交會是一個
　　省級跨境貿易的標誌性活動，由雲南省和老街省聯合主辦。邊交會
　　從2001年起每年一次，在河口和老街交替舉行。

翻譯,因為她在本地的關係,她還幫忙聯繫一下客戶,「賺點打麻將喝茶的錢」。有一次我和她聊天時問她,1979年後見到越南人就想打,現在又和他們做生意,大家心理上轉得過來嗎?她笑了笑說那越南人肯定還是恨中國人的嘛,當時解放軍把越南的屋子也拆了村子也燒了,什麼也沒給他們留,他們能不恨嗎?中國人也一樣啊,只是當時鎮上大部分的人都撤到後方了,留下的都是一些老鄉給解放軍送糧帶路。不過,她話風一轉說,我們兩邊人心裡怎麼想是一回事,大家該怎麼做那又是另外一回事了。現在什麼都是講市場經濟,都以錢為中心,有錢賺了大家也都開心了。

　　除了飛文,小雲,還有其他我在田野中認識的外貿老闆、本地商人、仲介經紀、司機銷售等等各型各色的人物,幾乎每一個人都說現在大家忙著賺錢,早就沒人提起打仗的事情了。在這三十多號人中,有四五個還是當年上過戰場負過傷的老兵。其中一個現在在老街開了個蛋糕店,賺了錢給他兒子在昆明念最好的高中。還有一個做點零售的小生意,不忙的時候就帶中國人偷渡到老街旅遊,幫他們找「越南小妹」開開心。最有意思的是一個老兵做起了婦女衛生用品的生意——他說當年打仗知道越南死了很多男人,剩下了很多女人,既然這些女人都要用衛生用品就要利用這個商機。除了在邊界上的中國人,越南人對打仗的事似乎更是諱莫如深。我在河內做文史資料收集的時候,幾名越南的學者都善意的勸告我在邊界多問問做生意的情況,不要提打仗的事情。在河內的軍事博物館裡,越南抗法抗美的英勇戰績都被驕傲的掛在展廳裡。越南抗中的歷史也有一個展廳,不過不對遊客開放。一個越南導遊說博物館這樣做是為了中國人著想:來河內做生意旅遊的中國人現在那麼多,如果

讓他們心裡不舒服就不好了[4]。中越雙方這樣的反應和表現不禁讓人
好奇：到底中越戰爭有何不同之處？為什麼它成為了這麼一個讓人
欲語還休又使人閉口不提的微妙事件？隨著時間流逝，中越邊境戰
爭會不會真的像飛文說的那樣被年輕一代徹底遺忘？

　　人們為什麼遺忘，或者說人們為什麼對某些回憶特別善忘，是
一個值得思考的問題。遺忘看似平常，在日常生活中再普通不過，
但它本身是在社會和心理雙重機構的共同作用中發生的。佛洛依德
假設遺忘是對現實進行的必要遮蔽從而對自我產生保護，馬克思則
認為記憶本身就是人們受意識形態效力影響的產物。人們如何記憶
或如何遺忘或許各有不同，但大多數都認為這是私人的、個體的體
驗，是自身生命對歷史的感受。可其實記憶很少是對過去的真實回
憶，而且它們並不一定忠實的反射個體自身對現實世界的描述。記
憶往往是在社會中建構出來的，精心製作的，為特有的社會群體所
共用的[5]。把社會記憶放在中國特有的環境下來看，記憶和遺忘其實
在共同塑造一種當代的中國主體性。這樣的中國主體在記憶與遺忘
的兩極徘徊，往往停留在一個中間地帶呼應國家權力與民族想像的
「召喚」，然後在這種「召喚」下轉變成新的「有用的主體」(productive
subjects)，一個會靈活運用「選擇性記憶」及「選擇性失憶」的「新
人」。在這篇短文裡，我的希望就是通過中越邊境的轉變來描述一
個社會記憶的邊境，以及了解在這個記憶的邊境裡究竟是什麼力量
在「召喚」改革開放後期中國人新的主體性。

---

4　有趣的是博物館裡滿是對越戰歷史好奇的美國人和對殖民歷史感
　　興趣的法國人。博物館似乎沒有特別留意戰爭展覽會不會讓這些曾
　　經的「侵略者」心裡不舒服。

5　Climo and Catteu 2002.

　　記憶對個人和個體來說當然是非常真實的，且具有極大的影響
力。凱斯曾說過人都是「浸泡在記憶裡的」[6]。 這是因為人都喜歡
在過去發生過的事情中尋找一些原因或者一些線索，來解釋現在發
生的事件並對未來加以預測。社會記憶往往與歷史解析纏繞在一
起，為特定的道德知識與實踐做注解[7]。在某些特定的時期和場合，
記憶變成了一種詮釋死亡、失落、暴力及創傷的策略[8]。記憶為「社
會、經濟、政治局勢所塑造，靠信仰和價值觀得以表達，因阻力與
反抗而變得深刻。記憶牽涉文化規範、社會身分與政治權利的多重
構造，在意識形態中得以延伸」[9]。在某些情況下， 特定的社會記
憶能激發強烈而特殊的情感。就算有些人沒有經歷過當時的歷史事
件，在這種情感的影響下，他們也能繼承這些記憶，並將其擴展延
伸[10]。有時候記憶只能在沉默中存在，在記錄的空白與空缺中存在，
或者在博物館缺席的展品裡出現[11]。記憶總是帶有臨時性，柔韌性，
並常常隨機而定。記憶是不斷協商，隨時翻新的產物；能被隨時記
起，或被瞬間忘掉[12]。

　　遺忘，尤其是遺忘的行為並不是被動的。相反，它往往是一種
積極地「除去記憶」(un-remember)的行為[13]。 這種積極性在集體失
憶中顯得特別突出。日本學者米山 (Lisa Yoneyama) 在《廣島痕跡》
一書中顯示了遺忘與記憶的一體性。日本人在廣島和平公園紀念原

---

6　Casey 1987, ix.
7　Sutton 1998; Yoneyama 1999.
8　Battaglia 1992; Jing 1996; Mueggler 2001; Watson 1994.
9　Climo and Catteu 2002, 4.
10　Schwarcz 1994。.
11　Climo and Catteu 2002, 28.
12　 Shudson 1995.
13　Cole 2001; Forty and Kuchler 1999.

子彈遇害者時，往往突出表現他們受害者的身分而特意忽略他們在
二戰中作為侵略者的歷史。這樣的集體失憶常常與沉默和失聲聯繫
在一起。不止日本，德國的歷史也處處可見沉默的片段。在德國的
歷史敘事中，戰爭、國家分裂、共產主義的倒塌及隨後國家的統一
和民主化充滿了跳躍性和敘事間隔，就好像如果沒有這些空白，德
國就沒辦法順利的講述一個從分裂到統一民主國家誕生的歷史[14]。
在南非，國家在面對曾經的種族隔離制度時默默無聲，南非人在建
立新家園時也在積極地遺忘種族隔離所帶來的創傷[15]。儘管失聲表
現出權力對記憶的另外一種控制，當整個集體都「失憶」時主動遺
忘與被迫失聲的差別就不太大了。兩者都是權力對什麼能說什麼不
能說，什麼能回憶什麼不能回憶的一種應對。集體遺忘自有它的持
續性、選擇性、交互主體性；當然它也並不是不受限制的隨時可以
發生的[16]。遺忘與構建的記憶（constructed memory）一樣，對人、社
會、族群、國家都有著極具影響，極為有效的作用力。只不過遺忘
是一種更為沉默和持久的「不存在」（non-presence）[17]。尷尬的過去
就在這種「不存在」中變得無關緊要、面目模糊，久而久之它也就
變成無足輕重的片段。

　　1979年發生的中越邊境戰爭似乎就已經變成了這麼一段面目模
糊的往事。雖然這場戰爭僅僅發生在三十年前，親歷者、倖存者和
見證人都還活著，在中國開放發展的新「召喚」下這場戰爭也不得
不消失在邊境經濟特區的貿易神話中。這樣的「消失」在中國也不
算新鮮。從1950年代開始毛澤東統治下的中國就面臨了無數自然的

---

14　Jarausch and Geyer 2003.
15　Nuttall and Coetzee 1998.
16　Vinitzky-Seroussi and Teeger 2010.
17　Berliner 2005.

和人為的災難。從土改到肅清，從大躍進到文革，數十年不間斷的政治運動在鄧小平時代就似乎已經變得遙遠而不堪回首。1979年的邊境戰爭對中國的邊民來說不過是又一次折磨。有一些經歷過更慘烈的戰爭和政治運動的長輩說這個仗打的也算了不了什麼。邊民們更願意選擇遺忘不要記憶，選擇沉默而不願發聲。中越邊境戰爭進行了十年，令人吃驚的是邊民們似乎沒有受到深刻的「創傷」或者「痛苦」[18]。偶爾他們提起這場戰爭的時候，他們的回憶聽起來就像是講述一個從遙遠的過去傳來的故事，和現實銜接不上，很多都是充滿了戲劇性的故事(比如越南女兵脫光了衣服誘敵等不辨真假的傳奇)。Natzmer在描述智利武裝政府十七年獨裁統治時說，剛剛經歷了暴政、殺戮、種族矛盾與戰爭恐怖的人們在社會記憶上有著極大的矛盾性[19]。許多人因為痛苦過於沉重而無法讓記憶運作。戰爭的暴力不僅僅是對人的身體發生傷害，也對社會的靈魂（psyche）及社會文化的秩序產生威脅。問題是在中越戰後，到底是什麼力量讓這場血腥的戰爭變得「不值得紀念」(unmemorable)？

## 「這場戰爭既不光彩，也不重要」

1979年的中越邊境戰似乎從開始到結束都帶有一種模糊性。對於邊民來說，戰爭開始的模糊，結束的曖昧，中國在戰爭中想達到

---

18 許多參加邊境戰的軍人們當然對戰爭的創傷和痛苦有著深刻異常的感受。但是除了軍人和他們的家人外，其他的平民百姓似乎並沒有真正感受這樣的切膚之痛(不像抗日戰爭)。這也是為什麼退伍老兵們感覺他們被社會遺忘，他們做出的犧牲並沒有得到尊重，紀念和認可(見《鳳凰週刊》2009年4月的特刊等)。

19 Natzmer 2002.

的目的也似乎頗具爭議。中方在開戰前就聲明這是一場正義的「自衛還擊戰」，為的是保護中國領土主權不受越南侵犯，同時懲罰越南入侵柬埔寨並虐待中國華僑[20]。越南當然完全是另外的一種說法。中國被視為赤裸裸的侵略者，不顧過去的友誼還背叛了共產主義事業(表現在與美國建交)[21]。兩邊都宣布了勝利。

中國對越自衛還擊戰始於1979年2月17日，在同年3月16日告一段落。中方的攻勢分三階段進行。第一階段進攻(2月17-26日)火力集中在兩個方向。許世友將軍率五個軍十萬多士兵從廣西跨境攻打諒山地區十四個地點。楊得志將軍也率領五個軍從雲南進攻，跨越紅河攻占老街。雲南的軍隊2月20日在強力炮火的強大攻勢下占領了老街。第二階段進攻(2月27日-3月5日)集中在諒山。到了3月4日，解放軍隊占領了越北主要城市地區，距離河內只有80英里。中方發言說懲罰越南的目的已經達到了，中國本就無意於越南的土地，所以撤兵回國，宣布戰爭勝利。最後在3月16日，解放軍完全撤出越南。

在邊境戰的前兩階段共計十九天，解放軍傷亡非常慘重，每天死傷約1,300多人[22]。三萬多解放軍士兵受了傷[23]。越南損失也很慘烈，大約也有三萬多士兵犧牲了。中方誇大了越南的死傷人數到五萬人來宣揚解放軍的勝利[24]。解放軍的傷亡人數這麼多，在很大程

---

20  郭明，楊立冰，1992；金輝等，1990。
21  Ministry of Foreign Affairs Vietnam 1979.
22  Li 2007, 258.
23  Elleman 2001, 293.
24  Young 1991, 311. 關於在邊境戰場上確切的傷亡人數至今也沒有一個統一的數字。從中國官方發布的八千多士兵，到外國學者推算出的二到三萬，數字差距巨大，各方說法不一。在西方學刊如 *Asian Survey* 和 *Pacific Affairs* 發表的多篇論文中，二至三萬這個數位是不同學者根據各方不同資料整理得出的，大致上保持了一貫性，所以

度上是低估了戰爭的困難程度。一開戰，中方就對將士們的氣勢低下、組織散漫、應對無力的情況大吃一驚。研究解放軍及中國軍事政治的專家Ellis Joffe這樣形容：

> 解放軍在人力上的優勢很快就被裝備上的缺乏給抵消了。解放軍沒有足夠的坦克和裝甲車。戰線上的通訊裝備也非常落後，以至於很多指示都要靠士兵跑步送到各區去。炮兵團沒有足夠的軍火。前線缺水缺糧，常常幾天都沒有供給。因為糧食和水都是靠老鄉冒險送到前線去，士兵們幾天都吃不到新鮮食物。在前線最常吃到的是麵條和豆腐，但這些在熱帶氣候下特別容易腐壞。軍用地圖也是舊的，再加上熱帶地區多雨潮濕，地圖很快就變得破爛不堪。一些小隊在分散巡邏的時候遭到越軍猛烈還擊，由於小隊之間沒有呼叫裝備，彼此之間無法有效的聯繫，造成的傷亡非常大。空中偵查也沒有，軍隊對地面地形也不熟悉，士兵們常常在越北的叢林裡迷路，以致被俘或被殺。[25]

解放軍在79年3月的撤軍並不是這場邊境戰爭的終結。從1979年到1989年，二十多萬解放軍常駐靠近越北的邊境地區。越南方面也有八十多萬駐軍[26]。1981年的5月和6月，解放軍在廣西和雲南又和越軍展開了正面衝突。1984年中越在老山交火，解放軍後來占領老山長達三年，直到1987年。到那時，中國其他地區早就開始「改革開放」，招商引資。解放軍對越作戰的規模就慢慢的縮小了。從

（續）─────────────
　　我更傾向於採信這個數字。
25　Joffe 1987, 95.
26　Li 2007, 259.

1987到1989年，中越還發生了十一次衝突，不過基本都是兩邊隔著
遠遠的發炮。戰事就這樣若有若無的持續到1990年代，中越關係明
顯的緩和了。這時越南也開始了國內的經濟「更新」（đổi mới），並
向東南亞國家主動靠攏。到1992年中越正式復交，解放軍從老山等
地撤離，並協同越方一起開展大規模的掃雷排雷活動。中越邊境在
十年戰火後終於重新開放。邊城河口在92年被國務院批為沿邊經濟
特區，開始正式和越南進行經濟合作。

　　中越邊境戰爭對亞洲及世界局勢的影響非常大[27]。當時中越戰
火一開，國際上關注亞洲局勢的政界學界都大吃一驚。各方的分析
都指出這是中國和蘇聯打的一場「代理戰爭」，也是鄧小平對美國
的一張「投名狀」。中國在中蘇交惡後早將蘇聯視為比美國更邪惡
的敵人，敵人的敵人就是自己的朋友，中美關係反而這樣升了溫。
與毛不同，鄧小平更看重中國現代化的發展，認為美國在科技教育
等各方面都值得學習。越南剛和美國打完越戰對中越關係回暖非常
失望，再加上中國對越的資助越來越少，就有意要向蘇聯靠攏。在
中國看來蘇越聯手就在南北形成了包圍圈，在軍事和政治上都對自
己非常不利。中方更是對越南變成「亞洲的古巴」這個可能性憂心
忡忡。越南進軍老撾和柬埔寨後中國疑心病大作，認為越南在東南
亞的「小國霸權主義」已經到了不遏制不行的地步。鄧小平在開戰
前訪問東南亞、美國和日本時，已經數次暗示中國不怕打仗，尤其
是戰爭能以「圍魏救趙」的方式解決，將越南的武力從柬埔寨調出
來，控制越南在東南亞的擴張勢力，並順帶遏制蘇聯在亞洲的野心。
鄧小平最經典的一句話就是「小朋友不聽話要打屁股了」，指明中
國要給越南「上一課」。

---

27　Thayer 1994.

　　越南對中國的態度也充滿懷疑與敵意。在中越兩國長久的睦鄰
歷史中，越南一直把中國當做來自北部最大的支援與威脅。亞洲的
共產主義事業把兩國連在了一起，直到1960年代的中蘇交惡。到了
1970年代中越關係惡化的非常迅速。1974年中越邊境發生了多達一
百多起小範圍衝突。1978年這樣的衝突達到一千多次，至少有三百
多中國民兵和邊民傷亡。同年，解放軍開始進駐雲南廣西的邊疆地
帶，並開始對邊境地區的居民做廣播，發傳單，宣傳越南的「卑劣」。
這樣的宣傳攻勢很起作用，越南的華人很快就人心惶惶，準備逃離。
從78年開始，約二十萬越南華人為了逃難離開了越南。中國乘機譴
責越南虐待華人，越南當局則堅稱是中國間諜在中間挑撥，煽動華
人的不安情緒，以致大量華人離開家園變成難民。對大部分越南人
來說，儘管做好了和中國開戰的準備，他們還是沒有預計到戰爭到
來的那一天。由於中國軍方非常擔心國際輿論的制裁，還有蘇聯出
兵幫助越南的可能性，所以解放軍一開始的策略就是奇襲強攻、速
戰速決。79年2月17號在河口的第一槍是半夜兩點解放軍搶渡紅河時
才打響的，那時候越南的邊境駐軍還在夢鄉裡。等他們意識到戰爭
已經開始的時候解放軍已經攻入了老街城內。《鳳凰週刊》2009年
紀念中越戰爭30周年的特刊文章中，記者周宇這樣描述當時在老街
的情況：

　　　　正準備起床洗漱的越南士兵阮文貴被中國軍隊總攻的震天
　　　　的槍炮聲嚇壞了。此前，阮文貴和他的戰友每天都在擔心
　　　　中國可能的進攻。此後的日子裡，阮只知道到處都是中國
　　　　的炮彈，到處都是源源不斷進攻的中國軍隊。阮與所在的
　　　　部隊邊打邊撤。2月17日凌晨，中國軍隊總攻的炮火也將老
　　　　街市女中專生姜氏梅驚醒。周圍是不斷的爆炸聲，附近的

教堂被炮彈炸毀，姜氏梅的一戶鄰居家被炮彈擊中，全部
死去。老街城一片混亂，人們只知道炮聲是從北面傳來的。
姜的父母丟下了臨街的大片木頭房屋，只帶著些衣服和
錢，在黑暗中拉著七個孩子往南跑。全家夾雜在難民潮中
狂奔，終於逃到40公里外的柑塘。柑塘火車站擠滿了逃難
者。姜家幸運地擠上火車，逃到200公里外安沛省的親戚
家。列車的窗外，是擠不上車徒步往南的人流。在逃到老
街南面約20公里的地方，阮的部隊被中國軍隊包圍。他身
邊的戰友一批批陣亡，屍體被活著的人遺棄。阮文貴被彈
片擊中了手臂，但僥倖衝出包圍圈。不到一個月，阮文貴
所在約100人的連隊就陣亡了49人。阮的一個兄弟戰鬥單位
則全部陣亡。[28]

　　三十年後的今天，很多當時參戰或者被捲入戰爭的人回頭再看
看戰爭的起因，都感到迷惑。我認識的現在在河口做生意的老兵，
常常說他的青春就給祖國做了炮灰，奉獻了以後什麼也沒有留下。
當時他十八九歲，和許多同齡的新兵一樣都對為國獻身充滿了浪漫
的想法。他現在回想起來悶悶的說當時被洗腦了，真以為越南人占
了我們的土地，屠殺我們的華僑，現在才知道就自己最傻。在1980
年代國家還把他們這樣的老兵當成英雄來對待，給了幾個勳章，給
了家裡幾百塊錢。他還以英雄的身分在老家的小學演講過，接受過
小學生獻給他的鮮花和紅領巾。在1990年代他和他的戰友們就被徹
底忘了。退伍以後他當過司機，打過零工，一直沒有賺到大錢。後
來還是當年一個戰友叫他回河口一起做餐館生意，他才又回到了這

---

28　周宇2009。

個改寫他人生的地方。他說現在越南人可以隨便過來，中國人隨便就能過去，紅河上的大橋一座兩座的蓋，年輕的越南小妹抓著你的手要跟你睡覺，真不知道當年打仗為了什麼，戰友犧牲為了什麼。

2009年正是中越邊境戰爭三十周年，《解放軍日報》、《人民日報》一點也沒有提起。有幾本當時老兵寫的回憶錄乘著三十周年的時機在香港出版了（如倪建輝2009；王志軍2008）。因為在大陸對越戰爭已經變成了一個「敏感問題」，這些回憶錄都不能在國內出版出售。香港的《鳳凰週刊》在4月做了一個特輯，題為《北回歸線上的傷疤》，第一次對中越戰爭做了一個簡短回顧。這些記憶記錄雖然真實動人，它們還是僅僅處在邊緣的聲音，無法引起太多注意。在河口，邊境戰爭三十周年靜靜的來了又去了。飛文在五月的一個電話裡告訴我紅河上的第三座大橋已經修好了，河口北邊新開發出來的北山新區已經成為了又一個特區。在這個特區裝貨的卡車可以「秒通關」，手續變得簡單了，運輸時間也縮短了。由國家投資修的從蒙自到河口的一級高速公路已經通車了。從昆明到河口開車現在只要五個小時，比以前的時間縮短了一半。我問他有沒有人去河口城郊的烈士公墓掃墓。他敷衍的說可能有些老兵去了，他不知道也沒時間沒興趣去那裡看看，畢竟「現在河口開始發展房地產了，賺錢都來不及了」。我說香港新出了幾本回憶錄，可見大家還是有興趣的。他說多半那些當兵的現在開始要寫書賺錢了，這種批評政府的回憶錄在香港那個地方特別好賺。在河口，他說，還是腳踏實地的好，老老實實賺錢，過去的事別想了，凡事往前（錢）看就夠了。

其實早在2007年就有人告訴過我，為什麼中越戰爭在變遷的邊境上和變遷的中國社會中已經多少有點「不值一提」了。那是我去英國曼哈頓參加英國漢學學會的年會發生的事。當時有一位台灣的

學者汪宏倫在演講他的一篇論文[29]。汪宏倫提出在中國近代戰爭中，抗日戰爭、國共內戰、及朝鮮戰爭在中國人的集體記憶中留下了深刻的情感痕跡。這些記憶被併入國家構建的意識形態中，並使中國的愛國主義染上了強烈軍事主義的色彩。我當時問他為什麼這三個戰爭能被順理成章的併入國家構建中，而其他的戰爭就不能(比如中越戰爭)。他停頓了一下才回答說，因為這三個戰爭在中國歷史上被給予最重要的地位。我還沒來得及問為什麼其它的戰爭不重要，在座的中國學者就紛紛轉向我給我答疑。一位在英國任教的教授說因為中越戰爭沒什麼特別崇高的象徵意義(不像抗日戰爭)。一位研究員說中越戰爭不重要因為歷史書裡也沒寫它，文學小說電影裡它只在1980年代曇花一現就消失了。最後一位教中國現代史的講師提供了一個非常鮮明的結論：也許你對這個戰爭還不夠了解，這並不是一個正義的戰爭。對中國現在來說，這場戰爭既不光彩也不重要。中共當局不好意思承認這個代價極大的錯誤，太掉面子了，那這個國家就只好把它給忘了。

這個「既不光彩也不重要」的戰爭改變了數十萬人生。既然戰爭已被視為「無用」，這些被改變的人生也就連帶的變得不那麼重要。在中國人們已經很能接受這樣的現實，也很會用沉默和「遺忘」來加以應對。他們的沉默和遺忘不止是對這場戰爭，也是對那些已經過去的被永久改變的不被重視的人生。「善忘」早就成了一種熟練的習慣和生存的技巧。就算偶爾回想起過去，那些記憶的片段也被精心重建過。這些片段的構建不一定以發生過的事實為基礎，而是旨在配合那些更為「嚴正的遺忘與沉默」(principled forgetfulness

29  Wang 2007.

and silences)[30]。類似於中越戰爭這樣的歷史事件必須被遺忘，最起碼也要在官方的話語體系下被遺忘，因為這類事件本身永遠無法成為「愛國者」最為心愛的故事。這個事件是「國家」的（又）一次令人慚愧的失誤，它不能被記起，否則關於國家建構中只有成功沒有失敗，只有正義的榮耀沒有可憎的羞恥這樣的神話，就變得更加難以置信且無法自圓其說。

## 記憶之憂

在中越邊境的邊民們不需要英國講師的提醒，就知道這個國家已經把中越戰爭給忘了。從1990年代開始邊境對於國家來說有了新的意義。越南在開放後已經成為中國在東南亞最重要的交易夥伴之一。越南也是中國向東盟（ASEAN）靠攏的一個關鍵。中國新的領導層希望通過越南向東盟表示中國已經不再是一個粗暴的「紅色政權」，對地區安全和和平發展只會起推動作用而不再是一個威脅。遺忘過去就能召來商機。

河口和老街的邊民也清醒的意識到其他的人都在頭也不回的往前奔，如果自己只回頭看著過去就會越落越遠。他們無法忘卻，卻又不能記起，就只能在追憶過去和想像未來之間的尷尬地帶感受著矛盾非常的記憶之憂。在中國，官方的話語結構（discursive structure）無法給這個中越戰爭一個「合適」的記憶空間。中國官方的習慣做法是首先要給戰爭定位定性，民眾這才知道什麼樣的「記憶」和「紀念」才最為恰當，以免惹禍上身。比如上文提到的那三場在近代史上「最為重要的」戰爭（抗日、內戰、朝鮮戰爭），國家早就定義好

---

30　Nandy 1995.

對於這些戰爭必須怎麼回憶和怎麼表述回憶。任何在國家指定的話
語範圍之外的非正統的詮釋都不能被接受，輕則被視為誤讀，重則
被視為反動。直到今天，在中國國內對這些戰爭的回顧與「反思」
還無法超越「主旋律」許可的範圍（如姜文的電影《鬼子來了》，只
僅僅通過黑色幽默來展現在抗日戰爭中中國百姓的私心與軟弱就馬
上被禁）。在這個國家統一規定好的話語體系中，黨國民從上到下都
必須正面積極、光輝正義，戰爭一定是為了最崇高的目的（如解放奴
役、自衛還擊、援助友邦），「敵人」註定失敗，而「人民」一定取
得最終的勝利。到中越戰爭這裡，國家的話語也面臨自相矛盾的危
機，不得不被動「失語」。雖然打著「自衛還擊」的旗號，這場在
越南境內打的「自衛戰」並不那麼讓人信服（一個對這場邊境戰頗有
微詞的昆明學者說，「自衛」怎麼「衛」到別人家裡去了）。越南這
個「敵人」也定位不明，一時是「亞洲的古巴」、「越小霸」，一
時又變成「好朋友好兄弟」。越南加入東盟後中國對這段歷史態度
更加曖昧，在不少文獻資料裡連戰爭這個字眼也能免則免，都改用
「因為眾所周知的原因」[31]。

　　在公共空間這樣明顯的「失語」很明顯是為了幫助兩國進一步
和解，邊民們也很明白這樣做的必要性。1990年代起，邊境地區就
開始依靠跨境貿易脫貧。雖然河口還是一個少數民族自治縣，雲南
省以及中央都指示邊貿地區不應該總是想著「靠國家」而要自己多
想辦法，多找出路，開始「靠自己」。國家還是繼續給予一些邊境
地區貿易免稅和退稅的政策，邊民們已經認識到國家靠不住，在邊

---

31　例如在介紹廣西東興口岸中越友誼大橋時，官方都這樣描述：「1979
　　年2月，由於眾所周知的原因，大橋被炸斷，中越關係正常化後，
　　北侖河大橋再次修建」。在雲南記錄1970-1980年代的歷史檔案裡
　　類似這樣的例子也屢見不鮮。

境上生存只能依靠彼此。中越兩方都需要邊民們自己尋找市場、尋
找夥伴、建立信任和擴展自己的生意圈。就像我認識的一位河口老
闆說的那樣：就算再不喜歡越南人，你還是要跟他們打交道，抬頭
不見低頭見，在越南就靠他們去介紹客戶。難道還要總是說以前的
事情嗎？那生意還怎麼做得下去？還有一個當過兵的楊老闆這樣
說：在河口做點生意不難，做事的時候要精明，其他的事情要糊塗，
大家喝喝酒抽抽煙，把日子過好家人招呼好這輩子就夠了。

　　當然了，道理這樣想很容易，但河口人也往往覺得「糊塗」難
得。我在河口的時候，就算當地人再怎麼「健忘」，以前打仗時候
的事情還是會常常「冒」出來，比如正在聊著生意經，河口的老闆
說著生意難做，就自然提起打仗時越南兵的「狡猾毒辣」和中國兵
的「老實厚道」。有些老闆也喜歡把現在的邊貿生意看做又一個和
越南人鬥智鬥勇的「戰場」。在河口的邊貿市場裡，中國男人把在
按摩店美髮店裡做事的「越南小妹」比作越南「女特工」，既劫中
國男人的財又劫他們的色。在很多時候，這樣的記憶反倒變成了在
邊境的一種中國人之間帶有特定「表演色彩」的交際方式。有些經
歷過戰爭的老闆將他們的經歷加以渲染誇大，當做聳動的故事在談
生意的飯桌上講出來，引起其他在座的中國外地老闆的獵奇佩服之
情（這當然是在越南人不在場的時候才有的「表演」）。有的特意描
述他們對越南及越南人的熟悉和了解，來突顯他們在邊境作為「本
地人」在生意上的優勢，以增加自己的「社會資本」。這樣的非常
個人化當地語系化的記憶被認為無傷大雅，因為在本質上它並不對
中越戰爭本身的正義性和合法性提出挑戰。在某種程度上，這樣個
人的記憶還有益無害：在講述這類故事的時候，中國人都變得「同
仇敵愾」，使一種建立在國家主義上的感情紐帶得以增進；另一方
面，講述這樣故事的目的還是為了「做生意」，中越在經濟發展上

的聯繫不會減弱，反而因為這些個體的積極經濟活動變得越來越有活力。邊民們在日常生活中對戰爭的記憶與失憶加以靈活運用，而這些當地語系化的記憶策略（memory strategies）正好將個人對戰爭敘述的理解糅合進國家已有的話語體系中。對戰爭的殘酷所特有的迴避心態，同時也在側面加深了邊民對「發展」、「現代化」、「開放」等政治政策理念的接受與幻想。從這個角度來說，個人對發展、「翻身」的期待與國家向現代性轉型的努力目標一致。個人對過去痛苦的遺忘也與國家對其政治過失的避而不談重疊在一起。

## 無解的和解

　　李飛文第一次騎摩托車帶我去河口的烈士陵園是在07年3月。當時有幾個從昆明來的退伍老兵來河口玩，找到飛文安排偷渡去老街觀光。玩了兩天回來後他們說要去烈士陵園看看，陪犧牲的戰友喝杯酒抽支煙。這個烈士陵園在河口市區不遠，騎摩托車20分鐘就到。沿路是大片大片的橡膠園，還有不間斷的大卡車運輸著各種農產品、建材、石料、日用品朝河口海關的方向開去。飛文介紹說這些橡膠園還是當年知青下鄉時在河口農場辦的，當年城市裡來的知青到河口來支邊，也浪費了不少青春。當時什麼都是公家的，也不能和越南做生意，因為「哥倆」都是社會主義兄弟嘛，就希望能靠種植橡膠增加地方收入。現在邊貿生意做起來了就不只靠橡膠掙錢了。說著說著摩托車拐了個彎，從大路轉進了一條小泥路。飛文說去烈士陵園入口有大路，不過抄條近路比較快。再開了幾分鐘，泥路越來越難走，他就停了車，領著我們三四個人走過一個小坡。沒走幾步就聽見驚天動地的一陣狗叫，接著傳來一個低沉的聲音：誰啊？飛文帶我們走過去，只見一個六七十歲左右的老人家坐在一個

低矮的小屋邊。兩隻大狗正衝我們呲牙。飛文遞了支煙，說幾個外
地朋友來看看陵園。老人家沒說什麼，努努嘴就叫我們過去了。飛
文說這老爺子以前是河口農場的民兵排長，和他老伴在這小屋裡獨
自看守陵園二十多年了，還有這兩隻狗陪他。1980年代還有小學中
學或者單位組織，過來陵園掃墓順帶看看他，現在已經很少有人來
了[32]。他估計每個月就靠國家給他那幾百塊錢為生，有時河口人帶
遊客過來就給他幾包煙或者幾十塊錢。

　　再往前走幾十米，視野忽然開闊，泥路消失了，眼前出現了一
座高大的紀念碑，刻著「人民英雄永垂不朽」八個大字。紀念碑在
整個陵園的最高處，圍繞在其周圍是一層一層的墳塋，按烈士的軍
功軍銜順次排下來。每一塊墓碑上刻著烈士的姓名、軍銜、祖籍以
及犧牲時的年齡。墳塋上大都蓋了一層薄薄的青草，還有一些小野
花從碑縫中顫巍巍的開出來。整個陵園寂靜異常，時間也好像凝固
了，靜靜地注視著生命的消亡。飛文帶來的老兵什麼也沒說，就在
紀念碑前的空地上放下了帶來的一瓶酒，點了一支煙。我和飛文在
陵園走了走。飛文邊走邊讀刻在墓碑上的烈士姓名和年齡：這個娃
湖南人，三等功，十八歲犧牲；這個立了個二等功，江西的，二十
一歲犧牲；唉，這麼年輕還沒成家都犧牲了，你說他們立了這些功
有什麼用？人都不在了，立下了功又有什麼意思，家裡人能把這當
飯吃？現在又有誰記得他們？不是下來旅遊的話又有誰專門過來看
看他們？

　　飛文的話讓我一愣。他時常對我對戰爭回憶所抱有的一些「浪

---

32　當然河口的烈士陵園規模不大，在兩百公里外的雲南文山州麻栗坡
　　的烈士陵園要大的多，因為戰鬥中死傷最慘烈的老山前線就在麻栗
　　坡南部。去那裡拜祭烈士的家屬戰友更多。

漫」的想法不以為然。我出生在湖北武漢市，遠離邊疆前線，但小時候我的父親就常常向我提起「自衛還擊戰」的戰事。1980年代時他常常看著電視裡的最新戰報就氣憤的說：這些小越南就跟小日本一樣，不教訓他們一下不行！父親年輕時曾是1960年代駐新疆馬蘭的原子彈兵，對軍人的榮譽和奉獻看得非常重。我們一起去廣西法卡山烈士陵園時他還在每個墓前點支煙，請他的「戰友」抽煙。飛文從不覺得當兵為國奉獻有多大的意義。他的父母其實就是從湖南來雲南下鄉的知青，年輕時就在河口農場工作。他後來告訴我說看看他的父母就知道為國奉獻對自己沒好處。年輕的時候頭腦一熱就支援了邊疆，到老了也沒能離開這裡回到城市，一輩子為了一點工資辛辛苦苦。後來農場沒什麼效益，國家也不補貼了，老人家做生意也無門，只能退休在家裡。中越打仗時飛文十四五歲，書也不讀了，就乾脆去了蒙自混日子。到了1980年代河口還是兵防森嚴，再加上聽說南方開放了好賺錢，他就和幾個朋友去了深圳。到1990年初他聽親戚說河口好像也要開放了，可以和越南做生意了，他馬上就回到雲南。他和朋友合夥租了個舊貨車，就開始從昆明一車一車的把各種日用品運到邊境。開始的時候錢特別容易賺，什麼皮鞋牙膏清涼油，只要運到邊界就被物資匱乏的越南人搶購一空。他很快就賺了一大筆錢，不用為生活煩惱了。打仗對他來說就是耽誤了幾年青春，但後來也還給他創造了「商機」。他對在邊界發生的一切有一種特別務實清醒的態度，那就是當英雄不能當飯吃，人活著賺錢最重要。

像飛文這樣的現實主義者在邊界地區並不少見，不只是在河口，在老街也很普遍。有一個我在老街認識的當地人甚至這麼對我說：反正打仗的時候也不知道為什麼打的，中國衝過來就把我們打了，還把我們的屋子全拆了燒了。我們當時都不能回家。到1992年

前後（越南）政府鼓勵我們回來建設老街，給我們地還給我們錢。你看看老街現在建得多美，多發達，比越南其他地區富裕得多。我覺得不應該再說打仗的時候我們損失了什麼；要不是打仗，誰會把那麼多老房子都拆了毀了再來建這麼一個嶄新的新城呢？也許這樣現實主義的態度在邊界上才最有益。戰爭帶來的毀滅是真實存在的，可是承認了它又有什麼好處呢？至少現在對中越邊界的邊民來說，這些閃亮的新城和源源的生意能給人帶來一點安慰，讓人放心的相信過去的已經過去了，在毀滅的廢墟上已經生長出新的希望。這些希望也許只能在遺忘的土壤上生發。對於戰爭的過去雖然無解，兩地的邊民都積極地嘗試著和解，這樣的努力就是為了建立一個共同的未來。

　　Natzmer在記錄智利歷時十七年的軍事獨裁及國家恐怖主義時，將集體遺忘描述為敵對兩方達成和解的最為重要的一部分[33]。在國家暴力發生後，人民與政府必須合力重新把歷史塑造成一個兩方都能接受的回憶。大多數智利人認為他們所能做到的對自己最有幫助的事情，就是忘記往事重新啟程。總統皮諾切特多次說道：「能沉默就沉默吧，能忘記就忘了吧。我們唯一能做的就是儘量忘記。要做到忘記就不能重開檔案，或者抓人入獄。要遺忘就必須雙方面共同努力，共同忘記」。獨裁者的話當然有他的政治目的，不過許多的智利人也確實認識到必須要讓過去的傷口先復原才能繼續往前走。反復撕開傷口對復原沒有好處，只能帶來更血淋淋的傷痛。Natzmer在書中說，「傷痕記憶的真理」不在於糾正過去的錯誤，而在於與過去的歷史達成和解。在各國的歷史上，遺忘都是必不可少的一步。文明的發展也許就在於人類的善忘。

---

33　Natzmer 2002. 下引皮諾切特的話見162。

## 回憶、故事、交互的個體

　　河口的現實主義者大都接受了這樣一個現實：既然改變不了過
去發生的一切，也拿不到什麼好處，不如什麼都不說的好。這樣一
種務實的態度，並沒有磨滅當地人把過去的回憶當成故事來講的熱
情。他們的故事，不像多數老兵寫的回憶錄或者前幾年流行的「傷
痕文學」那樣充滿了痛苦與憤懣。因為這些故事很多都是在做生意
的飯桌上講來「娛樂」外地老闆的，故事裡也就充滿了各種聳動和
誇張。對於河口的生意人來說，他們講的故事並不糾結於真實性或
者有什麼現實意義。講故事的目的很簡單，就是為了拉近關係，增
進感情。既然外地人愛聽，他們講起來也眉飛色舞。很多他們自己
親身經歷的恐怖和苦難，被時間沖淡以後再拿出來當成故事講，說
者和聽者都不覺把這些事情當做發生在別人歷史裡的傳奇。這種與
自身「分離」的故事其實是另外的一種「敘事策略」，有著「變假」
的效力。這一點要從Ann Anagnost分析過的「訴苦」說起。

　　Ann Anagnost在她的《國家之過去》一書中詳細的解釋了1950
年代的農民「訴苦」。她說中國農民早期根本並沒有所謂的「階級」
或者「剝削」的概念。毛澤東領導下的中共為了要把這個外來的概
念以及革命所必須的「階級仇恨」種植到農民的心裡，著實費了點
心思。農村的訴苦大會就變成了一個非常好的手段。生活艱苦的農
民被共產黨支部的宣傳員選出來作為典型。宣傳員不辭辛苦的教這
些農民「你們以前受的苦都是『階級剝削』」。當農民不懂什麼是
「階級剝削」的時候，他們就把地主當做一個階級，把他們之間的
不平等解釋成剝削。教會了以後這些農民就在訴苦大會上聲淚俱下
的「表演」，把這樣的道理再以最直接最感性的方式傳達給其他的

農民。通過公開進行的訴苦「表演」，共產黨成功塑造了革命所需的各類主體(如農民、地主、資本家)並將這些主體按「階級屬性」排列在各種不同的對立面。這些「告解式」的控訴非常有效，讓中國幾百萬沒受過教育的農民或多或少的熟悉了(扭曲了的)馬克思的經典理論。這些農民不僅僅對他們過去的回憶有了嶄新的「理論性」的詮釋，他們都接受了這些新鮮構造出來的回憶其實就是歷史事實本身。Anagnost這樣寫道：農民們在他們回憶過去遭受「剝削」的苦難時，他們所訴說的「回憶」已經成為歷史對自身的敘述」[34]。

　　Anagnost描寫的「訴苦」就是把沒有真正發生的當做歷史真理敘述出來，「假的」也就變成了「真的」。在中越邊境上講故事正相反，確實的歷史被當做誇張的故事敘述出來，「真的」也似乎變成了「假的」。我當然無意將邊境上的故事與改變了中國命運的「訴苦」相比。雖然意義和後果完全不同，這兩種敘事的目的策略卻有著某些相似之處。不論是真相假說還是假事真演，在記憶中所謂的真實從來都是被一次次重塑改寫，不同的人物，不同的主體，不同的時期，不同的社會政治都在左右著歷史要怎麼說，故事要怎麼講，人物要怎麼演。不同的是訴苦是共產黨培訓的，講故事是自己領悟的。

　　我在河口的時候住在一家小旅館裡。老闆娘阿唯就在河口出生，她說自己是個「本地人」。她家住河口農場附近，解放軍來的時候在農場建了一個臨時指揮所，不少新兵都去她家吃飯。1979年打仗前她正上小學，一開戰她父母就搬回了湖南老家。她後來讀完書分配工作，到了一個大型的連鎖書店裡做文秘。這樣工作了幾年沒有什麼起色，她很想自己闖一闖卻又不知道該做點什麼。到了1990

---

34　Anagnost 1997, 18.

年代書店也開始走商業化的路線，阿唯的工作也變得不那麼安穩
了。她說當時不知道自己怎麼膽子那麼大，聽親戚說河口開放了，
她就想回去看一看。回去後發現河口還沒有文具店，她就想自己開
一個。正巧她遇上了以前讀書青梅竹馬的同學已經在河口的外貿局
當上了幹部，有了這層關係事情就好辦多了。她很快辦妥了手續在
河口做起了生意。半年後她和外貿局的那個同學結了婚，生意就更
好做了。賺了錢後她又開了間小旅館，可以用來招待生意上的夥伴。
我住在那裡時她怕我一個人吃不好就常常帶我去吃飯，給我加餐。
我去的很多飯局都是她招待生意夥伴和外地老闆的，也就是在這種
場合，我聽到了不少她回憶以前打仗時候的故事（我們單獨在一起的
時候她基本不說這些事情，我問她就說那時候還小很多事都不記得
了）。她最常講的是這樣的片段：

> 那是二月份打的仗，過年時候打的仗，那個時候我們這裡
> 還在修陣地嘛，一下子就被越南炮轟掉了，就在我們家旁
> 邊這個地方，學校旁邊。那個時候就發現離得太近了，越
> 南跟我們這裡，晚上就上來槍炸裡面。就跟電影裡一樣，
> 一下就上來了，轟一下裡面就都被炸了，真的啊，這些事
> 真的是太恐怖了。在打仗的時候，我還是小小的嘛，就七
> 八歲的樣子，有時候在家裡吃飯，就聽見炮彈打過來，突
> 然一下的，非常恐怖。就我們吃飯這個地方以前就被炸了
> 嘛！快打仗的時候我們都還住在這裡，直到打仗的第一天
> 還是第二天我們全家才走的。那個時候我媽媽就帶我們回
> 了湖南老家。在河口這邊家裡沒有人在內地的，就被疏散
> 到了蒙自、開遠這些不靠近前線的內地，這都是政府有計
> 劃的給他們疏散了。我現在的印象都還特別深刻。我們家

那個時候在農場，就是部隊的指揮部，天天都可以聽見發電報的聲音，滴滴答答每天不停的。那個時候聽見這些發電報的聲音也覺得特別恐怖啊，因為很小，不知道發生了什麼事情嘛。那時候在我們家有一個排長，對我們小孩子都特別好，給我們玩他的望遠鏡，還給我們帶肉罐頭。他給了我們家好多罐頭。我以前從來沒有吃過松花蛋，還是他給了我一個松花蛋，我存了好久不捨得吃。這個排長後來到越南去當特工，結果被他們越南人抓到了，還把他吊在樹上吊死了。後來他的屍體被運回來以後我還看到他的屍體了，哎喲，我那個時候真是特別傷心，我到現在都清楚地記得。還有那時候我們一個老師，就是教生物的，上課的時候帶我們出去觀察青蛙，結果回學校的時候，他叫我們先走，他在最後走，要保護我們學生嘛，結果越南人放了冷槍，就把他給打死了。

往往在座的外地老闆們都興致高昂的聽她講以前的悲慘遭遇，紛紛的說「沒想到越南人這麼殘忍」，「越南人這麼壞」等等。阿唯類似這樣的故事應該是講了許多次，已經演練的爐火純青，抑揚頓挫拿捏的恰到好處。每次吃飯都能讓滿心好奇的外地老闆滿意而歸。聽多了她的故事，我再和別的河口人聊天時常常問他們那時候越南人打炮的情況。有一個茶鋪的老闆問我從哪裡聽來的，還說「不是真的，都是吹牛的！哄哄外地人開心的。越南的炮哪裡打過來了？」我不知道阿唯和茶鋪老闆誰說的更真實一些，也許真實性本來就不是最重要的。除了阿唯的故事外，我還從不同的河口人那裡聽到過各式各樣不同的回憶，比如：

我們以前有個鄰居，小時候在南溪河游泳[35]，那時候就幾
歲，根本什麼都不知道嘛，又不懂事。在河裡游泳，可能
遊過河中間了，就被越南人給抓了。那些越南人用一根鐵
絲把他的鼻子那裡給穿起來了，對一個小孩子都這樣啊。
他沒死，不過後來就殘廢了。（旅行社老闆，40出頭）

當時在這個河灘上，就是我們打越南人嘛，衝啊，幾百（越
南）人都死在這河灘上了，一個都沒有了，擺平掉了。所以
我們現在不下去那個河灘了，那個地方不能站久，站一站
就有人抓你的，都是越南人，說不定在下面把你抓進去了。
（外貿生意老闆，52歲）

那時候打仗嘛，我們解放軍都是講究紀律的，不碰越南的
老百姓，特別不能去碰越南的女人，三大紀律八項注意嘛。
不過那邊的女兵最狡猾，裝成老百姓在田裡幹活然後放冷
槍。我聽說有個連去山裡巡邏的時候突然越南女兵赤身裸
體的就從樹後面跳出來，二話不說就把解放軍給抱住了。
你說我們當兵的都是十幾二十的小夥子，哪裡見過這個場
面，當時碰也不敢碰，都呆了。就這時候躲在林子裡的越
南兵就衝出來朝我們開火！所以說越南人就只會犧牲他們
的女人，打仗的時候犧牲女兵，現在又犧牲一代女人（指性
產業）搞經濟發展。（老兵，現做服裝生意，50多歲）

　　類似這樣的故事在不同的場合講出來，自然有各自不同的聳動
效果。這些或虛或實的故事傳聞真偽難辨，但最重要的是所有的故
事都具有特別的「真實效果」（truth effects）。通常，在眾人中間講

---

35　河口就得名於位在南溪河與紅河相接的河道口。

故事的目的就是為了「增加同情，交流經歷，維持交際」。分享特定的故事是交互主體間特有的溝通形式。Jackson 論證說故事並不純粹是自主個體的創造，而是一種交互主體間持續互動的對話與回饋[36]。正是因為社會關係通過自我與他者間不斷的聯繫產生，而這種聯繫必須要以語言的方式來進行，講故事就變成自我展現和溝通的一個途徑。阿倫特也對講故事與交互主體性做過解釋，她說通過故事，私人的經歷、記憶與公共大眾的興趣相重疊，創造出一個使自我得到表現的新空間[37]。對於河口的生意人來說，這些戰爭中發生的故事不僅對外地人說來新鮮有趣，更重要的是這些故事強調了這些生意人在河口的「在地性」（localness）。河口本地人的身分在邊貿生意裡非常重要，因為這代表了與河口政府的聯繫及對本地地理人情的熟悉。中越邊境開放後，在河口的外地人越來越多，競爭也越來越激烈，「本地人」的身分已經成為了一項可觀的社會資本。而有能力講述邊境戰爭故事無疑就是「本地人」身分最好的證明。

　　除了證明自己的「在地性」外，講故事也給河口經歷過戰爭的人一個機會來重組對戰爭的記憶。Jackson說人喜歡講自己的故事，就是希望對發生過的事情進行重新編輯——留下喜歡的片段，重寫不如意的記憶。最終目的就是在他人的面前展現一個具有充分自主性的自我。阿唯一次又一次重複的講她家附近被炸的故事，也可以理解為她想通過語言來對這種在心理上傷害性非常強大的事件多少進行一些控制。講的次數越多，她對這個故事包括這些事件的掌控就越好，她對於自我的一種力量感受就越強。這樣的故事和戰爭的

---

36　Jackson 2002, 22.
37　Arendt in Jackson 2002, 11.

記憶結合在一起，並不一定代表河口邊民想借此重寫歷史；相反，
這些記憶裡的故事在社會交往、對話和合作中被不斷的改寫，重新
定義，重新詮釋。講述戰爭的回憶故事，已經變成了邊民們理解在
邊境發生的巨大變化的一種日常方式。講故事也是一種選擇性的遺
忘。某些情節被記起，大部分都被忘記，記得的情節就取代了被忘
卻的而成為了記憶事實的全部。在河口的邊民們通過講故事來記憶
和遺忘，在每天不停的活動中對故事和記憶加以改編。真實發生過
的事情也慢慢的變得虛幻，因為連講故事的人自己也說不清真假，
是聽說的還是發生過的，是編造的還是有據可循的。就在這樣的記
憶與遺忘的迴圈中，中越邊境的邊民對戰爭產生自己的理解，通過
互動來促進兩地和解的過程。

## 結語

在中國，記憶政治往往被個人經歷和國家話語共同影響著，並
表現在不同的文化與政治活動中。這樣一種關係常常被形容為一種
個人與國家間的緊張關係。個人所經歷的苦難、不公、損失、及各
種形式的暴力往往都是國家施行極權的後果。個人記憶和集體記憶
在某種程度上來說，也被用來當做一種對抗國家權力機器的工具（更
甚者成為一種武器）。如文革後期民間出版的各種回憶錄，就是對官
方話語積極挑戰的一個最好證明。可惜的是，這些挑戰都浮於表面
（如文革回憶錄只能說文革是一場失敗的社會實驗，而不能說是極權
主義的暴行）。舒衡哲這樣說：「歷史與遺忘在毛時代越走越近。到
了最後，回憶與失憶變成了同義詞，因為那些真正記得發生了什麼

事情的人都在文革中被清算了」[38]。中國現在進行的「改革開放」雖然不是文革，但新的歷史與遺忘也正慢慢靠攏。那些清楚記得「改革」中發生了什麼事情的人就算沒有被清算，很快也要消失了——一些人死了，一些人賺錢去了，很快大家都會忘了。也許現在能做的就是多聽聽故事，在它們消失前認識認識講故事的人。

　　人類學家Erik Mueggler（2001）記錄了共產黨在雲南推翻土司制後當地政治制度的混亂，以及隨後所發生的大饑荒所造就的一個「野鬼的年代」。景軍（1996）寫的《神堂記憶》描述了類似的過程。中國西北的農村還記得文革時地方政府打擊宗教強拆孔廟的暴力傷痛，改革後村民們就利用這個記憶自發重建寺廟恢復信仰活動。在這些詳細的記載中，不難發現這些社會記憶充滿了無奈也充滿了對未來改變的可能性。雖然在這些記載中個人和國家還是被放在對立面來加以解析，這也許就是人類學家分析問題的習慣，更何況中國政府的極權統治本就很容易被當成一個活動標靶。Ralph Litzinger指出在中國「記憶工作」（memory work）不僅僅是個人與國家的對抗那麼簡單，它更是權力知識在歷史、現實、與記憶中的運作[39]。在這樣的前提下就可以理解，中國邊境的記憶政治與策略也是在權力知識下不斷更新應變的。「記憶工作」應涵蓋國家與個人間的親密合作與互相利用，國家的利益與個人的目標抱負早已纏繞在一起，難以分開。換句話說，國家與個人共同構建了一種新的共同「現實」。從邊疆到中央，國家的未來與個人的希望與渴望變得密不可分。在這樣的現實裡，個人的記憶與失憶都和國家的記憶與失憶緊緊相連，保持一致，個人的以及地方的歷史就這樣被歸併到國家更

---

38　Schwarcz 1987, 180.
39　Litzinger 1998.

為宏大的歷史敘述裡了。

目前對中國轉型期的對待歷史的態度有兩種看法。劉新特別談到了中國對待抗日戰爭歷史的態度，認為了解相關的政治態度和文化邏輯比歷史事實更值得重視[40]。當江澤民在1998年秋天訪日的時候，他要求日本政府為二戰時侵略中國道歉。日本政府當然拒絕了。劉新強調說，從這件事情就能看出中日對待歷史截然不同的態度：對於中國來說，歷史的「正確性」是引導現在和準備未來的基礎，只有為歷史「正名」才有可能對現在有個更好的把握；對日本來說，歷史對現在和未來影響不大，應該著眼看到未來的可能性而不應該糾結於過去的對錯。Arif Dirlik也談過這兩種態度。他提了這麼個問題：到底應該是對過去的態度決定現在和未來呢，還是對現在和未來的態度決定過去[41]？儘管在表面看來這兩種態度截然相反，實際上卻是為了達到同一目的的不同策略。江澤民在訪問日本時很有可能只是打了一張「歷史牌」來為中國贏得其他方面的利益，並不見得真的對為歷史正名那麼感興趣。對待歷史的態度不一定能決定現在和未來，在政治遊戲裡它只是被表演出來，為當下的利益所用。

中國對中越邊境戰的態度就很好的表明「正名」與否不重要，有時候模糊一點對待歷史反而有可能出現一種「雙贏」，儘管這種雙贏是完全不平等的。就像日本人對待中國抗日戰爭的態度一樣，國家並不刻意強調中越戰爭的史實，而是把重點放在現在和未來的邊境發展上。在這樣一種對過去不刻意強調真實性的情況下，忘記似乎更是理所當然。劉新也在他的書中寫到廣西北海經濟區商人在開放後體驗到的一種「記憶喪失」（memory loss）。北海的商人所面

---

40　Liu 2002.
41　Dirlik 1991, 54.

臨的失憶是正在消失的「過去性」（yesterday-ness）的一種具體表像，因為在北海的商界只關注於眼下，「今天的今天」（Today's today）。在中國的邊境上類似的「結構性遺忘」（structural forgetting）[42]也正在製造不同的現實體驗。記憶和失憶在中國邊界上帶著強烈的務實性，同時它也具有一種特殊的道德體驗。在河口的邊民並不想利用戰爭記憶來挑戰國家，也不是完全成為記憶的受害者要被迫遺忘過去。他們一直徘徊在記憶與遺忘的中間地帶，為自己在邊境的生存找到最適合的一種平衡。邊疆的記憶政治不斷的被國家權力、市場力量、及個人能動性所左右，既在不斷的改寫過去，也在塑造未來新的可能。有時候只有讓歷史遺忘，未來才有可能朝著未知的方向進展，這也許這就是遺忘給中越邊境帶來的希望。

## 參考文獻

郭明，楊立冰，1992，《中越關係演變四十年》。南寧：廣西人民出版社。

金輝，張惠生，張衛明，1990，《中越戰爭秘錄》。長春：時代文藝出版社。

李康靜，2002，《滇越門戶河口：邊貿發展實錄》。河口：河口縣政府。

倪建輝，2009，《十年中越戰爭》。香港：天行健出版社。

王志軍，2008，《1979對越戰爭親歷記》。香港：星克爾出版。

周宇，2009，〈北回歸線上的疤痕〉，《鳳凰週刊》，第323期。

---

42　Rofel 2007.

Anagnost, Ann. 1997. *National Past-Times: Narrative, Representation and Power in Modern China*. Durham: Duke University Press.

Battaglia, Debbora. 1992. "The Body in the Gift: Memory and Forgetting in Sabarl Mortuary Exchange." *American Ethnologist* no. 19 (1):3-18.

Berliner, David. 2005. "The Abuses of Memory: Reflections on the Memory Boom in Anthropology." *Anthropological Quarterly* no. 78 (1):197-211.

Casey, Edward. 1987. *Remembering: A Phenomenological Study*. Bloomington: Indiana University Press.

Climo, Jacob, and Maria Catteu. 2002. *Social Memory and History: An Anthropological Perspective*. New York: AltaMira Press.

Cole, Jennifer. 2001. *Forget Colonialism? Sacrifice and the Art of Memory in Madagascar*. Berkeley: University of California Press.

Dirlik, Arif. 1991. "'Past Experience, If Not Forgotten, Is a Guide to the Future': Or, What Is in a Text? The Politics of History in Chinese-Japanese Relations." *Boundary* 2 no. 18 (3):29-58.

Elleman, Bruce. 2001. *Modern Chinese Warfare, 1795-1989*. London: Routledge.

Forty, Adrian, and Susanne Kuchler. 1999. *The Art of Forgetting*. Oxford: Berg Publishers.

Jackson, Michael. 2002. *Politics of Storytelling: Violence, Transgression and Intersubjectivity*. Copenhagen: Museum Tusculanum Press.

Jarausch, Konrad Hugo, and Michael Geyer. 2003. *Shattered Past: Reconstructing German Histories*. Princeton: Princeton University Press.

Jing, Jun. 1996. *The Temple of Memories: History, Power and Morality in a Chinese Village*. Stanford: Stanford University Press.

Joffe, Ellis. 1987. *The Chinese Army after Mao*, Cambridge: Harvard University Press.

Li, Xiaobing. 2007. *A History of the Modern Chinese Army*. Lexington: The University Press of Kentucky.

Litzinger, Ralph. 1998. "Memory Work: Reconstituting the Ethnic in Post-Mao China." *Cultural Anthropology* no. 13 (2):224-255.

Liu, Xin. 2002. *The Otherness of Self: A Genealogy of the Self in Contemporary China*. Ann Arbor: University of Michigan Press.

Ministry of Foreign Affairs Vietnam. 1979. *The Truth About Vietnam-China Relations Over the Last Thirty Years*. Hanoi: Ministry of Foreign Affairs Vietnam.

Mueggler, Erik. 2001. *The Age of Wild Ghosts: Memory, Violence, and Place in Southwest China*. Berkeley: University of California Press.

Natzmer, Cheryl. 2002. "Remembering and Forgetting: Creative Expression and Reconciliation in Post-Pinochet Chile." In *Social Memory and History: Anthropological Perspectives*, edited by Jacob Climo and Maria Cattell, 167-179. New York: AlterMira Press.

Nuttall, Sarah, and Carli Coetzee. 1998. *Negotiating the Past: The Making of Memory in South Africa*. Cape Town: Oxford University Press.

Rofel, Lisa. 2007. *Desiring China: Experiments in Neoliberalism, Sexuality and Public Culture*. Durham: Duke University Press.

Schwarcz, Vera. 1987. "Out of Historical Amnesia: An Eclectic and

Nearly Forgotten chinese communist in Europe." *Modern China* no. 13（2）:177-225.

———. 1994. "Strangers No More: Personal Memory in the Interstices of Public Commemoration." In *Memory, History and Opposition under State Socialism*, edited by Rubie S Watson, 45-64. Santa Fe: School of American Research Press.

Shudson, Michael. 1995. "Dynamics of Distortion in Collective Memory." In *Memory Distortion: How Minds, Brains, and Societies Reconstruct the Past*, edited by Daniel Schacter, 346-364. Cambridge: Harvard University Press.

Sutton, David. 1998. *Memories Cast in Stone: The Relevance of the Past in Everyday Life*. Oxford: Berg.

Thayer, Carlyle. 1994. "Sino-Vietnamese Relations: The Interplay of Ideology and National Interest." *Asian Survey* no. 34（6）:513-528.

Vinitzky-Seroussi, Vered, and Chana Teeger. 2010. "Unpacking the Unspoken: Silence in Collective Memory and Forgetting." *Social Forces* no. 88（3）:1103-1122.

Wang, Horng-Luen. 2007. "War Memories, Military Discourse and Nationalist Sentiments in Contemporary China." Paper read at the British Association For Chinese Studies Annual Conference, at University of Manchester, September 6-7.

Watson, Rubie S. 1994. "Making Secret Histories, Memory and Mourning in Post-Mao China." In *Memory, History and Opposition Under State Socialism*, edited by Rubie S. Watson, 65-86. Santa Fe: School of American Research Press.

Yoneyama, Lisa. 1999. *Hiroshima Traces: Time, Space, and the*

*Dialectics of Memory*. Berkeley: University of California Press.

Young, Marilyn. 1991. *The Vietnam Wars, 1946-1990*. New York: HarperCollins.

張娟，在澳大利亞新英格蘭大學社會學系任教。研究興趣包括移民、跨境流動、邊境社會生活，以及當代中國(後)社會主義主體性及文化。發表的文章包括了中越邊境人口販賣問題的政治與矛盾，中國新一代的愛國主義風潮，以及中國與周邊國家的睦鄰政治。

# 香港：
# 本土與左右

香港於1997年回歸中國,「一國兩制」的實際運作在初期尚稱平順。但近年來,出於種種因素,香港市民與「內地」的關係趨向緊張,香港社會內部也為了如何界定中港關係而形成嚴重的爭執甚至於撕裂。97年的回歸過程,由於並沒有港人的參與,幾乎不曾觸及香港人的身分問題。直到面對中國大陸這個「有意義的他者」,香港的自我意識方開始成長,逐漸形成了分歧而難以梳理的本土意識。

　　《思想》曾經在2011年以「香港:解殖與回歸」為題推出專輯,探討香港的解殖議題。今年初,懍於香港內部關於本土與認同的爭議愈演愈烈,本刊又規劃了這個「香港:本土與左右」專輯。專輯完成之後到出刊之前,適逢香港爆發了聲勢龐大的學生運動與市民運動,引起全世界的矚目。這次運動的主要焦點雖然是特首普選,不過如台灣的經驗所示,民主的制度問題很難不(自然發展或者經操作)化成「我與他者」的身分政治動員。香港的本土意識正在蛻變之中;「本土」可能轉為右翼的我族霸權而排外欺弱,也可能發展出一種包容而且務求對各方公平的多元共同體。本專輯各篇文章環繞這些爭論而發,從不同的角度探問「本土」在香港的多重含意,並提示其可能的發展方向。

　　　　　　　　　　　　　　　　　　　　　　　　　——陳宜中

# 香港本土意識的前世今生

羅永生

## 一、前言：被動的回歸

　　這幾年間，香港興起了關於本土意識的熱烈話題，也出現了不少訴諸本土意識和香港人族群身分的新興社會運動。身分政治毫無疑問已經占據了香港的文化及政治舞台，成為決定香港未來走向一個繞不開的面向。香港人的身分政治在「回歸」前後引起永不休止的爭論，問題的根源來自1997年香港的主權治權移交中共的整個過程中，「香港人」一直都是一個缺席的存在。英國在百多年殖民統治中，均沒有讓香港人組成任何可以代表香港人整體意見的機構。香港前途談判中，中、英雙方也無意讓任何有「香港人代表」身分的人參與談判。基本法是在中英聯合聲明簽署，「收回」香港的命運拍了板之後才開始，而且所謂港方參與基本法草擬的「草委」、「諮委」，都是按中共分化統戰策略的安排，而且大部分都由中方委任，談不上可以代表香港整體的民意。

　　政治上的「收回主權」為香港人政治上的身分及相應的權利義務做出了安排，但也留下很多產生矛盾和漏洞的縫隙。在文化意識上，因為中英兩國均要合力營造所謂「順利過渡」的環境，遂大力

粉飾香港過去發展經濟的成就，但同時也掩埋香港英治殖民的過去，企圖把人們的眼光都導向美好的未來。香港殖民歷史的真貌，因此也並沒有得以全面的呈現，引起辯論，使人們可以做出公允的評價及妥善的清理。相反地，英國人只是努力去讓香港人相信，殖民史是一段奇蹟發生史：英國給香港帶來了法治、自由和先進的城市建設。而中國為了安穩人心，平穩過渡，也對殖民地的過去諱莫如深，只會選擇性地以「游子歸鄉」的悲喜劇式民族主義故事來述說「回歸」。這種煽情劇的話語，在與英國人同一調子讚揚香港經濟成就之外，也借用英國殖民者的眼光，把香港人概括為一群「經濟動物」，只是今後要令香港人懂得「飲水思源」，承認「祖國」一直以來都在「支持」香港，有份貢獻這殖民地上香港人享有的繁榮安定。

可是，香港人的殖民經驗，就僅是一個經濟奇蹟的故事嗎？香港的過去，就僅是一個孩子由「養父」交還給「生母」的故事嗎？「回歸」的故事，的確是如此簡化的一齣煽情劇，而殖民主義真是如此就隨之而過去了嗎？

真正徹底的解殖過程，應該是從殖民結構下解放住民們被壓抑剝奪的獨立主體精神，但在「九七政治」底下，香港社會的發展被刻意地安排和設計，以保證殖民時代的政治體制和社會權力結構，在九七之後一樣運作順利。因為中英雙方均沒有承認在這土地上生活的人，應有份參與決定自身的命運，香港人事實上是在極大的無力感和無奈底下，被動地目睹這城市的未來，為兩國政府用作談判的籌碼。這種交易安排底下達成的「回歸」，不可能是「殖民主義」的結束，反而是「解殖」的無限延擱。就如筆者在另文曾經闡述過的，由於香港所經歷的是「被動的回歸」，所以是處於一種「解殖未完成」的狀態，所欠缺仍是一個建構「主體性」的過程，無論這

種主體性最終是以真正的「自治」還是「獨立」去體現[1]。

因此，香港近年出現的本土意識和本土運動，可說是一種「被壓抑的回返」，是對「被回歸」命運的清算，回返的是被壓抑的香港文化與政治主體精神，索還被拖欠的「承認」。如果我們不能從制度上去改革這種「殖民未解」的結構，不能從歷史上清理「主體參與欠缺」的狀況，檢討與反思在歷史發展的長河中「香港人」主體成長的掙扎，我們亦無從建立香港人對自己的清楚認識，俾使香港人成為自己的歷史主體，恰當地處理自身與他者的關係。

## 二、土著紳士的香港人身分

關於香港人在殖民時代究竟有沒有自己的獨特身分，以及有沒有哪怕是處於萌芽階段的本土意識，存在著不同的說法。按照英國人為自身帝國主義歷史辯白的史觀，香港是一個貿易商港，也是東西文化的交匯點。在這塊土地上，重要的是貨物、資金、人員的流動，因為流動而產生了各種文化碰撞。但是，這些碰撞都是流動性派生出來的，由外面帶進來的。除此之外，真正土生於香港的文化，均只是不足道的地方庶民生活風俗，這些文化風俗也只有等待最終被現代性發展所淘汰。

上述這種殖民史觀輕忽地看待香港的本土文化，但無疑它也點出了一個事實，那就是早期香港的人口的確存在著極高的流動性。這些從外地過來找尋工作和生活機會的人，當中包括大量來自中國大陸的華人，他們並不以香港為永久居留地。殖民地政府不承認他

---

1 〈邁向具主體性的本土性〉，《殖民家國外》（香港：牛津大學出版社，2014），頁14-30。

們的公(市)民地位，也不賦予他們公民權責。而中國歷任政府也刻
意利用這種含糊狀態，不設邊防，華人基本上自由出入，情況與其
他中國沿海城市的「租界」相若。「本土意識」在租界的歷史環境
下並沒有太大的意義，因為哪怕是有一種租界住民的意識，它都不
會是一種排他和獨一的歸屬，而是和其他的身分認同高度重疊。租
界住民的意識亦只在非常有限的情況下，才會轉化成政治上的能動
性。

　　不過，香港是很早就割讓出去的殖民地。英國人在這裡的治
理，開始於19世紀中，比清朝覆亡、現代中國民族主義革命早了近
半個世紀。按歷史學家卡洛爾所指，雖然香港這塊殖民地上充滿流
動性，卻在殖民早期就出現一批以香港為永久居所的買辦資產階
級，建立起他們非常獨特的香港身分認同[2]。他們為英國殖民主人所
信任，被委任為香港的華人領袖，除了自身參與商貿活動，也主理
香港為華人服務的慈善機構，成為香港華洋兩大族群之間的橋樑。
他們忠誠於大英帝國，但又不會放棄自身的中國人身分，因為擁有
「雙重身分」正是他們可以做到「左右逢源」的最有利條件。他們
內化了英國士紳階層的文化價值觀，鄙夷「外來」的中國人道德低
下，素質低劣，他們很自覺地和低下層、來自內地的華人區隔。但
他們並沒有徹底地在生活上「去中國化」，因為在英國式「間接統
治」的殖民體制內，他們是「華人代表」。他們會為華人生活風俗
習慣辯護，修正或抵擋英國人或其他洋人提出的改革訴求，例如按
西方標準來提升華人居所的衛生水平，及以性別平權的原則禁止華
人收養婢女的制度等。再者，這些「高等華人」之效忠於大英帝國，

---

2　John Carroll, 2005, *Edge of Empires*（HK: Hong Kong University
　　Press）.

也毫不與他們投身或支持現代中國的民族主義「革命」有所扞格。也就是說,這些擁有獨特「香港人」身分的買辦階級,可以毫無困難地同時是中國的「愛國者」,參與不同時期的中國國家建設。當然,在民族主義走向激進化的時候,他們的「雙重身分」也會為他們帶來麻煩,被民族主義者指責為不中不西的「漢奸」。

民國初期,中國大陸政治混亂,部分香港華商也捲入中國的地方派系政治。後來國共相爭開始惡化,中國民族主義日趨激烈。在1925-26年的省港大罷工中,香港買辦資產階級更緊密地站在打擊罷工,維持秩序的殖民政府一方。因此,香港的買辦階層也開始與來自國共兩黨的激進民族主義者為敵。而自此之後,香港高等華人的政治保守性格亦牢牢地與殖民體制緊扣在一起,成為香港土地上牢不可破的「勾結式殖民結構」的一部分。

回顧這些殖民早期買辦階級的「香港身分」歷史,對了解歷史上的「中港關係」其實十分有用,因為雖然這班華人精英人數並不多,但他們對塑造香港的政治文化有深遠的影響。他們是非常忠誠於大英帝國的土著紳士,接受優良的英語教育,對英國帝國文明下的法治制度、自由主義精神心儀嚮往,他們也不斷努力把這些內化為他們自身的價值標準,並且把這些價值觀納入他們改革中國的藍圖內。但是,他們卻只能在一個殖民體制下取得蔭庇,不能充分地發展成一種歐洲啟蒙時期帶領自由主義革命運動的、具有遠大政治使命的資產階級。所以,雖然卡洛爾指出了他們之間分享著一種共同的資產階級文化,主動地將自己和周圍其他中國人區隔開來,也有別於其他國籍背景的有財勢階級,並且積極地追求英國承認他們獨特的香港身分,但實際上,他們的買辦性格使他們和啟蒙時期歐洲的資產階級有很大的區別,這就是他們在政治上的軟弱性。

因此之故,他們也無法超出優勢階級的局限,去建構一個包含

各階層在內的本土運動,也無法像在印度,把自己改變成反殖民運
動的精英。他們孕生於英國人占領香港之後,那是晚清洋務運動的
年代,當時英帝國熱衷於透過香港培養具英國文明素養和技能的華
人去幫助改革清朝政府。香港的買辦階級很早就懂得利用這種在兩
大朝廷之間穿梭往來的能力,來建立自身的社會地位,並從這種在
兩大帝國夾縫之中游走的經驗,塑造了自我的形像,並如此地定義
香港獨特的身分認同。他們非常在意於要英國人承認他們是有別於
「其他華人」的「大英子民」。他們內化了大英帝國的文化價值,
也透過這套價值觀去審視中國在那個時期的種種弊端,進而把自身
放置在幫助「改革」中國,為中國輸入西方現代文明的計畫當中。
他們會猛烈批評中國狀況,但這不妨礙他們自視為深愛中國的民族
主義者。但亦因為這個原因,他們並沒有著力於建立與中國完全區
隔的香港本土意識,建構香港城市的政治共同體。他們善於與強勢
的外來統治者打交道,政治上長期寄託命運於保護他們階層利益的
殖民體制,政治認同上的雙重性也發展出以實用主義為外表的依從
主義、甚至投機主義。這種「識時務」的「實用主義」,已經成為
香港政治文化傳統的一部份,也是日後香港走上「被動回歸」之路
的結構性因素之一。

## 三、難民社會與民主自治

　　香港出現真正有廣泛社會意義的本土意識,始於二次大戰。中
日戰爭使香港再度成為外來人口大量湧進的地方,但香港在1941年
也淪陷在日本人手上,直至1945年日本人撤出。隨之而來的是國共
內戰,以及中共建國初期不斷的政治動盪。香港政府為了管理一個
龐大的「難民社會」,也承繼日本制度,實行人口登記,發出識別

香港人身分的「身分證」,但對入境人數仍無限制。直至1960年代,
大陸發生饑荒導致漫山遍野越境而至的難民潮,殖民政府才開始實
施較為嚴格的入境管理制度,中國內地人士再不能隨意隨時移居香
港,違者會被遣返內地[3]。

　　當初日本人在香港實施「身分證」制度,是因為要配給米糧和
監控人口。所以「身分證」並不自動等同明確界定的公民權責,也
與人們當時的「身分歸屬」感並不完全相應。相反地,當時香港大
部分人口仍然自視為內地來港的移民,並不認為自己屬於香港。1949
年遷到台灣的國民政府,也視居港華人為「僑胞」,而按中共政府
對香港「充分打算、長期利用」的政策,則視香港為「尚未恢復行
使主權的領土」,居住在香港的都是「香港同胞」。在東南亞等地,
因為英國決意撤退,終結殖民統治,當地土著族群的民族主義急速
發展,令華人惶恐不安,四處遷移,這些局勢也為香港帶來大量的
臨時人口。

　　由於社會上充滿大量的移居者,1950年代和1960年代初期在香
港的土地上,令人關注的並非本土政治,而是在「冷戰」支配下國
民黨和共產黨兩派勢力之間的政治角力和鬥爭。不少論者將這種兩
派角力視為國際上兩大陣營「文化冷戰」的延伸,但這只是說出了
實況的一面。因為無論是英國統治者還是冷戰中居西方世界領導地
位的美國,都沒有把香港變成冷戰中一邊倒地反共的地方。英國既
沒有在香港強加一套明顯的文化政策的傳統,也一貫地維護殖民商
港政治中立性的「非政治化」政策。但更重要的是,英國要透過香

---

3　香港政府為限制大量難民偷渡進港,1974年又實施「抵壘政策」。
　　偷渡者若能進入市區和親人接觸,方可留港,但在中途被截獲者會
　　被遣返內地。此政策在1980年取消,任何偷渡人士均「即捕即解」,
　　送返大陸。

港維持與新中國的良好關係，方便英國在遠東地區部署自身在戰後的長久利益。所以，一方面香港舊有的華商階層仍然可以公開展示他們對大英帝國的忠誠，但香港一樣可以容許各派的民族主義思想互相競逐。而左、右兩派被高度政治化地組織起來的支持者，不時將他們之間的鬥爭上升為暴力毆鬥和暴動，與警察發生衝突。但是這些暴動與本土意識的關係其實極其淡薄。

可是，這並不表示戰後香港不曾有人試圖建立自身身分的力量。事實上，戰後香港的華商中間，以先施百貨少東馬文輝為首的一群香港華人精英，連同一批受左翼思想或費邊社改良主義影響的外籍人士，包括知名的葉錫恩、貝納祺等，就積極針對殖民地政府的不良施政，成立議政及行動組織，包括「革新會」和「公民協會」。這兩個組織成為香港戰後初期主要的民間反對力量。雖然，它們由於取向基本溫和，也未能完全深入以難民為主的社會基層，所以發展受到很大局限。這些以香港為家的華洋精英，打破了過去乏人關注香港本地政事的消極狀況，公開要求香港施行更開放的政治制度和進行民主化。

他們意圖反映香港民情，以獨立民間的身分向香港政府施加輿論壓力，在中西報章發表批評施政的文章，又直接向英國國會投訴殖民地政府的不善施政，頻頻往倫敦揭露香港實況，令香港殖民政府受到不少來自英國祖家的壓力。這些壓力團體的工作，在1960年代後，更發展成為一股組織政黨之風。他們分別組織過諸如「聯合國香港協會」、「民主自治黨」、「工黨」、「香港民主社會黨」等組織，也策劃過一些基層商戶抗議、小販抗爭和其他示威活動。1961年聯合國香港協會提出全面普選立法機關的要求。1963年，該會轉化為「民主自治黨」，提出既反殖亦反共的綱領，追求英國給

予香港自治，及由香港人出任總督[4]。這些不落入國共兩派對抗的、以市民權益為本、以民主自治為主要理念的政治活動，相比於由親國民黨右派或親共產黨左派所組織的群眾暴動或工潮，顯得十分溫和。但在殖民政府眼中，這些同樣是激進的政治活動，因為相對於左、右兩派民族主義者，他們的活動直接針對殖民政府，因而也受到殖民政府密切的監視。

可是，這些由本地華洋精英分子組成的政治運動，並未能像當時的左、右派民族主義組織一樣，深入到廣大的群眾中間進行組織，又因為內部很多領導風格和路線上的分歧，所以頻頻分裂。不過，他們的抗議行動與改革的呼聲，也喚起了香港市民對本土政治的醒覺，這些努力間接地誘發了1966年反對天星渡輪加價的抗議，以及往後的「爭取中文成為法定語文運動」。反天星渡輪加價的示威，是香港首次出現的本地自發抗爭，但因為缺乏組織，最終也失控而引發了暴動，招來殖民政府的強力打壓，引起保守派的巨大反挫，也波及到葉錫恩這類溫和派。而在當時高度專權的殖民地架構下，也著實沒有讓這些立意植根於本土的民主自治主義者有選舉參政的平台[5]。況且，民主、自治這些理念，在一個以「非政治化」策略為管治手段的殖民政府，及那個散亂及內部派系傾軋非常嚴重的「難民社會」中，也顯得左右為難，相關的機構和政黨在1970年代之後亦失去活力，無疾而終。

1960年代香港首次出現的自治運動所依據的價值是人人平等，

---

4　貝加爾，〈港獨之父馬文輝：六十年代的民主運動〉，http://sparkpost. wordpress.com/2012/12/04/ma-man-fai-1/、http://sparkpost.wordpress. com/2012/12/11/ma-man-fai-2/。

5　當時立法局只有委任和官守議席，有選舉席位的只是一個權責只及管理市政衛生事務的市政局，而合資格的投票人數又低得可憐。

具有自決權利的聯合國精神及背後的一套普世價值。這種具國際視
野和世界主義精神的民主自治理念，既反對殖民主義，也反對階級
鬥爭的共產主義。但它在1950年代左右派冷戰對立的環境下未能脫
穎而出，也不敵繼後在香港興起的左翼激進主義，其功績也被往後
在青年人中間流行的新的左傾的民族主義熱情所蓋過[6]。

## 四、嬰兒潮世代：本土意識第一波

事實上，土生土長的戰後嬰兒潮一代雖然有著一種強烈的「以
港為家」的願望，但他們成長過程所接受的薰陶，主要還是來自父
母一代的難民意識。而最能表達這種難民的飄泊命運情懷的，要不
是左派的「北歸」主張，就是「右派」以海外作為基地，靜候未來
重返大陸，推動文化復興的寄望。在這些「右派」文化民族主義者
中，「新儒家」致力中國文化教育，影響至大，吸引不少香港青年
認同。但自從出現了1966及1967年兩次暴動，這些文化民族主義理
想便顯得過於虛玄和不貼現實。這些土生青年一代希望能夠更深入
地去了解香港社會現實，不再像上一代沉溺於飄泊「海外」的悲情。
因為他們這一代認定要以香港為家，香港也是個讓他們成長和生活
的社會。所以，他們對身旁發生的不公義和社會上普遍的政治苦悶
更為敏感。

1960年代末期是香港土生土長一代建立其文化及政治主體性的
時期，這一代人成長於一個由英國人殖民統治的香港，對中國的過

---

6　羅永生，〈冷戰中的解殖：香港「爭取中文成為法定語文運動」評
　　析　〉，漢語／華文教育的語文政治工作坊會議論文，嶺南大學，
　　香港，2014/9/20-21。

去和現在都只有矇矓或支離破碎的認識，但甚少有實際的感性經驗。他們在政府學校裡，接受的是非政治化和非歷史化的教育，因為殖民政府非常忌諱歷史教育會讓學校變成宣傳不同派別政見的溫床。香港土生第一代大都受益於1960年代急速的經濟起飛，另一方面也目睹急速經濟成長下各種各樣的社會問題和不公義的狀況。在認知上，他們既對殖民統治懷有不滿，也對「文化冷戰」下二元對立的意識型態困局產生厭倦和懷疑，很渴望可以從這些窠臼中掙脫出來。

1966天星碼頭的群眾自發暴動中，新一代沒有組織起來。但在1967年親中共的「左派」暴動中，卻有高度的組織和完整的政治口號，而且因為深受當時中國國內文革的影響，誘發事件的雖然只是勞資糾紛，但很快便上升至訴諸暴力手段，挑戰整個殖民政府，左派甚至出現要求中共立即收回香港的呼聲。這種急劇激進的政治主張，雖然隨暴動的失敗而退出歷史，但已使年輕一代深受震盪。他們雖然對親中左派的政治主張一知半解，也只有小部分是由左派組織所鼓動而加入這次暴動風潮，但大量青年圍觀示威，向警察叫罵，使所有人都感覺到，青年人中間存在著很大的躁動與不安。他們心中的巨大問號是：「香港往何處去？」

的確，在繼後整個1970年代所出現的社會運動風潮，使人們習慣描述這段時期為「火紅的年代」。這個年代所湧現的政治及社會運動，是以青年一代為主體的。比起戰後初期的「冷戰式」對抗，1970年代的社會運動風潮，更有獨立性和本土一代的自主性。雖然，這些運動仍然與中國民族主義產生千絲萬縷的複雜關係。但是，這個時期所出現的社會運動，是獨立於傳統左右兩派的第一次本土政治社會運動，所以也萌生出香港第一波的「本土意識」。

例如，1970年代初「爭取中文成為法定語文運動」把矛頭針對

港英政府的「重英輕中」語言政策。這項運動成為1967暴動後青年
首次有組織的和平社會運動，得到各階層的支持。其後發生了「保
釣運動」，批判美國和日本「私相授受」釣魚台島嶼。但也因為政
府強行以武力驅散集會而使運動添上反殖民主義色彩。這兩個運動
同時都展現了一種香港本土意識在萌生的時候，如何面對殖民主義
現實的問題，以及在運動中如何重新協商與中國民族主義的關係。
一方面，由冷戰對抗所主導的那一種(反共的、否定今日現實[紅色]
中國的)文化民族主義，並不能讓這些本土一代回應急劇轉變了的現
實，本土一代要打破這些讓他們沒有行動力的舊民族主義思維。但
當他們要回應香港壓迫性的殖民現實，他們也只有訴諸華人利益(中
文)和中國人身分(保釣)。這種經過重新定義和協商的民族主義，促
使他們這個世代，打破了過去的政治冷漠和「無根」心態。香港第
一波的「本土意識」便在這複雜的文化與政治地貌上出現。

## 五、火紅年代與香港歸屬感

　　「保釣運動」的其中一個後續方向，是脫去右派文化民族主義
的反共精神，把祖國情懷重新嫁接到親共的民族主義，發展出新一
代的親中共「國粹派」青年。但對中共較有批判性的學運青年，則
把中文運動及保釣運動後激發的關心社會熱情，凝聚成深入社區基
層，爭取改善居民權益的居民運動，使香港首次出現了深入到香港
本土社會基層的政治運動。他們自我劃定為學運當中的「社會派」，
介入基層社區的實踐，上承了葉錫恩等老一輩的本地改良主義社會
改革傳統。在這第一波「本土意識」的過程中我們可以看見，在殖
民體制底下，本土意識的萌生需要直面殖民主義的現實，不能訴諸
無處落實的中國悲情，但既然要挑戰殖民主義，也仍要寄託於某種

中國民族主義的華人族群意識。

在落實為究竟是要直接投入現實中的「紅色中國」，還是介入香港本地的反殖民鬥爭的問題上，學生運動出現了重大的分歧和爭論。1976年四人幫的倒台使「國粹派」在社會運動中消失。而「國粹派」盲目認同中共的錯失，也激發了學運的後繼者對中國民族主義更徹底的批判。1970年代的激進派社會運動，托洛茨基主義和無政府主義的影響也十分顯著。他們把學生運動及社會運動的視野推向全球，超越國族。而1960-70年代世界性的學生運動、反戰運動及「反文化」運動，也以稍微滯後的方式大量引進香港。香港青年一代也在這個年頭受到台灣的自由主義反對運動、中西文化論戰、鄉土文學論戰的影響。而文革末期極左派紅衛兵逃港，揭示了文革的陰暗面，也傳播了一種有異於官方毛澤東主義的另一種激進批判。從這些異類的激進主義思想資源中，香港新一代建立了一種重新審視現實中國的視角。

在這個既有意識型態急速崩解的年代，如何重新理解香港所應面對的中國，及在中國的大背景下思考香港的位置與角色，成為1970-80年代之交的重大思想挑戰。受到1970年代末「北京之春」民主運動與魏京生所提的「第五個現代化」即「民主化」的主張影響，香港新一代修正了純屬感性的中國認同，也拋棄失敗了的意識型態，但仍期望以更有批判性的方式自我定義為可以藉香港的特殊地位來推進中國的「民主化」。這種複雜的中國認知一直延伸至1980年代初中英就香港前途正式進行的談判，影響了部分積極分子，以支持「民主回歸」的方式面對中國在1997年要收回香港主權的現實。也就是說，他們認定殖民主義沒有維持下去的合理性和可行性，而香港人也擔心共產黨的專政會破壞香港，在沒有其他更有實現可能的選擇底下，用建設民主制度來保障香港的未來發展，應是最佳的

選擇。而本地民主的發展，也正好可以平衡甚或克制過往殖民體制
產生的社會不公義，發揮香港人在殖民時代結束之後的主體參與精
神[7]。可是，無論是否贊成「民主回歸」，在1980年代初面對香港前
途危機時的本土意識，其實都十分薄弱，無論哪一種主張都不能轉
化為有效的政治行動力。民主回歸只是少部分論政團體的觀點，除
在大專學界較有熱烈討論之外，在社會上並無廣泛回響[8]。而其他立
場的論者，包括維持現狀、聯合國託管、主權換治權論、續約論及
零星的香港自決論，除了以文章抒發意見，都沒有推動過很有組織
規模的集體抗議行動。歸根究柢，香港人當時還是活在殖民政府竭
力維持的高度的「非政治化」狀態之下。而且，雖然大部分香港人
當時都對中共「收回香港」深有恐懼，但對於香港華人的「中國人」
身分，香港原來是中國擁有的地方，都絕少提出徹底的質疑。

　　事實上，在整個1960-70年代，香港政府也努力建造一種非政治

---

7　在1980年代初，文革結束後不久，鄧小平開放改革的藍圖開始實
　　現。中共當時展現了很大的決心讓改革落實，中共改革派領袖趙紫
　　陽亦曾覆信正面回應來自香港大專學界關於「民主回歸」的訴求，
　　讓一些熱心人士認為「民主回歸」的確可以落實。然而，中共的官
　　媒和文件卻從未正式接受「民主回歸」這句口號。在1989年發生了
　　六四屠殺之後，趙紫陽自己也下台，香港兩名民主派的基本法草委
　　也辭職。基本法條文草擬在六四後也全由保守派主導。「民主回歸」
　　當時可謂已名實俱亡。但作為一種以積極態度來參與政治，盡量爭
　　取自治可以落實的口號，愈接近1997主權移交的日子，愈多的民主
　　派政治人物說自己支持「民主回歸」，其中包括早年對「回歸」中
　　國有很大保留的人，例如李柱銘。在回歸前夕，香港親中共的《大
　　公報》甚至在社論公開抨擊「民主回歸」論。
8　事實上，當時有群眾基礎的社會組織(除了所謂「根正苗紅」的親
　　中左派)，大都迴避就政治主權爭議表態；以非左非右的獨立姿態
　　出現的團體，也沒有主張民主回歸或支持其他方案，包括當時最大
　　的教師工會「教協」及其領導司徒華等人。

化的「本土意識」，來面對1967年暴動之後暴露出來的社會危機，和政府與市民之間廣泛出現的疏離感。最近的研究也證明，1970年代初英國已經判定香港最終要交還中國，所以開始積極準備「非殖民地化」政策。殖民政府較從前更積極主動地建立這個晚期殖民政權的認受性，例如推行廉租屋計畫、新「衛星城市」的開發、建立廉政公署切實剷除貪污等。而與此同時，政府也不時通過提供集體娛樂節目，如「青年舞會」、「香港節」等，強調建立「香港市民」的「歸屬感」。可是這種「香港歸屬感」雖然有意建立一種有別於中國的城市市民身分，但也小心翼翼不去讓香港人萌生香港人是「英國子民」的感覺，因為當時英國已決意防止香港人將來以英國國民身分大量移民去英國。

而為了減低殖民地社會內部華洋族群矛盾，殖民政府逐步實行公務員本地化，減少洋人占據政府領導職位的數目，提供本地華籍公務員擔任部門最高職位的機會。這一系列的改革雖然並沒有觸動殖民地的基本統治架構，只是在「諮詢式民主」旗號下舒緩社會的對立，更遑論承諾建立具市民認受性的民主自治政體，但已對推動香港成為一個有別於中國的政治共同體奠下基礎。問題只是，這項準備英國人「光榮撤退」的工程，香港人是在不被知會，也沒有權參與的情況下一步一步推進的。香港社會只是在有限及被框定的範圍內建立起對這城市的「歸屬感」，卻無法通過任何正式機制去表達自己的集體意志。所以，這也只是一種「被動的接受英國人離去」的「晚期殖民」計畫。而這個打造「香港人身分」的計畫，是刻意地以「非政治化」的政策，將香港人型塑成一種只顧經濟成就，不理政治的經濟動物，並由此而為「香港身分」做定位。事後證明，這種非政治化的香港歸屬感，最「成功」的地方是令香港前途談判

出現之時，香港人都失去了自發參與的行動力，任由中英兩國擺布[9]。

## 六、大香港主義與「比中國還要中國」

　　當然，按照民族主義者的理解，「香港人」這身分是不存在的，因為所有香港的華人都應該是中國人。這是當時社會上左、右兩派都接受的共識。可是，1970-80年代急速地在香港發展的流行文化，卻積極地參與塑造一種具備本土特色的，有異於中國民族主義、中國國家認同的本地文化。只是這種本地文化所承載的既不是冷漠，也不是明確尋求政治自主的意識，而是充滿政治上的不滿，但又對政治往往無奈的「小市民」犬儒主義。這種犬儒主義一面嘲弄政治忠誠及道德文化上的嚴辭偉論，但又承載了很多對現狀的不滿，並且在經濟成就的基礎上，建立小市民式的自豪感。塑造這種小市民意識的最大力量，莫過於當時剛剛引入的無視電視廣播。以香港「無視電視」在晚上黃金時間播出的綜合娛樂節目「歡樂今宵」為中心，電視工業快速地成為1970年代型塑香港人意識的工具。一方面，以抒發民怨為目的「諷刺時弊」，塑造了某種香港社群的共同體想像，但政治上的集體意識又被節目中娛樂的形式及內容所迅速置換。它一方面將當時相當缺乏的電子公共輿論平台，安插入娛樂節目，吸引觀眾產生共鳴；但另一面又以娛樂節目的形式，消解公共事務討論所產生的衝突。調子是歌頌好人好事，經濟成就，不斷強調香港

---

9　去年因為柴契爾夫人逝世，互聯網上重新流傳香港前立法會議員吳靄儀發表在1984年中英簽署聯合聲明時期的文章，內文說明當時立法局華人議員曾為了顧全大局，而支持英國一方的談判策略。但結果卻發現英國原來在談判中放棄了1997年後在香港有任何角色，對此吳靄儀表示驚愕和失望，見 http://bit.ly/1fIRZu9。

人以安定繁榮為最高價值。它安排了每晚百萬觀眾的生活節奏，以餘暇消融政治，與殖民政府以非政治化的經濟動物為形象建立的香港歸屬感相互配合。

　　不過，這種以大眾文化為本的本土文化，也漸漸擴闊，包含其他形式和潛力。一方面是充滿感官刺激的大眾電影、雜誌之類的商品文化，但另一方面，這種環繞庶民生活來建立的普及文化，也反映了香港生活的獨特感性，包含著香港城市能匯聚各方文化資源的駁雜特質。不過更重要的是，新的香港普及文化，漸漸脫離了來自傳統中國，及無論是大陸還是台灣的大中國想像。香港發展出獨立於兩岸中國文化想像的香港本土文化，最具體的表現在1970年代到1980年代之間，香港電影市場上國語片與粵語片的市場份額此消彼長之上。1970年代行銷東南亞各地華人市場的國語片，大半的製作充滿中國文化的內容，民族主義的意識。它們挾其規模製作、先進科技的優勢，一度雄霸香港電影市場，淘汰了以舊式道德教化為內容，以本地廣東話族群為觀眾對象的粵語片。可是與香港生活實況息息相關的粵語電影，透過1980年代「新浪潮」及走普及路線的「新藝城」創作，重新反攻電影市場，最終取代了國語電影，使電影院成為型塑新一代的時代及城市感性的基地。新的香港電影重奪香港電影市場並行銷海外。這標誌著一股強有力的本地文化浪潮，在1980年代漸漸邁向高峰。這個巨大的市場逆轉，標誌著戰後嬰兒潮一代，大肆展現及鞏固他們這一代的本土意識。可是，這種本土意識在萌生出一種在家國之外的獨特城市文化視野之餘，並沒有在「城市經濟人」之外孕育出更有明確政治價值的香港身分。相反地，這時期的本土文化所建立的，大體上是一種「小市民意識」。它對香港人的靈活、機智、不墨守成規等小市民性格的歌頌，逐漸建立了一個新的香港人自我形象，以「經濟人」身分、功利主義和實利主義而

建立自豪和自信。

　　當然，這種對香港生活和香港人自身充滿自信的年代，亦是香港在1970年代金融投機經濟快速增長，以及中國局勢變化的產物。因為1976年毛澤東的去世，四人幫的倒台，中國走上開放改革之路。社會主義神話破滅，港式功利主義、實利主義變成一種被證明「成功」的意識型態。香港一向奉行資本主義，並取得戰後繁榮成果。中國在1980年代回過頭來要重新引入資本主義，顯得香港已走在中國之先，並可以反過來成為中國大陸要南下吸取資金、技術和管理經驗的地方。穿越過去從1920年代到1980年代漫長的受中國民族主義及反帝意識型態支配的歲月，香港在1980年代好像重拾了它的傳統角色，回到舊日由雙重效忠的買辦主導的年代，站在領先的地位去為中國的開放改革服務，但亦同時從中賺取自己的利益。所以，1980年代高度發展的本土意識也是以經濟為主軸，形成為一種帶高傲心態的「大香港主義」，視大陸人為文化相對落後的「他者」。和早期殖民主義時期一樣，這種香港人身分也是毋須與中國切割的，因為它不會被視為與中國人的身分互相排斥。

　　政治上，1980年代初前途談判曾經一度帶來香港人的恐慌，但「一國兩制」漸漸為更多的人接受，因為當時中共高抬一國兩制下的香港，將來會作為對台灣起示範作用的「示範單位」。這亦使得1980年代香港的「本土意識」與香港作為中國一個特殊部分的民族主義立場並不矛盾。1989年的六四悲劇雖然打破了這一波本土意識中中國與香港關係在想像上的完美平衡，但「六四」強化了的並不是把中國排除在外的香港本土意識，反而是加深了不少香港人心中的民族認同，認為中國與香港命運一定是連成一體的。八九民運和六四創傷不單只是中國的事情，更具有不可忽視的本土意義。這種本土意義並不全然在追求民主的目標，而是為當時不少香港人帶來

一種前所未有的政治覺醒，也提供了一種關於香港身分的敘事，恰
好針對著過去香港身分中那份「政治」缺席的無力無奈，港人經濟
動物形象的自誇與虛浮。這種透過活得「比中國還要中國」，熱切
地想參與改變中國的政治熱情，雖然在六四震盪的幾年後逐步消
散，但它的餘溫仍然維持，支撐著香港支聯會每年主辦六四悼念，
直至今日。在這裡，我們也可察覺，香港本土政治主體意識的成長
過程中，與中國因素的複雜和糾纏關係。

　　六四是把香港人從殖民地型塑的政治冷漠、1950年代難民心態
和1970年代經濟動物意識中喚醒過來的重要時刻。如果說任何歷史
主體性的形成，一定要透過一個創傷性的集體經驗，以激發一種有
道德意義的集體團結感覺，俾使社群團結能超克自利無根的飄泊個
體，那六四就是香港歷史主體型塑過程的一個重要環節。它是以某
種中國人身分認同為激發點，但因為香港是唯一一個能夠將毋忘六
四堅持作為自身使命的地方，六四記憶就成為孕育本土政治意識成
長的一個不可或缺的成分，有了它對「香港人」身分的特殊意義。
當然，因為八九民運畢竟是一個香港人以「支援者」身分參與的運
動，六四悼念也在香港面對1997「回歸」的過程中，以某種「異見
式中國民族主義」話語呈現，局限於展現香港作為中國不可降服的
「內部批判者」的策略，有自我羈絆於某種「大中華情意結」的傾
向，但它並無礙於香港人自1990年代開始，重新審視香港與中國的
關係，特別是香港文化主體性與中國民族主義的關係。

## 七、香港即世界：本土意識第二波

　　在整個1990年代，與上面所說的這種批判性的民族意識一起出
現的，也是香港人對自身社群命運的一個巨大的疑惑及警號，因為

六四發生在1997年之八年前，當時香港人正快速地邁向「告別英國」
／「成為中國人」。當六四屠殺發生的頭幾年那些凝重的日子過去
了，文化界就爆發一波反思、探索及鞏固本土文化的熱情，和對香
港身分的嚴肅思考。無論在創作成果還是理論探索方面，關涉本土
文化過去未來的議題和討論，達到前所未有的高度。而當時這一波
探索本土意識的熱潮，對香港文化和香港身分最為一致的態度就是
拒絕大中國民族主義對香港歷史和文化的貶抑和輕視。從引入大量
的「後殖民」視角來評價創作，到自豪地肯定香港文化的混雜性；
再由自我確認香港文化的城市特質，對「邊緣」視角的認定，到對
香港式普及文化的反抗及顛覆潛力的讚許等等；文化界對香港文化
的回顧與反思，其實都是一種對君臨香江的未來中國勢力一種強烈
的反彈。在這個時期，本土意識被認定為是與香港作為一個國際城
市所應具備的世界主義性格緊密地連結起來的，所以，保衛本土文
化精神，也就是保衛它的開放性、多元性、跨國性和反思性。因為
當時不少人都認為，只有保持香港的跨國性和開放性，解構民族主
義的大論述，免受民族主義的權威所吞噬、消滅，方能使香港珍貴
的文化遺產，在回歸中國之後也得以保護和繼承。相呼應的是，除
了政治上強調要全面在香港落實普世價值，也要加速建設多元、活
潑的公民社會，加強公民教育，保障新聞自由、學術自由。

　　很明顯，在這種可以稱為第二波的「本土意識」追尋中，本土
身分是相對於中國民族主義而建立的。這一波對本土文化的反思和
評論，首次地針對中國和香港在文化和政治上的關係做出批判性的
檢視。香港「中國人」的身分首次被評論人從舊有的政治民族主義，
甚至文化民族主義傳統中抽離出來，拒絕接受將香港視為中國文化
的一個地方分支，也拒絕用中原文化的標準來貶抑香港文化。對香
港文化的肯定，也展現在否定再用「文化沙漠」、「中西文化交匯」

這些古老的陳腔濫調去表達香港。

在否定用大中國觀點去評價香港的同時，香港文化界也警惕和批判來自大陸的中國學者，試圖以中國中心的觀點去為香港編寫歷史，強調香港學術界要發展以香港為書寫主體的批判視角。可是，究竟何謂以香港為書寫主體，何謂香港人史觀，也引起質疑和討論。一方面是對本土視角的迫切需求，但另一面也是對何謂香港「本土性」的無盡問號。在這個問題上，1990年代參與這些討論的香港學者，並不標舉一種封閉的、本質主義的、或原生主義的本土觀。因為他們也警覺那種本質主義的本土觀只是他們希望批判的本質主義中原文化觀的倒映，也認識到這種本質主義的本土觀與香港的歷史經驗並不吻合。他們在肯定本土性不應屈從於中原中心的民族主義觀念的同時，更重視香港文化如何有創造力地積極利用其「邊緣性」、「夾縫性」和「跨國性」，他們更重視的是香港文化的「多元性」、「混雜性」和「顛覆中心思維」的潛力。他們小心翼翼地既肯定亦批判香港的「國際性格」、「商埠特質」、「雙重意識」甚至「買辦傳統」。方法上，他們借助於後現代主義、後殖民主義，以解構民族主義的中原中心霸權，但也誠惶誠恐地自我批判欠缺自省能力的本土主義或大香港主義。他們認識到這個世界充滿形形色色、多層次、及錯綜複雜的權力關係，各種霸權論述的狡獪和危險[10]。

---

10 當年圍繞也斯、周蕾等的香港後殖民評論，引起過廣泛的爭論。周蕾描述香港為處身於兩個不同的殖民者之間的說法，招來一些年輕學者的批評，指為一種自憐自傷的「夾縫論」。作為針鋒相對的反論述，孔誥烽提出「北進殖民」的說法，批判周蕾等的論說為「大香港主義」的共犯。當時他認為，要了解中港關係，也可以從香港在開放改革當中，也隱藏著「北進殖民」的欲望出發。相關論辯收錄於陳清僑編《文化想像與意識型態‧當代香港文化政治論評》（香港：牛津大學出版社，1997）。

　　1990年代的這波「本土意識」探討，不單力圖彰顯獨特的香港
文化身分，更具有強烈的主體意識，不再停留在泛泛地羅列香港文
化的特徵，更主動地分析香港文化的生成過程，與相關的文化資源
的傳承與分離的關係，更以自我與他者的複雜關係，探討香港、中
國和世界的關係。而雖然這些探討並沒有扣連上直接的政治行動，
或意識型態的主張，這些討論和創作上的探索有著明顯的時代迫切
感和實踐意識，亦貫穿了一種為這個城市的世界主義性格奠定論述
基礎的精神，也為「回歸」後本土意識的發展奠定了一套基本的思
路，建構了一種話語，為日後文化介入政治做了思想準備。

## 八、文化起義與80後世代：本土意識第三波

　　事實上，九七過渡之後，政治主權的移交已成定局，但文化仍
然是一條每日在爭持角力的戰線。因為雖然基本法訂下香港實行一
國兩制，但中共並未真正放心讓香港實行高度自治，而是不斷運用
各種力量滲入香港的各個環節，培植對其忠誠的「愛國愛港」力量，
排斥對它有批判和敢發出異見的聲音。基本法的設計原來已經是體
現著分而治之的殖民管治原則，設置了各種關卡，以防備港人集體
意志的形成，政治上有利於中共去操持香港大局。可是，由於缺乏
管治認受性的政府體制先後惹來多番的政治危機，中共更日漸拋開
不干預的面紗，日益明目張膽地親自介入香港政事。可是，不滿的
聲音未有一日止息，抗議風潮此起彼伏。建制力量認為原因是政治
上雖已回歸，但「人心尚未回歸」。於是，文化上要做到令香港人
忠誠順服便是所謂「文化回歸」政策的根源。如何透過控制傳媒、
掌管教育、規限學術，打造忠誠於中共政權及其政治觀、歷史觀及
其他意識型態內涵的文化環境，便成為回歸後香港文化政治的焦

點。第一任特首提出建立西九文娛區計畫，香港的文化藝術界破天荒地投入，發動所謂「文化起義」的連串抗議，要求以地產發展主導、用文化發展來包裝的西九發展計畫「推倒重來」。這場運動後來更配合了2003年因為推行國家安全立法的「23條」爭論，為政治冷漠的文化藝術界點燃了回歸後的文化政治角力。

直至2003年七一回歸日五十萬人大遊行之後，香港湧現了大量對現狀不滿的青年人，這是一個他們一出生香港便走在「回歸」路上的新世代。這個世代在2003年的大遊行中獲得了他們的政治啟蒙，也感受到他們是活在一個自己沒有權利去選擇的不民主政治體制下。他們對作為特區新一代，被賦予當「香港的中國人」的國家身分原本沒有太大異議，就算有也只是和其他年長一輩的人一樣無奈接受。但對於基本法23條一旦成為法律，政府即可以國家安全為由剝奪他們的自由，監控他們的生活感到十分恐懼，他們更加對北京中央多番透過「釋法」打擊香港落實民主改革的意願非常反感和失望。這個世代的青年人尖銳的感受到，香港政府無論是由誰當特首，都只會聽從北京的旨意行事，與他們的願望和切身感受有巨大的疏離。

政治上的不滿亦延伸至廣泛的對整體社會現狀的不滿。他們對城市的發展方向均由地產商支配，一切以發展主義主導的狀況反應十分敏感。他們目睹城市的舊區舊物快速消失，鄰舍關係被徹底破壞，非主流的生活方式愈來愈沒有空間，日常生活亦失去了選擇。這一切令他們產生不了可以安心以此地為家的歸屬感。他們要說出新世代的價值選擇，並主動去重申應有主體的權利去決定這個城市的未來方向，拒絕接受上一代被動的生活態度。這些上一代僅僅視香港為機會之都，以官方版本的「獅子山下」故事，來定義自己的身分認同，將本土意識簡化及扭曲為純粹為謀生而奮發拼搏，最終

出頭的故事。回歸新世代對家園歸屬感的追求，構成了新一代本土意識的內涵。這種本土意識所界劃的「他者」既包含全球資本主義的力量，也包括壟斷香港政治命脈的政治經濟結構、官商勾結體制、地產霸權，以及高高在上操控香港的國家機器和既得利益建制。

他們不滿當權的政府，建制派的保守勢力，也不滿香港的政治反對派，因為這些以嬰兒潮一代為骨幹的反對派（泛民主派）已經僵化，並沒有能力也沒有勇氣去帶領有效的政治反抗運動，而是安於當一些忠誠的「泛民」小政客。所以，他們試圖在既有的有限民主體制之外，突破香港政治發展的困局，透過一些比以前更激進的社會運動方式，發出他們這個世代的呼喊。他們感受到這個城市正在日益變得陌生，所以他們發自內心，高呼要為這城市重拾它失去的靈魂和價值，在一些原來沒有政客及傳統社運界關心的城市建築及環境保育問題上，打開新一類城市社會運動的缺口。從2006年及2007年的保衛天星及皇后碼頭的運動開始，到利東街的反遷拆，以至2009年的反高鐵運動，香港開展新一輪（第三波的）本土意識的熱潮，並且點燃了一場全新的本土運動。

這一波的本土意識追尋，明顯地有著「回歸新世代」，亦即由「80後」擔綱的色彩，所以和相若時間的世代矛盾討論發生了密切的關係。無論是作為掌權者的政府官員，還是主流泛民政黨在運動中的被動角色，都被青年運動參與者抨擊為舊的戰後嬰兒潮世代的保守主義。他們以香港經濟高速發展時期的眼光看待新一代的價值觀，不了解新一代的本土意識並不能被還原為經濟上欠缺流動性和「上位」（出頭）機會的抗議，而是要展現一種「後物質主義」的新價值觀。因此，他們並不像上一代的「泛民」政客及社運利益團體一樣容易被建制所分化及吸納。他們要突破遺留至今的殖民主義式的政治遊戲，因為這些遊戲只會吸納和收編反對的聲音。因為回歸

後香港政制為了分化反對力量，正是透過層層疊疊的所謂「功能團體」機制，以利益收買和籠絡的方式讓中共可以操控大局。

## 九、集體回憶與中港矛盾

　　為了動員還未被利益分化體制所收編的支持力量，這一波「80後」的新社運還大力動員文化力量，召喚香港原來在巨大無力感下消極的懷舊情緒，轉化為積極的守衛文化歷史記憶的力量。正因為香港在新舊的殖民體制下，要不是根本缺乏歷史教育和歷史感，就是只單向灌輸一套陳腔濫調的官方歷史，這使得追尋被遺忘的歷史及集體回憶，變成一種開發新的政治能動性的來源。這種由文化推動的新政治得到文化界、新聞界和藝術界熱烈的支持，使這一輪本土意識的推展十分迅速。「80後」以重寫殖民歷史記憶作為社運動力，逆官方民族主義論述而行。這些以古蹟保育，爭取保留殖民時期的民間記憶的運動，也引來建制派的恐慌，斥之為「戀殖」心態。但爭議既然展開，有關殖民時期香港人的感受和經驗，便隨之而突破民族主義的官方框限，在重估殖民過去中帶出今昔之比，從一座舊建築的保衛，到懷念殖民歲月的人情、生活和消失中的制度和舊有規範。這種情緒慢慢被一種全面否定後九七現狀的「抗陸」論述所吸收，這已不是原來運動的組織者所可以駕馭的廣泛社會情緒。在反皇后碼頭拆遷運動中，抱城市運動目標的社運推動者，召喚多元種族共用皇后碼頭的庶民記憶，精神是多元文化主義的本土觀念，批判殖民史觀及後九七的發展主義乃單一排他的社會邏輯。但在反高鐵運動中，反發展至上的觀念已經碰上反對中國與香港過快地融合的問題，「中國與香港關係」與反對不民主的基建規劃，同時成為運動激起的課題，聚合了駁雜多樣的支持力量。

　　而在反高鐵運動集合了前所未有地多的社運組織包圍立法會之同時，互聯網上已開始流行譏諷過多來自大陸的「自由行」遊客為「蝗蟲」的「惡搞」(諷刺)影音創作，及大量轉發大陸遊客在香港隨街便溺的照片。反高鐵運動結束後的幾年以來，對中港過速融合的憂慮，終於使本土意識的追求發生了方向上的大逆轉。2012年廣東道一所名店前發生拒絕讓香港人拍照，但讓大陸遊客拍照的事件，激發有反大陸豪客情緒的網民反彈。在網民號召下，發生了連番抗議示威及集資在報刊刊登全版「反蝗蟲」廣告的事件。而文化評論人陳雲亦在相若時間出版他的著作《香港城邦論》，論述他鼓吹香港要進行族群政治，全方位反對大陸人入侵香港的右翼本土論說。自此，香港的本土意識追求便由重寫殖民歷史的、非排他的多元文化左翼立場，讓位於明確地以激化「中港矛盾」作為新的抗爭手法的右翼路線。

　　這一兩年來，連番出現了大量可歸類為「中港矛盾」的社會衝突，包括大陸「自由行」來港的大陸遊客過多、開放大陸汽車來港的「自駕遊」恐慌、父母均非香港人的「雙非嬰」令本地孕婦分娩孩子的床位嚴重不足、走私外國嬰兒奶粉返內地導致香港奶粉供應出現短缺、「雙非兒童」來港就學排擠本港學童就學機會、梁振英酌情聘用了居港未足七年且有共青團員背景的人為特首辦助理、有大陸學生被懷疑在課堂強行要求老師改用普通語授課……等等。這些「中港矛盾」的事件廣泛地引起關注和討論，矛頭直指已成北京傀儡的梁振英政府，以及香港根本沒有向中國大陸說不的權利，「高度自治權」名不符實的現實。人們對已經超負荷的「自由行」人數，及在大陸居民移居香港問題上，香港並沒有審批權的事實，產生愈來愈多的不滿。他們更關注到各種基礎建設，新城鎮發展計畫，以及區域經濟重組的各種構思和政策，香港人大都在不知情的狀況下

「被規劃」。而文化上，普通話和簡體字有慢慢取代香港原有文化習慣，成為新的文化霸權的趨勢，大專校園也出現大陸研究生比例過高的憂慮。這種種風波令人擔心，香港不單在政治經濟層面上失去自主性，政府失去面向市民的民主問責性，也會使香港的獨特文化消亡。在這背景下，「反陸抗中」的本土主義便蔚然成風。

　　在這些林林總總令香港人不安的問題下，各種「反陸抗中」的論述紛紛湧現。當中包括上述的「城邦自治」論和香港自決／獨立（廣義的「港獨」）論。雖然兩者潛存著重大的價值和理論的分歧，但他們都樂意以「本土主義」作為共同的旗號和目標。因為「本土優先」是他們的共通原則，他們也認為只有本土主義才能激發出可以突破當前政治悶局的情緒化抗爭手法。這套新的右翼民粹主義，既否定了一直以來主流民主派政客以「和（平）理（性）非（暴力）非（粗言穢語）」作為抗爭手法的底線，也拋棄了各個傳統的社運團體及民間組織所習慣的社會運動方式。他們甚至認為早前由「80後」所開拓的運動，也都受制於各種原因，使鬥爭手法和鬥爭目標都處處自我設限，無法爭得真正的勝利。這種種以鼓吹利用極端表達方式來推動的本土運動，特別利用了網絡上新建的新媒體平台，捲起一陣又一陣的風潮。在網絡世界上，除了對傳統「泛民」派的攻擊外，也掀起了幾波「左翼」與「右翼」的對抗，形成新的對立和分歧，不時吸引了正規媒體的關注。

## 十、重返華夏還是去中國化？

　　不過，一如發生在很多其他西方國家相類似的極右民粹主義反移民運動，這一階段的右翼本土主義運動參與者的成分和目標都非常駁雜，難有一貫理論分析和明確的鬥爭目標。當中，主要分為香

港獨立派和城邦自治派。

事實上，追求香港獨立的聲音，既沒有在1980年代中英談判期間出現，在邁向1997的「過渡期」以至「回歸」後的頭幾年，「港獨論」也都沒有成為氣候。原因除了當時香港人普遍並不視中國人身分是互相矛盾，並且有頗強的中國民族意識之外，也因為香港媒體慣性地都有自我審查違反大一統主張的習慣。例如報章普遍都視台獨、疆獨、及藏獨為高度政治敏感的問題，香港獨立的主張更被視為奇談怪論。但如前所述，自1990年代開始，質疑中國大一統的思想，漸漸開始萌芽。這些聲音往往迂迴地首先表現在如何看待台獨運動、台灣自決訴求的態度上。但是，在公共論述的領域，形勢是相當一邊倒的。那些表達反對大一統的少數人，只要表達一下認為台灣人有「自決」其前途的權利，立即會受到各方的批評和攻擊。當中最主要的反對聲音來自親中共的左派勢力，但親國民黨的右派及香港的民主派有時也會加入批評。其中一個知名的例子就是《來生不做中國人》的作者鍾祖康。他在2000年因為發表文章支持台灣人自決前途，就受到一百多篇批判檄文的攻擊。另一位評論人馬國明在2004年也只是在一篇文章簡略提到香港「政治自決」，也引來連番批判。不過，雖然當年出面聲援馬國明的人並不多，在網上也首次出現了一個名為「我是香港人連線」的群組，姿態相當激進地將香港視為被中國吞併，並提出香港人要自決前途的主張。可是，這些零星組合後來在政治上並沒有進一步的迴響。直至2011年，自決論和港獨思想才再次借助新一波的本土主義風潮而再現。當年互聯網上零散地出現對大陸人反感的訊息，後來更凝聚為一個名為「香港本土力量」的群組，積極地推動反大陸人的「反蝗蟲」運動。

除港獨之外，陳雲所鼓吹的「城邦自治」論則拒絕以爭取香港獨立為目的，反而是以一種「香港遺民」的論述去述說一種名為「城

邦自治」的政治遠景。他一方面強烈批判香港主流泛民為「離地中
產」(因為他們擁抱西方「普世價值」,所以被斥為美帝代理人),
又攻擊社運分子為「左膠」(因為他們只識人人平等、反對歧視的「政
治正確」),皆因他認為兩者都分別中了「大中華情花毒」,所以同
是禍港罪魁。但另一方面,他又認為保衛香港這「遺民族群」免遭
赤化,目的不在令香港脫離中國,而是為了要保存香港為將來復興
「華夏文化」做準備,因為只有香港才保存了未經中共摧毀的真正
華夏文化。他預期中共一定會崩解,到時城邦自治便有實現機會。
在遙遠的將來,香港可以加入某種統合「中華世界」的邦聯。

　　這種既要與中國脫離,又要宣稱真正地承繼了中華文化道統的
主張,實在帶有冷戰年代右派文化民族主義者的影子,他們當年也
是既反西方也反共。再者,陳雲與反共新儒家同樣心儀一個消失了
的中國,同時全面否定現實中的中國,而且也一樣寄情於將來以文
化反攻大陸的遠景。不過不同的是,1950年代的新儒家埋首於心性
之學,道德教化,但陳雲卻絕少在著作中徵引「新儒家」學說,而
是以政治道術和「現實政治」的謀略家(「國師」)而自豪。他的未
來政治藍圖甚至將香港自比為「帝國」,稱香港應該透過殖民(或租
借)與香港接壤的周邊地區來輸出自身較優越高等的文明。這個帶有
一種逆向的霸業宏圖在背後的思想,或者更多地是承繼自古代亞洲
諸國先後抱有的一種「小中華主義」。這些在中原周邊的較小民族,
也有一種「華夷變態」的理論,用中原的中華文化被破壞為理由自
命復興中華文化。

　　在自視香港為「比中國更中國」的態度上,陳雲和他要攻擊的
主流泛民所持的「異見民族主義」其實沒有本質上的分別,只是他
認為後者將香港發展族群自保的急務,讓位於支援大陸的民主發展
是沒有希望的。相反地,他為了一種需要不斷延擱的「反攻大陸」

的想像，顛覆了民族主義視所有成員為平等國民或「同胞」的現代
價值觀，反而以「文明」高下來解釋大陸與香港之間的分別，間接
訴諸香港人殖民經驗中（自身代入英帝事業的）「開化蠻夷」的使命
感，與一百多年前買辦階層的文明優越感隔代呼應。所以，城邦之
論一方面召喚著一種沒有冷戰環境的冷戰反共鬥士精神，另一方面
也召喚一種沒有了大英帝國的「高等華人」文明優越論。而這種形
象和意志，是以一個只存在於未來的華夏中國為目標。

　　究竟香港的本土意識應否與中國徹底割裂，在陳雲身上可以見
到這種強大的張力。不過，他的激進「反蝗」主張，鼓吹「勇武」
族群抗爭的言論姿態，的確在過去一段時間吸引了不少懷有強烈反
中國情緒的人支持。因為無論是「港獨」派還是「自治」派，都對
族群對立所能掀起的動員情緒力量有相當的寄望。可是，兩派理念
實際上是南轅北轍。因為，陳雲不斷強調以復興華夏為目標，被港
獨派視為還是不能脫離「中華情花毒」。因為不少有反大陸情緒的
香港人，心態上其實並不單只是希望政治上遠離中國，也要遠離中
國文化。例如，對中國文化的批判不遺餘力的鍾祖康，就大力批評
陳雲的城邦自治說只是一個騙局。他認為，如果香港人委屈地自命
為道統傳人，以中國文化傳承者自居，也是與真正想把香港拯救離
開中國文化大染缸的目的背道而馳。不過更重要的是，在港獨論者
眼中，陳雲的城邦自治其實並無具體目標（而陳雲本人也曾坦承，城
邦自治其實只是為了落實一國兩制）。在港獨論者看來，為了所謂城
邦自治的鬥爭，其實只是一場虛幻的戰鬥。

　　然而，相對來說，抗陸拒中所帶動的潛在港獨欲望雖然普遍，
也更為貼近實際上與中國傳統文化愈走愈遠的年輕一代真實的心
情，但是港獨派在組織上更為鬆散，不斷產生內部分裂，也沒有發

展出詳盡的理論[11]。而整個反蝗版的右翼本土意識和運動，至今仍然環繞在書寫有強烈煽動性的陳雲一系，原因可能是城邦自治的訴求其實十分空洞，勇武亦沒有定義，難言如何才取得成功。更重要的是，這系列的本土族群主義行動，根本沒有一套一貫的關於何謂「香港人」的定義[12]。但弔詭地正因如此，卻可以令附從者分享那種民粹式批評修辭帶來的亢奮，抒發生活被「大陸人」這個「他者」形象不斷擠壓所帶來的不滿。而正因為這「他者」不能定義，永遠在含糊狀態，所以任何人都可以擴充其內容，抒發不滿情緒[13]。至於「華夏中國」是否只是狂想，「城邦自治」是否是一個烏托邦的

---

11 這些港獨組織以揮舞英國旗及原來的「港英旗」來自我標識，與陳雲派的「龍獅旗」分庭抗禮。當中活動力仍然比較明顯的是「香港人優先」。他們因為一度試圖闖入解放軍基地，而受到陳雲指責，甚至宣布與之劃清界線。而事實上，後來陳雲亦與他參與創辦的「香港自治運動」分裂。

12 反蝗行動的初期，不少支持者自辯只反態度囂張的大陸豪客，但後來反對的對象擴為所有大陸遊客。反「雙非嬰」行動初期，不少支持者謂不是反對港人內地配偶（「單非」），但後來所有大陸人來港產子都被視為搶奪資源。在早期，反蝗支持者亦謂他們不會歧視「新移民」，但後來矛頭又針對回歸後因「人大釋法風波」而訂立了的每日150個移居香港配額的制度，將所有新移民都看成潛在地來港參與「種票」的建制派支持者，支持新移民爭取社會權利的人都被批評為「賣港賊」。而早期反蝗派謂香港早期偷渡來港者為「投奔自由」的義士，但最近則將偷渡等同為盜賊的行為。而非華裔居民是否為香港人，在一次訪問中陳雲亦不予正面回答。見何雪瑩、林緻茵〈何謂香港人？ 陳雲vs碧樺依〉，http://bit.ly/1iPdjZG。

13 在上註引用的訪談中，陳雲回應少數族裔的訪問者碧樺依問，應如何定義香港人或本土身分來讓人可以參與社會政策討論時稱：「碧樺依說的是理性的那一種本土意識，我說的是感性、非理性、不用思考的那一種。會捍衛本土利益的人，就是香港人。」

故事，根本就不重要[14]。相對而言，高舉香港獨立運動的旗幟，並
要化為具體可行的綱領，而非只是讓讀者飛馳其文化歷史想像的
(半)文學式寫作，乃是一件代價十分高昂，成事機會極之渺茫，回
報亦十分不確定，道路也更加艱難的選擇。

　　在過去幾年，族群民粹主義竭力以攻擊溫和泛民主派及左翼社
運為目的，並試圖將香港民主運動的低迷和挫折，歸咎於兩者的大
中華情意結，稱其出賣香港族群的利益。這兩者受到的指責是：將
本地爭取自治和民主的運動屈從於「建設民主中國」的空洞和必然
失敗的訴求。這些批評更多番攻擊這些運動每次都是最終妥協，實
質是幫助了中共「維穩」。為了把香港命運和「無可救藥」的中國
切割，2013及2014兩年的悼念六四晚會都受到不同方式的攻擊，攻
擊者認為，悼念六四的燭光晚會長期以來都是「大中華派」的泛民
政客主辦，成為他們撈取政治本錢的把戲。於是，有呼籲香港人忘
記六四這發生在「另一個國家」的事的主張，也有人提出要以國際
主義、人道主義取代以「民主愛國」為主調的另類六四紀念，更有
人主張要把悼念六四納入本土反共的議程。2014年在尖沙咀就有人
主辦一個以本土反共為主題的六四悼念晚會，並攻擊依傳統在維園
舉辦的六四晚會，指稱參與維園集會的是「中國人」，參加尖沙咀
集會的才是「香港人」。這項爭議造成了本土族群主義和香港二十
五年以來悼念六四的傳統最直接的決裂和較勁。結果，尖沙咀集會

---

14　這狀態也正好對應齊澤克(Slavoj Žižek)對族群民族主義的分析。他
　　認為族群民族主義意識型態最重要的不是令人分享某種理念，而是
　　共享某種快感。而「狂想」所起的作用，正是召集、控制和組織不
　　能整合到語言秩序去的快感。何謂「香港人」和何謂「本土利益」
　　如果定義清晰，事情就交到社會政策的討論，而不會構成一種可用
　　作情感動員的情緒。

有數千人參與，而維園集會仍有十多萬人參加。總體上，今年參加悼念六四的香港人以破紀錄的方式上升，放下六四包袱的倡議顯然並沒有效果。而另起爐灶的本土反共六四悼念，與其實已成本地傳統的維園晚會支持者的比例，亦一目暸然。這亦間接說明，主張香港全面與中國問題切割的那種族群主義所獲得支持的程度。

## 十一、普選、「占中」與本土意識

上述自從2003年七一大遊行以來第三波本土意識的蓬勃發展，以及因而產生的爭議和混亂，皆與中共偏離了原來的「一國兩制、港人治港」的方針愈來愈遠的大趨勢有關。2014年6月中國國務院公布的《「一國兩制」在香港特別行政區的實踐》白皮書，坦白地展現了過去十多年以及在可見未來，中共如何以「以我為主」的原則，大幅收緊對香港高度自治權的承諾，試圖扭轉和修改一直以來香港人普遍對一國兩制、高度自治的理解。中共之所以拋棄三十年來一直保持的懷柔統戰的姿態，明白亮出要君臨天下的架式，當然與中國國內政治形勢的改變相符，而且也與要在2017年落實香港特首的普選有關。中共所能容忍的所謂「普選」制度，是一個事先能保證結果在操控範圍之內，先行「篩選」、再交一人一票的選舉。這顯然是一個玩弄假民主的把戲，也嚴重嘲弄了三十年以來香港人對一國兩制的信任態度。

回顧三十年前，大部分香港人無奈地接受移交主權的命運，但基於對中國開放改革的憧憬和對以香港作為對台統戰的「示範單位」政策有信心，1980年代中後期的香港人漸漸接受回歸，並積極以爭取普選行政及立法機關成員的「普選運動」，作為「港人治港」原則的具體內容，並且視之為邁向後英殖時代，建立香港主人翁身分

的體現。基本法寫下了一個循序漸進的民主發展進程,以2017年為終點,達致普選。但這許多年來,中共三番四次在民主發展步伐上與香港人的普遍意願發生衝突,也導致民主派內部的大分裂,並激起上文所分析的激進本土主義。面對這種以民粹式動員為特徵的本土主義,民主派政黨的領導權威和團結性快速瓦解,公民社會亦束手無策。

不過,2013年由無黨派的法律學者戴耀廷發起了「占領中環」運動,設計出一個結合商討式民主(台譯「審議式民主」)、全民投票及公民抗命(台譯「公民不服從」)幾個主要環節的反抗運動,務求施壓中共接受一個保證人人有平等被選舉權的方案,為香港深陷困境的反抗運動帶來一種新的可能性。一方面,占中運動較以前日趨被動的民主運動進取,公然宣示以公民抗命的方式來爭取「合乎國際標準的真普選」,修正了過去只是爭取跟中央溝通和談判的過分溫和路線。但另方面,針對內部撕裂為不同部落、日益互不信任,深陷無止境的左與右之間派性爭拗的狀況,占中運動設立多重的商討和投票機制,意圖以討論、協商、投票等運動內部的民主,去平衡、減低民粹主義互相攻擊和過度情緒動員的傷害。在運動籌備的漫長過程中,占中運動所展現的中產階級理性溫和的政治風格,雖然並未能平息社運和激進政治黨派的批評,失望和懷疑的態度同時來自社運內的左翼及右翼,但是,這些持不同判斷的多種力量,亦沒有提出過任何更有效的方法,去呈現香港人執著於實現公平普選的意願。占中運動作為這一階段民主運動的焦點目標,因而得到默認。

占中運動揉合公民抗命的想法,以及商討式民主的理念。既是增加談判籌碼的姿態,也是一種社會運動的動員方式。無疑地,這是一個充滿理想主義的烏托邦式創新。可是,因為香港正處身於對

溫和改革已絕望，但激進的革命條件卻也遠未成熟的中間狀態，占中運動自然而然地成為唯一能聚合困局中的反抗力量的中心。2014年6月就占中運動應支持哪一個普選方案進行的全民投票，取得超過七十九萬投票人數的成績，也帶動了今年7月1日回歸日大遊行中重現2003年超過五十萬人參加的場面。而專上學聯和學民思潮兩個學生團體，亦自發地組織了有限度的所謂「占中預演」。行動導致超過五百位參與堵路的公民抗命者被捕，展示了一種新的公民集體行動方式。

　　不過，雖然占中運動十分謹慎地遵行和平與非暴力的原則，但在中共眼中卻是大逆不道的叛逆行為。公民投票後，建制派勢力立即用盡一切手段，以前所未見的集中力量推動一個「反占中」運動，其中不少手段，例如梁振英及一眾高官公然簽名支持，付「走路工」招攬大陸人來香港遊行示威等，破壞著香港優良的公民文化。這些聲勢不小、背後由親中派控制的運動，得到京官公開支持。他們違背了過去一直以來從未敢公然干預香港內部事務的習慣，公開撕去尊重香港自治的面紗。最後，人大更在今年8月31日悍然宣布一個不可能提供讓多元的不同政見人士可以公平競爭，讓中共可以毫無風險地操控選舉結果的「假普選」方案，把談判妥協的可能都堵死。而當學生團體宣布動員罷課以抗議的時候，反占中的組織更設立熱線，徵求舉報學校內誰人膽敢煽動和鼓吹罷課。多番的抹黑造謠，以各種方式脅逼占中支持者退出公眾生活，關掉媒體，甚至逼迫公然懺悔。這一切都展示出，中共已不惜祭出以「群眾鬥群眾」的各種手段，威權主義的姿態，明目張膽地以威逼利誘的方式來鎮壓反對聲音。

　　從爭取公平普選特首的目標來看，占中運動無疑是無功而還。可是，「占中運動」的歷史意義，不全在於行動能否真正爭取到落

實真正普選的結果。它的歷史意義，毋寧是在三十年來中港之間的
政治共識全面瓦解的時候，為民主派遵從的「虛擬自由主義」實踐
演出最後一幕的告別式[15]。從負面看，它只是「民主回歸」理想終
結的安魂曲，但從正面看，占中示範了一種重新找尋以保衛公民社
會、公共文化為依據的民主運動動力的方法。它用進取的姿態，以
和平、非暴力抗爭為原則，找尋保衛社會健康因子的團結基礎，抵
禦來自內外的侵蝕力量。占中運動的設計雖然無法改寫由中共控制
的香港大局，但它的推進過程，提供了一種有別於族群民粹主義和
偏鋒式激進主義的另一種選擇。在團結了社會上追求普世價值和民
主權利的進步大多數的前提下，「公民抗爭」的理念深入民心，重
新定義了「守衛我城」的意義，成為重新塑造香港未來的反抗運動
形式，以至孕育將來本土意識的其中一個基礎。

## 十二、總結：在族群主義之外

上文分析香港本土意識及族群政治的歷史，穿越了一百多年的
時空，勾勒出戰後三波本土意識熱潮互相之間承傳與超越的錯綜關
係。本文對香港族群的歷史構成的分析，貼近晚近文化人類學的視
角，將香港的本土意識和族群性視作歷史過程的產物，而非以羅列
某種既有的族群特徵來定義香港本土族群。在這個視角下，我們可
以見到在不同的時期，香港本土身分和本土意識都有不同的課題，
面對不同的約制結構，也有著不同的「他者」，因而衍生出不同的
本土身分和本土意識的形貌。正如Fredrick Barth指出，族群身分只

---

15 見拙著〈虛擬自由主義的終結〉，許寶強編《重寫我城的歷史故事》
   （香港：牛津大學出版社，2010），頁3-12。

是在特定的社會歷史脈絡底下，通過群體互動，亦即通過選擇性地挪用一些歷史和象徵性的記憶，甚至發明一些傳統，方會產生標示出族群與族群之間差異的邊界。所以，我們不單可以指認出為族群成員所共享和傳承的文化記憶和象徵符號之間的一致性和連貫性，也可以看見它們之間有時是互相矛盾甚至斷裂的。

　　在本文的分析當中，香港本土的族群身分呈現出一個複雜的面貌，它既曾有帝國與殖民權力留下的烙印，也有從殖民權力破繭而出的印記，當它要鬆開殖民權力的束綁，它也與不同時期的天朝修復／民族主義的事業交疊糾纏，你我難分。它們既是香港的歷史的真實傳承，也是未來族群認同發展的基礎。香港一百多年的過去，在帝國主義與國族主義之間徘徊，建立了一個獨特的城市，這城市慢慢孕育出一種值得驕傲的公民文化和各式各樣的公民實踐經驗。本土運動如果要補足社會運動從來欠缺的歷史感，以便在地生產出這個公民共同體的歸屬感和具主體性的身分認同，就要批判性地反思及回溯這個共同體的演進和處理內外差異的經驗。只有這樣，本土意識才會超越文化差異的簡化描述，以及將差異本質化和拜物化的傾向。將差異拜物化的族群抗爭是危險和自毀的，因為由這種傾向出發，會衍生出無止盡的「出身論」、「成分論」等部落式衝突。它不利於促進更高政治目的，反而在內外製造更大的間隙，把已被擠壓扭曲的自我進一步碎裂，難以構成持久的行動力。相反地，面對國家主義對本土自主性的吞噬，全球新自由主義透過國家權力侵害地方自主的壓力，香港所需要的是可以讓這個城市兼容成員的多樣性，而亦可以凝聚出自身集體主體性的歷史敘事。

　　香港在面對殖民未解，一國兩制危如累卵，以中國為中心的地域政治經濟重組的壓力愈來愈大的情況下，族群主義差不多是必然的政治現象。可是族群主義本身並不是一種有明確價值觀的意識型

態，它可以助長團結但也可以催生分裂。它介乎部落血仇、諸神大戰與追求建國獨立的民族主義之間，搖擺不定。於是，建立有持久力的本土抵抗，就不能不認清這個城市的過去，以利在當下及未來開展適合於這個地方的政治論述，避免走進和它的歷史性格不相容的誤區。放在香港解殖未完成的處境去考察本土意識在歷史中的狀態和變化，關鍵之處並不在重複指認哪些是香港人或香港文化的特徵，識別出那些和簡化了的「他者」的差異，從而在一個平面上鞏固一種關於「我族」的自豪感、優越感，填塞那些被衝擊、被壓碎、被排斥的自我認同；也不在於以清洗主義的方法，排除掉與新舊殖民他者互動所產生過的各種（無論是「戀殖」或是「大中華」的）「情意結」。因為這些認同的記憶，總是與香港的殖民經驗（包括與「殖民」周旋的「民族」經驗），產生過千絲萬縷的關係。它們存在於「我們」的記憶、經驗和想像中間，等待被召喚和動員。但產生的後果，卻難以事先被判斷。香港解殖之複雜，一如所有後殖民社會的複雜。如何能在複雜交纏的關係中找尋建立歷史主體性的健康力量，在於我們如何能耐心地解開與主體形貌黏連糾葛在一起的殖民／反殖民經驗，正視香港那種「殖民」與「國族」共謀協力的獨特關係，以及與這些經驗交纏在一起的各式感覺結構。把這些需要耐心相互聆聽的解殖過程，簡化為重拾民族身分（人心回歸），或（本土）族群意識的醒覺，都未免只是把複雜的微創手術簡化為器官的切除或肢體的重駁。

　　為了避免重蹈「反殖」而不「解殖」的覆轍，走出在抵抗中只是複製你的敵人的困局，香港具主體性的未來政治共同體想像，不能從原生主義式的族群主義進路出發（因為那些都只能是虛構的和不符香港歷史複雜的實況的），而是應該正視建設公民社會，依循公民共和的原則，以公民實踐超克族群主義的分裂政治，並且以公民

主體性的歷史演進的角度，扣連一個關於香港人主體抗爭精神浮現
及掙扎的歷史敘事。當代香港之能具有生命力及獨特的價值，是因
為成功地克服了戰後因為民族主義和冷戰分裂所形成的難民社會狀
況，經過數十年的努力，從難民社會孕育出一個沒有國族包袱的公
民社會，超越和克服了早期因宗族、鄉黨和兩大意識型態造成的分
斷。只有反思和整理這些破碎的、快將被遺忘的主體抗爭的事蹟，
提煉背後的經驗及精神，香港人的歷史主體意識方能完整浮現，內
部的差異多元才能妥善疏理，以幫助塑造一個具歷史意識的公民社
會。打碎公民文化的經驗和倫理，以回溯／虛構一個不經定義的「前
公民」族群想像，並不會真正找回一個團結的本土原生族群，而是
將香港拉回難民社會相互踐踏的過去[16]。相反地，只有建基於歷史
意識的公民社會，才能建立一個團結的公民政治共同體，抗拒香港
在天朝主義下的再殖民化。

羅永生，現任嶺南大學文化研究系副教授。著有《殖民家國外》
(2014)、*Collaborative Colonial Power: The Making of the Hong Kong
Chinese* (2009)、《殖民無間道》(2007)，編著《誰的城市》(1997)、
《文化研究與文化教育》(2010)、《宗教右派》(合編2010)，編譯
作品有《解殖與民族主義》(合編2004)等。

---

16 事實上，香港並不具備一個有進步意義的「原住民運動」。因為在
   香港以「原居民」利益為訴求的，均只是新界父權地主的土地利益
   群體，而且是當今建制派的重要支柱。

# 本土右翼與經濟右翼：
## 由香港網絡上一宗爭議說起

葉蔭聰、易汶健

## 一、新反中國大陸情緒

　　近幾年，透過互聯網及媒體，香港新泛起一股不小的反中國大陸集體情緒。相較於過去存在已久的反中情緒，它有以下幾個特點。第一，幾乎一切跟「中國大陸」有關的人與事，包括中共、大陸遊客、大陸來港新移民、大陸產品等等，不太做起碼的分析性區分，都被想像、串連成等價項（equivalent term），且往往冠以充滿嘲諷意味的「強國」字眼（例如「強國人」），或歧視性的字詞如「蝗蟲」。這些負面的刻板印象與情緒，彼此都有隱喻式的扣連，互為強化。反共或恐共的政治情緒，以及討厭新移民的庶民情緒，在香港並不是新鮮事，但它們本來是有區別的，現在卻常常混為一談，被緊密地連結起來，再擴展至其他與「大陸」有關的對象。這些都是民粹政治邏輯的特徵。

　　第二，以上的修辭特性亦與另一轉變有關。在公共討論的領域裡，開始出現以族群主義方式（或類近族群的概念）論述中港關係的趨勢，並有小團體及個別人士建基於此，提出自治甚至獨立訴求。此種族群主義論說，有別於1970年代末以降的香港人意識，也不同

於以往區分自己與大陸來的「窮親戚」的身分差別。近來鼓吹城邦
自治的人士，在族群歧視和鬥爭的用語之外，提出了更具族群文化
及政治意涵的說法。例如，《香港城邦論》的作者陳雲，指大陸是
「地獄鬼國，匪黨賊民」，「被中共殘害幾代的大陸人，都因為幾
代人啞忍暴虐而扭曲本性，成為中共的合謀人。」所以，香港人不
應插手大陸事務，而應發揚香港族群意識，不要視那些認同專制中
共、不認同香港價值的大陸人為同胞[1]。孔誥烽則稱，大陸的專制資
本主義和愛國主義「已經滲入中國社會肌理的深處」，令「民情歪
變」，而中共又用「人口換血」及「資本換血」把大陸的人口與資
本送來香港，以備統治之用[2]。按這類說法，中國正在「殖民」香港，
故香港作為一個族群與政治共同體，需要與大陸「區隔」，反抗「中
國殖民」並追求自治。我們這裡看到，有族群意涵以至有點越軌的
論述，是如何與正規、公共的政經論述混雜在一起，並引申為政治
共同體想像、政治訴求和藍圖。

　　第三，以上兩種論述趨勢，幾乎在所有中港政經及生活議題上
發酵，而且，針對日常生活議題的情緒尤為激烈。例如，2011年雙
非孕婦及嬰兒激增所帶來的公共醫療系統危機，被視為「蝗禍」；
2014年2月，有團體到尖沙咀廣東道購物區抗議大陸遊客，稱大陸遊
客為「蝗蟲」，所以要「驅蝗」(同一時間，有親北京政府團體及人
士到場對抗，指控抗議者為「賣國賊」與英美走狗)。

---

1　《香港城邦論》(香港：天窗出版社，2011)，頁47、49。
2　孔誥烽，〈香港民主運動的中國結與香港結〉，台灣新社會智庫，
　　2013 年 1 月 7 日 ， http://www.taiwansig.tw/index.php?option=com_
　　content&task=view&id=4820&Itemid=117；以及〈從普世價值到主
　　體覺醒的七一〉，主場新聞，2013年6月28日，http://thehousenews.
　　com/politics/從普世價值到主體覺醒的七一/。

## 二、如何理解「本土右翼」？

　　以上的三種論述與集體情緒趨勢，本文稱之為「本土右翼」。
它雖然不能理解為融貫一致的思想體系，內部常有差異甚至衝突，
也沒有統一的組織，而是個人、意見領袖、小團體、政黨中人所形
成的鬆散網絡；但總體而言，不同位置的各路人士，透過互聯網，
針對特定事件，都在藉由反對「大陸」以宣稱一個族群化的香港身
分。要理解「本土右翼」的出現[3]，比較常見的是從香港的政經結構
及其新變化著手。

　　首先，在一國兩制下的香港，民主政治制度的改革一直被北京
政府及親北京的各類本地政治力量(一般稱作「建制派」)拖延。同
時，北京政府及其政治代理人，憑著政治及經濟資源的優勢，逐漸
大量占據香港政治與公民社會中的體制位置。例如，區議會大多數
議席由建制派所把持；立法會由於有功能組別與分組點票的制度設
計，所以，建制派能控制議會；特別行政長官選舉則由建制派控制

---

3　關於本土右翼的出現原因，暫時還沒有系統性的解釋。要解釋起來
　　必定非常複雜，非本文所能涵蓋，這裡只大概勾勒其背景。支持本
　　土主義的徐承恩認為，自2003年開始，中國對香港的政策改變，採
　　取更積極主動的干預政策；加上2008年後的毒奶粉事件、劉曉波被
　　囚、李旺陽被自殺事件等等，令香港年輕一代討厭中國政府，因而
　　形成香港本土意識。見庫斯克，〈香港本土：從何而來，要往哪裡
　　去？〉，《明報》，2014年1月26日。「城邦自治」倡議者陳雲則
　　說自己的想法由來已久，但在2010年底，香港政府公布一項與澳門
　　及廣東省合作的「環珠江口宜居灣區‧建設重點行動計畫」，令他
　　感到中共要把香港治權割讓給廣東，所以才開始撰寫「香港城邦論」
　　的相關文章(《香港城邦論》，頁16-7)。

的選舉委員會壟斷，一般甚至認為是北京欽點的。以上兩點可以說
是香港回歸以來（甚至回歸前已開始）的基本政治格局，至於新變化
則可以從政治及經濟兩面入手。

　　中國資本主義經濟的膨脹和擴散，在1980-90年代加速了香港經
濟的金融化及去工業化，形成兩地的國際分工。但2000年以來，香
港金融業日漸依賴中國資本（例如股票市場超過一半來自中國國企
與民企）。而且，香港走出1997-2003年間的經濟衰退期，除了跟全
球資本主義氣候的轉變有關，亦相當程度仰賴大陸流出的資本及消
費力。後者刺激了各類專業服務業、旅遊業、零售部門、文化創意
產業等等的發展，甚至令投資需求主導的地產市場更炙熱，同時，
這又與北京政府的對港政策有關。例如，2003年北京跟香港簽訂「更
緊密經貿關係的安排」（CEPA），自2004年放寬大陸居民到港簽證
政策（即所謂「自由行」）。然而，中港融合的經濟繁榮也讓香港付
出社會代價，尤其加劇香港房價的高漲，也帶來了城市空間急速的
縉紳化及單一化。跨境的旅遊與消費活動過度膨脹，擠壓著市民的
日常生活空間及居住需要，體現在地鐵太過擁擠、社區小店消失、
超量旅客與水貨客阻塞交通要道及街道等等。

　　政治方面，北京日漸嘗試安插其政治代理人進入特區政府，甚
至繞開本地的統治階層（例如所謂由大地產商控制的人士及高級政
務官系統）。2012年，政務官出身的曾蔭權卸任，被疑為地下共產黨
員的梁振英上台，梁在北京大致操控的選舉委員會選舉中，壓過了
得到本地大部分工商精英支持的唐英年。此番政治轉變，一般被解
讀成治港政策的轉變，即由北京政府連同中聯辦欽點人選管治香
港。同時，中聯辦、國務院港澳辦、人大常委領導，經常就香港事
務頻繁發表評論，甚至直接干預。特別是2003年的國家安全法立法
爭議，以及對政制改革的時間表與內容進行釋法及限定，以至2012

年的國民教育爭議等等，都讓香港人愈發感受到來自北方的政治壓力。再加上親北京商人大肆收購香港媒體，並配合政府一直以來鼓勵寡頭壟斷的廣播政策，香港屢屢爆出媒體自我審查、開除有反對派背景的媒體人等情事，遂令香港的「言論自由」出現危機。據趙善軒的解讀，本土主義就是在「北京強大國家機器挑戰下的回應」[4]。

訴諸政經新轉變，固然有助理解新一輪的反大陸集體情緒的政經背景，及其反應或回應的對象。然而，集體情緒並不是一種簡單的刺激反應，它自身具有一定的內在論述結構，且通常與以往及既存的思想論述產生扣連、互動及影響。透過分析這些動態，將有助我們從比較「中觀」甚至微觀的角度去理解「本土右翼」，因為它的政治性並不囿限於明顯的論述對抗關係——即本土身分的宣稱及其跟中國／中共的對抗，也同時立基於更隱性的論述及權力關係。

本文嘗試透過2013年一宗網絡事件，指出「本土右翼主義」為人忽略的一項重要特點：它重新喚發、改造舊有的主導論述。本文處理的是與經濟相關的主導論述，因為在這起事件(網民戲稱為「高達事件」或「牛肉高達事件」)中，本土右翼主義推進了一種新型的經濟右翼論述，發展出更具本土主義特色的新自由主義。

## 三、「高達事件」

2013年8月22日，香港社會服務聯會(簡稱社聯)指香港貧窮人口增長至116萬人，建議政府每年撥出48億補貼收入低於貧窮線的家庭。香港無線電視台新聞部跟進報導，記者訪問了一個三人家庭詢

問他們的意見。受訪母親多年前從大陸來港,她述說了家境的困難,並在訪問中提到,如果她們可以獲得補貼,她的兒子可以較好的食物。她說:「希望兒子吃好一點,現在『牛油』(牛肉)這麼貴。」

一位名叫「Fat Tsoi」的網民在臉書上指控受訪母親欺騙觀眾,把自己一家裝扮成窮人,題目為〈大愛包容左膠止步〉。同時,一群網民亦評論及轉發,單在臉書內三天便有三千人以上轉發,並有超過二百個留言(未計轉發後在別人的塗鴉牆及狀態的留言)。此外,亦有人在臉書外的論壇如「高登討論區」熱烈談論該事件。

批評的內容環繞三個方面。第一,有網民看到新聞片中受訪者家裡有幾盒高達(Gundum,台譯「鋼彈」)模型,於是指責這家人有錢買昂貴的模型,卻說沒錢買牛油,是荒謬或騙人[5]。第二,不少評論針對這位母親作為大陸來港新移民的身分,指她和其他大陸來港的新移民一樣,貪得無厭,想騙政府救濟。第三,指責社聯及社工幫助這些大陸新移民,並稱那些為新移民辯護的人為「左膠」[6]。

本文作者之一易汶健知道此事後,向記者及社工查詢,該名社工向易汶健澄清了三點:一,該名母親說的是「牛肉」而不是「牛油」;二,她已居港超過七年,法理上她是香港永久居民;三,她的丈夫是一位跨境貨車司機。易汶健於是寫了一篇文章澄清事實,他在文中提及,她們一家現在並沒有領取「綜援」[7],家庭月入(港

---

5    由於受訪者的粵語帶有外省口音,所以把「牛肉」讀成聽起來像「牛油」二字。

6    「左膠」一詞亦是伴隨「本土右翼」冒起的詞彙,指那些政治立場左傾,思想僵化,盲目愛護或保護那些不值得幫助支持的人(所以被嘲弄為「大愛」)。「膠」字原來是一粵語髒話「鳩」諧音,通常用作指稱別人傻憨或思想閉塞。大約在2000年代初開始,透過「香港高登」討論區擴散至互聯網及印刷媒體。

7    「綜援」的全名是「綜合社會保障援助計畫」,由香港政府社會福

幣12,000元)比貧窮線(港幣11,750元)略高,住在「劏房」[8],租金占
收入四分之一。易汶健並認為,網民攻擊這家庭並不合理;同時,
政府若有福利制度幫助改善他們生活,亦屬合理。

然而,文章更激起另一波的攻擊,焦點變成受訪者丈夫如何取
得模型。易汶健文章提及「受訪者的丈夫,是當玩具運輸貨櫃車司
機。」及「因為職業,得到一些高達模型,是正常事吧。」部分網
民則指該名丈夫及父親的模型是偷來的[9]。

兩星期後,訪問的記者寫了一篇文章澄清及回應,大致確認了
易汶健的陳述。記者對受訪者遭受網民攻擊感到同情,並表示該個
案只是用來說明社聯的津貼方案建議,她是否新來港並不是重點,
也沒有抱怨自己貧窮;她完全是因為記者的提問,才表達她對日常
收支的看法與願望。

## 四、新自由主義的第三波「本土化」

這個個案其實並不特別重要,因為類似針對大陸來港新移民的
言論攻擊,在香港網民常去的臉書或其他論壇裡幾乎無日無之,這
只是回應較多的一個。然而,這個個案亦是重要的,因為我們從爭
議中看到,新自由主義的經濟論述在「本土右翼」的影響下發生了
轉折。

新自由主義的經濟論述,尤其是芝加哥學派經濟學理論,自1970

(續)─────────────

利署負責,以入息補助方法,為經濟上無法自給的人士提供安全
網,讓他們應付生活上的基本需要。

8　「劏房」即一個正常的居住單位被間隔成多個細小的房間出租。

9　請參看下列網址的留言:http://www.inmediahk.net/poverty_interview
#comment-1026995。

年代末起透過幾名活躍於媒體的經濟學家及專欄作者[10]，在香港逐漸抬頭。他們以翻譯、介紹、評論與專欄散文(如所謂「經濟學散文」)，從媒體與流行書籍開始散播「自由市場經濟」、「私有產權」、「經濟人」等概念，這可以稱為新自由主義在香港的第一波本土化。學者許寶強指出，這是「歸化習見」式的措辭，把外來陌生的思想概念轉化成讀者熟悉的東西，同時亦保持和鞏固了主導群體的霸權統識[11]。這過程除了是西方新自由主義散播的結果，也配合了當時的港英政府標榜本地經濟成就，讓香港人以自己的「資本主義」成功跟社會主義中國的「落後」及「失敗」作對比。從更大的環境看，亦適逢鄧小平上台開始推動市場改革，並否定毛澤東時代的經濟政策。

本文所指的「新自由主義」並非一套嚴謹的政經理論或意識型態，而是如傅柯所指的論述實踐，環繞著「經濟人」及其他者的主體治理，而「經濟人」在這裡指的是具有企業家進取性格的個體。正如傅柯所說，「經濟人」含意的轉變正是「新自由主義」的特性。許寶強注意到，1990年代末，在大眾傳媒裡出現了「經濟人」的三類「他者」，即領取「綜援」人士、由大陸新來港的低收入移民及青少年。前兩類「他者」經常混在一起，被描述為沒有自立能力、不努力工作的「懶人」，甚至是罪犯及道德墮落的人。按傳媒說法，他們作為一個集體，對香港社會構成了各種負擔[12]。相對於之前帶點知性味道的第一波，新自由主義的第二波本土化環繞著「他者」而發，聚焦在低收入、領取綜援人士、大陸來港新移民等，並得到

---

10 最著名的是1980年代的張五常，以及1990年代以來的雷鼎鳴。此外，《信報》創辦人林行止，則是相當受歡迎的專欄作者。
11 《資本主義不是什麼》(上海：上海人民出版社，2007)，頁141-59。
12 同上，頁160-85。

更大範圍的媒體傳播。這一波新自由主義本土化更具本地特色，因為，「懶人論」並不是什麼理論概念，在西方的新自由主義政經思想中亦不是必然的元素。

　　若把「高達事件」放在這個脈絡上看，我們可以看出，近年來新自由主義的本土化已進入第三波，其特徵是與新興的「本土右翼」論述走得更近，更具有族群主義味道，與第一波本土化時相對知性的論述離得更遠。它的新特徵包括兩個：第一，被冠以「新移民」的大陸來港人士及家庭，通常不單是「經濟人」的個別他者，而被視為一種族群他者，即作為香港人對立面的大陸人；第二，攻擊的對象已不單是「經濟人」及香港族群的他者，還包括政經立場中間偏左、支持重分配政策的政治人物與社運人士，後者被指為協助族群他者蠶食香港社會資源、侵擾香港社會的幫兇。

## 五、「經濟人」的他者、族群的他者

　　大陸來港移民在香港經常被冠以「新移民」一詞，香港人及媒體大概自1990年代開始廣泛地使用此一詞彙，它的含意模糊不定。從法律上講，還未連續居港七年取得「永久居民身分證」的人士都可視為「新移民」。但在實際的語言使用上，後者蘊含了更多意思。首先，它通常泛指大陸來港人士。從其他地方來的（如從海外移居香港的）華人，或其他族群（如南亞裔或白人），則很少被指認為「新移民」。第二，它通常被標籤為低收入人士。

　　第三，正如梁漢柱所言，居港年期並非重點。事實上，即使取得了永久居民身分證，亦不能保證脫離「新移民」的標籤（正如高達事件裡的受訪者）。相反，「新移民」總被界定為「外於」所謂「正常」的香港文化及經濟生活，尤指自力更生的工作倫理與消費主義

的生活方式。它既是新自由主義本土論述的一部分，亦與香港身分認同有關。

在高達事件中，我們發現網民迅速從報導中解讀、想像出一個「大陸來港家庭」的形象，並具有清晰的人物輪廓，包括性格、動機與行為。嚴格來說，網民的想像不完全同於1990年代末所謂「綜援養懶人」的「懶人」原型，因為該受訪家庭並沒有領取綜援。批評主要針對她的家庭有能力購買昂貴的玩具模型，但卻說自己窮，沒有錢買牛油或牛肉，是「騙取同情」。由於該報導是關於社聯的低收入家庭津貼建議，所以她騙人的目的，被認為是向政府施壓，意圖占用社會資源。可以說，這主要是關於道德誠信的批評。

這一個案大致確認了梁漢柱的看法，即雖然該受訪者已是香港永久居民，但她和她的家庭仍被認定為「新移民」或「(來港)大陸人」。同時，我們亦應修正梁的觀點，因為爭議對象並不在於她一家人是否已融入「正常」的香港生活方式，而主要在於她的道德品格：她既自嘆家窮，意圖謀取政府資助，卻又花錢買昂貴的玩具。網民把她一家想像為又想高消費，又不努力工作、不肯自食其力，卻裝窮博取同情，以蠶食香港社會資源。換言之，就是指控其為道德墮落之人。經由這類對「大陸人」的道德指控，「香港人」的族群身分及道德優勢儼然得到了確認，並激發出被外人惡意侵害而來的團結感覺。

一個沒有領取政府援助的低收入家庭，一個有關社福制度改革建議的報導，卻可以激起如此大的網上反應。這種論述之所以能產生意義，固然是由於1990年代末的「經濟人」他者論述，它是第二波新自由主義的延伸；但同時，亦結合了「本土右翼」族群主義式的想像與思維。大概也只有這類族群主義式的他者思維，才能把低收入家庭津貼的建議，解讀為養肥侵擾香港的大陸人的陰謀。由此，

我們也不難理解，何以2013年底終審庭推翻了居港滿七年的申領綜
援限制，會引起如此大的爭議。本土右翼的族群主義者極迅速地「想
像」出這項政策對香港的威脅：一群大陸來港的新移民，作為「經
濟人」的他者，不努力工作，不自食其力，而只想蠶食香港的社會
資源。

　　在本土右翼的族群主義想像裡，大陸來港的新移民是否被香港
的社會福利制度「養成」懶人，已不是最重要，反而是中港關係決
定了他們的特性——懶人，卻又是想盡辦法掠奪香港社會資源。例
如，持本土右翼觀點的黃世澤指稱，不少香港人之反感大陸來港的
新移民，主因是後者總向香港人及港府「伸手要錢」；由於他們來
港是由內地公安機關審批，不需向香港入境處遞交財政證明，「這
些人來港後，他們在內地的戶口便要取消，中國當局不用負擔他們
的福利，這些沒有原居地居住權利的人，就只有向香港人伸
手要錢」[13]。因此，本土右翼不承認自己是種族主義者。他們的族
群主義概念不是源於相對固定的種族或膚色，而是建基於某種對中
共及中港關係的政治分析與判斷。

　　2013年12月，終審法院針對申領綜援須居港七年的規定一案，
裁定港府所設的限制違憲，從此居港滿一年的新移民即有資格申領
綜援。此項裁決在網上引起極大不滿，臉書上「香港淪陷」、「香
港玩完」之聲不絕。當中最大的反對理由是它製造了「吸引大量大
陸移民的誘因」，將使香港的社福制度不勝負荷。表面看來，這是
典型的經濟右翼擔心社福開支大增的說法，但也夾雜著族群主義的
想像，總把大陸人想像成「胃口極大」、「善於鑽營」，七年限制
一旦撤除，他們便會蜂湧而至。例如，「當代中國人就是善於鑽營

---

13　〈派錢引發針對新移民怒火〉，《蘋果日報》，2011年3月10日。

這些制度漏洞，有多少拿多少的，你將機制拆除，體現we are the
world，然後期望他們自己守規矩，有需要才拿？你叫他排隊都不成
功，你憑什麼？太小看了中國人的胃口。」又如，「我並不是用有
色眼光去睇我們的強國人，而事實上他們大都比較文化水平低一些
之外，兼且冇禮貌，說話大大聲，冇公德，講大話唔駛斬眼，仲有
模仿力強(指做假貨、地溝油等)，搶刧、黃色事業等，無師自通，
無一不精，視人命如無物。一旦申請到過尼香港，唔駛做野都有錢，
佢地肯定仲多野諗，甚至比地溝油更厲害萬倍都得。」[14]

　　按本土右翼的說法，來自深圳河以北的族群威脅其實一直存
在，而這個判決最大的問題是令族群區隔進一步瓦解。有論者用「無
掩雞籠」這個粵語俗語來形容判決結果，而陳雲則更乾脆地說，這
判決宣判了香港死刑，因其「混同了香港人和大陸人兩個族群」[15]。
在此，對族群邊界消失的恐懼，及對劃定、維持族群疆域的迫切感，
可謂溢於言表。跟陳雲關係密切的「城邦論壇」亦刊登廣告，強調
是次判決令「香港人的身分及權利，遭『非永久』居民霸佔」，因
此要求修改基本法，取回大陸來港移民的審批權[16]。在此值得注意
的是，攸關香港民主自治的移民審批權議題，被本土右翼移花接木
為一種本質主義式的族群對立話語。

14　盧斯達，〈合法不等於合理〉，2013年12月18日，http://hktext.blogspot.
　　hk/2013/12/reasonable.html。c98137208 (Philip)，〈香港淪陷了〉，
　　2013，http://blog.xuite.net/c98137208/blog/184404621-香港淪陷了。
15　〈福利權案，香港破局〉，《AM730》，2013年12月30日。
16　〈促請政府修憲，捍衛港人權利〉，《AM730》，2014年1月15日。

## 六、「左膠」的誕生

在高達事件中，網民攻擊的對象並不限於「經濟人的他者」和「族群他者」，還包括這幾年冒現的所謂「左膠」。這亦是新一波新自由主義本地化的重要特徵。

「左膠」一詞先是網絡用語，後來香港的印刷媒體亦開始採用。經我們初步查考，該詞最早於2008年左右在網上出現，為一些經濟政策上右傾的評論人使用，以指稱支持最低工資的論者。該詞最初的運用，純粹指向信守某些左翼理念（如重視社會與經濟平等）的政治人物和社運人士。但近年來，「左膠」也漸漸帶上族群味道。可能最早使用「左膠」一詞的黃世澤，在2011年3月2日，指那些反對政府的「六千元計畫」只發放現金給永久居民的泛民議員及人士為「左膠」[17]。黃認為福利應只派予「香港公民」，而「新移民」不是「香港公民」。其實，這並非黃世澤的一家之言，當時有不少香港人反對港府同等對待大陸來港的新移民（即使已獲得永居權），向他們派發六千元。在本土右翼眼中，「左膠」是包庇大陸人（以至中共）侵擾、破壞香港社會的幫凶。簡言之，「左膠」的罪名是「賣港」。

在此值得強調，「左膠」的問題主要不在其左翼的政經觀點，而是他們根據平等及反歧視的原則，反對維持、以至嘗試打破本土右翼念茲在茲的族群疆域。一旦碰上這個問題，本土右翼對「左膠」的攻擊便尤其激烈。最明顯的例子即是前述2013年12月終審法院推

---

17　黃世澤，〈唔派錢俾新移民係合理〉，Mo's Notebook 3 to 4，2011年3月2日，http://martinoei.wordpress.com/2011/03/02/唔派錢俾新移民係合理/。

翻港府的申領綜援規定的判決。該案的起因是一名大陸來港新移民
女士向法院提出司法覆核,而協助她的社區組織協會的負責人何喜
華與蔡耀昌,遂被眾多網民怒罵為「賣港左膠」。除了網上的惡言
與恐嚇,他們還在2014年元旦遊行中向蔡耀昌擲牌及包圍抗議。

　　被指為「左膠」者,多是社運界及泛民主派部分中間偏左的人
士,在反對派政治圈與公共輿論界有一定的領導權,除了在爭取普
選運動裡占一席之地,也是推動社會政策改革的主力。所以,本土
右翼對「左膠」的攻擊,也往往更具針對性與政治性。大陸來港新
移民的社會成分眾多,並非所有人都需要領取綜援,當中亦有中產
階級。故此,把他們視為一個整體,建構成為族群他者,在社會福
利以至其他政策上排拒他們,雖有一定實際效果,但亦相當虛擬,
總有樹立稻草人以確認自身的味道。相對於此,對「左膠」的攻擊
往往涉及具體的人物,破壞其名聲與社會支持,冠以「賣港」或「投
共」,將其逐出想像中的香港族群。此類來自本土右翼的攻訐,從
客觀效果甚至主觀意圖來看,皆指向泛民主派政治領導權的
爭奪戰[18]。

---

18 事實上,除了族群疆界最易引起對「左膠」的攻擊之外,社會運動
　的領導權亦是其一。最明顯的例子發生在2013年10月21日,因為香
　港政府拒絕向香港電視網絡發出免費電視牌照,由臉書群組發起的
　抗議引發民情洶湧。運動的其中一派領導為團體「左翼21」的成員,
　於是有本土右翼人士指罵他們領導不當,隱藏議程,意在消耗民
　氣,明為抗議但實欲維持現狀。所以在集會期間,就衝上台把「左
　翼21」成員趕走,隨後在網上連日聲討「左膠」。近年來香港社會
　運動與反對派政治中的左右之爭,涉及頗為複雜的歷史與衝突,需
　要另文探討,本文僅集中處理「本土右翼」與新自由主義的關係。

## 七、結論

　　2007-08年，曾經鼓吹自由市場經濟的林行止撰文，表示自己對「過去理直氣壯地維護資本主義制度頗生悔意」，並承認自己不再是「盲目的自由市場信徒」，思想上發生稍為左傾的變化。對此，長年閱讀林行止文章的讀者頗感震驚，但此事似乎並不是孤立的。近二十多年來，右翼經濟學的影響力下降，反全球化運動興起。世人逐漸體認到，金融以至其他經濟部門的自由化，並未帶來持久的繁榮，反而導致重重危機。香港第一波新自由主義的本土化，已無復當年風光。然而，當中的概念與零星論點，卻在新興起的本土右翼論述中重新獲取意義。

　　本土右翼對香港社會福利制度及其進步改革的攻擊，挾其互聯網上的民粹姿態，要比任何鼓吹自由市場的專欄作者，或新古典經濟學學者更受注目，而且更能牽動人心。事實上，尚存的經濟右翼意見領袖及智囊組織，反而要跟本土右翼劃清界線。例如，要求改革綜援制度，杜絕長期依賴及鑽空子的人，但反對把矛頭指向新移民。類近早年林行止或張五常觀點的經濟學者，甚至否認「本土利益」的存在。只不過，這些人的聲音已幾乎完全被本土右翼所掩蓋或取代了。

　　「本土右翼」吸納、取代了以往的經濟右翼，並賦予新自由主義經濟教條以新的意義。其香港族群主義的想像，使新自由主義意識型態得以更廣泛地散播，以防堵福利政策的擴張為己任，鞭撻族群化了的「經濟人」他者，合理化工作倫理及企業家型的進取人格。同時，他們亦藉此攻擊中間偏左的反對派政治力量。比起口頭無限

上綱的族群鬥爭、反抗中國殖民、建立城邦或港獨，這可能才是「本土右翼」的政經本色。

　　葉蔭聰，嶺南大學文化研究系高級講師，研究興趣包括中國大陸公民社會及香港社會運動。

　　易汶健，香港獨立媒體網特約記者，香港中文大學社會學哲學碩士，研究興趣包括公民身分及環境保護。

# 從悲劇看香港的命運

黃國鉅

## 一、香港的悲劇在哪裡？

大概1996年，我跟一位台灣朋友談到香港的前途，他語重心長地說：「我最擔心的，是類似二二八事件在香港發生。」我當時只是一笑置之，說：「當時台灣有幾百萬人從大陸移去，衝突難以避免，香港的情況跟台灣不同，我想歷史不會這麼容易重複吧！」我當時心裡還想：「你用台灣經驗去看世界，才會得出這種推測。」

差不多十八年過去，香港幸好還沒有二二八，但是，城邦論、驅蝗、占領中環、白皮書摧毀高度自治、解放軍恐嚇要鎮壓，中港矛盾和衝突已經將近攤牌的地步。現在回想起十八年前這段對話，發現歷史原來早已按照預先設定的軌跡慢慢邁進，而且早就有人提出警告，但還是眼巴巴無法扭轉，悲劇莫過於此。

究竟香港的悲劇在於哪裡？為何這悲劇無法扭轉？

香港的悲劇第一條：一個自由開放的城市，交給一個極權封閉的政權統治，這恐怕在人類歷史上是前無古人，後無來者，衝突和衰亡似乎是必然。（澳門可能是悲劇的另一首變奏曲，只是澳門社會的開放性不比香港。）

　　所有什麼一國兩制、高度自治、五十年不變的承諾背後，其實是一個很簡單的難題：自古以來，從來沒有一個自由開放的城市，把主權交給一個獨裁封閉的國家，可以互相容忍，長期共存。歷史上也有開放城邦給大國吞併的例子，如威尼斯就曾落入法國手裡，佛羅倫斯也被奧地利和法國吞併，但這些例子都跟香港難以比擬：文藝復興時期的威尼斯和佛羅倫斯的開放性和國際化，或許跟香港不遑多讓，但共產中國的極權和野蠻，拿破崙的法國和奧匈帝國只能瞠乎其後，而恐怕只有20世紀幾個極端政權可以比擬。1984年，中英香港前途談判已成定局時，時任記者、現為立法會議員的劉慧卿當面質問英國首相柴契爾夫人：「你把五百萬香港人交給共產政權，道義上說得過去嗎？」柴契爾夫人硬撐著說：「所有香港人都滿意，你是唯一的例外。」柴契爾夫人今日如果尚在人間，有眼看看香港今日如斯田地，還敢說這句話嗎？

　　當然，香港遇上如此的命運，當中牽涉不少偶然因素，從英國主動敲中國的談判大門、鄧小平的思路、柴契爾夫人在人民大會堂跌了一跤等等，稍為一個關節有所偏差，香港的命運可能就不一樣。但最被忽視、而可能是最悲劇性的，卻是香港人自己的想法，或如柴契爾夫人說：「所有香港人都滿意。」事實是否真的如此？當時香港人真的歡迎「回歸」中國嗎？他們可有爭取過決定自己的命運？香港人的身分意識到底是如何？

　　中英談判初期，港英政府底下的華人精英鄧蓮茹、鍾士元等人會見時任新華社香港分社社長許家屯，表示對中共一國兩制的承諾沒有信心。他們舉西藏的例子，當初中共也答應入藏十七條，後來也是變了。許於是大玩民族主義牌，公開指斥鄧等人是「殖民主義的孤臣孽子」（見《許家屯香港回憶錄》上冊，台北：聯經，1993，頁95）。年長一輩的香港人，大概也應該記得「孤臣孽子」這句話，

也曾當作茶餘飯後的談資，但恐怕大部分香港人都忘記了鄧關於西藏這段話。直到最近台灣反服貿學運，香港才有人喊出口號：「昨日西藏、今日香港、明日台灣。」悲劇的劇本早在三十年前已經寫好，但香港人居然要三十多年才認清真相。

悲劇第二條：身分意識永遠只能在壓迫中形成，香港人沒有經歷過身分的鬥爭，不會意識到可以改變自己的命運。黑格爾說得對，主體意識不是天生，也不會從天而降，而是經過壓迫、鬥爭，才從經驗中認清自己。

1982年，當中英談判到了膠著狀態的時候，中文大學學生會藉柴契爾夫人訪港時，到啟德機場請願，反對她的三條不平等條約有效論，高呼要求「民主回歸」，得到趙紫陽高度肯定，從此扭轉香港前途談判的方向。回想當年，這些民主派人士提出所謂「民主回歸」論，如此自相矛盾，稍為有點思考的人，也會質問一下這個命題究竟是什麼意義：所謂「民主回歸」，是表面意思的民主地「回歸」中國？還是「回歸」中國之後實行民主？如果是前者，那麼應該讓香港五百萬人自決，但當時中英兩國都不承認香港人在談判的角色；如果是後者，事實已經證明中國收回香港十七年都不願意實踐民主。最近羅永生憶述，「民主回歸」的論述，原來是中共以統戰手法滲透或影響學生去推動，使之配合共產黨政權收回香港的政策，他自己後來也不贊同民主回歸論[1]。當初支持過此說法、滿腔愛國熱血的年輕人，想想當初中共對港如何好話說盡，今天卻翻臉不認人，才如黃粱一夢，恍然大悟，這不是悲劇是什麼？

---

1　參見「阿波羅網」的報導：http://hk.aboluowang.com/2014/0113/
　　363995.html#sthash.PHEb6Wot.dpbs，及馬嶽《香港80年代民主運動
　　口述歷史》（香港：香港城市大學出版社，2012），頁60-73。

　　所以，歸根究柢，香港人當時的身分意識還未成熟建立，在殖民地子民和大中華之間，並未有第三個身分的想像。今日中港矛盾之熾烈，如果有人重提「民主回歸」，肯定被罵個體無完膚，讀者現在只要上網看看香港網民對這個詞的評價就可見一斑。但當年一般香港人對中英談判互鬥隔岸觀火，像看戲一樣，卻不知道這場戲正在決定自己的命運，等到塵埃落定，就只有無奈接受、或恐慌逃亡，從沒有想過在這場戲中爭取自己的角色。而稍有知識和良知的學生和知識分子，或因左派思想而憧憬共產中國、或囿於中華民族主義大一統的「天經地義」，不敢或不願提出另類想法。

　　悲劇第三條：香港人犬儒，食花生，卻不知道舞台上演的戲卻是自己的命運。

　　從戲劇理論去講，犬儒主義、「買定花生等睇戲」，是社會行動的大敵。因為劇場無論發生什麼事，是喜是悲，「花生友」都不會有感覺，更不會得到啟發。千百年來，戲劇都試圖以不同的方式，融化觀眾的冷眼，觸動他們的心靈。最早的希臘悲劇嘗試以角色和處境的營造，引起觀眾的同情，再以悲慘結局震撼觀眾。到了20世紀初，布萊希特有感於悲劇只會消磨觀眾改變現實的意志，令他們服從命運，於是發明史詩劇場和疏離效果，要觀眾從同情中跳出來，反省自己的現實處境。然而，布萊希特不是只一味強調疏離、陌生，觀眾必須對人物或劇情先有投入，疏離效果才有作用，如果從頭到尾都是疏離，那只會回到犬儒和冷漠。

　　回顧香港的歷史，我們可以說是未進入希臘悲劇的同情，就已經跳進非布萊希特式的疏離和犬儒。從國共鬥爭到九七大限，香港永遠是歷史悲劇的旁觀者，甚至牽涉到自己命運的事件，也只有扮演旁觀者的角色，這也解釋了為何冷嘲熱諷、犬儒、冷漠，在香港民間如此流行。不能決定自己命運的民族，是難以有悲劇感的，因

為悲劇感是來自良好的願望，卻做出錯誤的決定，導致自己沒料到的悲劇結局。不需要決定自己命運的人，永遠可以把自己的遭遇的責任推給大歷史、大環境，他也不知不覺成為了自己命運的旁觀者。久而久之，「食花生等睇戲」成為習慣，甚至連跟自己息息相關的事情，也可以當作戲來看。

要改變這種態度，不是什麼宣傳教育、批判思考可以辦得到，而必須通過歷史現實得出教訓。黑格爾有名的主人與奴隸的生死鬥爭論，給我們重要的啟示，也是香港主體意識建立的契機所在：所謂主人與奴隸的鬥爭，不只是在主人與奴隸之間進行，兩者必須通過一個中介進行鬥爭；當奴隸聽主人的命令去勞動的時候，他以為主人的意志就是自己的意志，從來沒有機會發現自己意志的可能，直到他從勞動的對象中發現出不同處理事物的方式，才意識到自己的自由意志，跟主人的意志存在必然的差別。所以，主體意識的建立，從來不是抽空的思想戰爭，而是圍繞著一件與大家有切膚之痛的事物處理方式的差異產生的。對香港人來說，這個對象，就是香港這塊地方，它的資源、文化、歷史、公共空間等等。

## 二、兩種本土主義之爭

今日本土運動的興起及其爭議，究竟何謂本土，是右是左，可以是這場歷史教訓的關鍵一課。

香港近五年興起的本土論述，籠統來說，其實可以有兩層意思。從2007年開始的保衛天星碼頭、皇后碼頭、反高鐵、保護菜園村，可以說發自對土地、文化、環境、歷史記憶、城市空間的關愛。這種本土主義不需要外在敵人，他們以愛先行，敵人只是破壞這些環境和歷史的勢力。這種本土慢慢往左走，他們反對地產霸權、反對

香港「功能」政治裡的特權階級。所以，雖然是強調本土，但這一派仍以階級特權為反對的對象，以關愛弱勢為出發點，可以說是出自對本土的愛。他們以苦行、懺悔為號召，以蕉葉為誓，企圖以大愛感動公眾。

另一方面，自2011年以來，雙非、反蝗蟲、光復上水、城邦自治，成為另一條本土政治的主流。相對於上面的左翼，這種本土可以籠統地以右翼稱之。所謂右翼者，他們以外來群族和政權為敵人，是源自漸漸失去身分和優勢的恐懼、焦慮和仇恨，甚至帶有本土沙文主義的味道，即凡是香港都是好的，都要守護。香港的殖民歷史、繁體字、粵語、粗口、普及文化等，都是要維護的對象，任何威脅這些本土事物的勢力都是敵人。簡單地說，這種本土是來自對外來侵犯者的恨而建立起的本土意識，是以對外為主。這種右翼是反動的，因為它需要敵人、需要仇恨的對象、是從恐懼中建立本土，從說「不」中建立身分認同。他們守護的是本土文化符號，其象徵意義多於實際，例如所謂龍獅旗，大家可不必認真考究是否真的主張回歸殖民統治，其政治象徵意義只在於對中國殖民主義的反感，而不一定有實質內涵。所以，這種本土認同，是較多建立在政治符號之上，如英國殖民主義的象徵、繁體字、粵語等，而較少關懷本地人民，如弱勢社群、被壓迫階層、窮人、城市空間、農業、社區關係等等。從這方面說，香港的右翼本土，與西方右派民族主義政黨有類似的地方。

然而，如我們看深一層，卻發現不能簡單以西方左右的政治光譜，硬套在這種分野之上，尤其後者的右派政治，若輕率地就把它歸類為排外、極端民族主義、法西斯、民粹，更是扣錯帽子。固然，若有足夠時間讓這種右派群族政治發展下去，我們不能排除會走向這結果，但這個過程仍然漫長遙遠，而且取決於很多不同的因素，

如種族主義會否成為華人政治的主導意識型態？香港能否成為一個獨立的政治實體？種種問題，需要另文再分析。然而，這裡只要指出一點港式本土右派和西方右派的重要分別，就是前者不是純粹排外，不是種族主義者，他們不仇恨菲傭、不歧視印度人、更不會針對西方人。他們唯一針對的對象是中國大陸人，他們甚至會視那些土生土長、能說流利粵語、接受香港核心價值的印度或巴基斯坦人，比不會講粵語、受中共「洗腦」的大陸新移民更為香港人。(那些反對外傭居港權的是另一類的民粹主義，跟這裡所講的無關。)所以，歸根究柢，這種右派是通過對中國的排除建立出本土意識，而中間必然的根據是所謂的核心價值：自由、法治、禮貌、文明。大陸人被視為中共的殖民、控制香港的工具，他們是來種票、滲透的、要把公務員和學術赤化。這種對香港核心價值被蠶食的焦慮，並非空穴來風，而有中共對付新疆和西藏的前車可鑒，這一點見諸香港，可以說中國比英國更名符其實的「殖民」。所以，跟西方民族主義右派政黨相反，這種港式右翼的本土，並非絕對排外、港人沙文主義或種族主義、煽動民族矛盾，而是對自由生活方式的珍惜，雖然以反面為基礎，卻又不乏正面的元素。這重要分別必須明確指出，萬不可籠統歸類。

　　香港如此獨特甚至畸形的政治光譜，左中有右、右中有左，探究其原因，必須重新思考香港近十年本土意識上升的客觀因素與內涵。這裡牽涉本土意識出現的基本邏輯。但凡一個國家或社群出現本土意識，愛和恨兩種情緒往往如孿生兄弟一樣一起出現，因為純粹的大愛不會產生本土意識，只會造成一種國際主義；純粹的仇恨則是沒有基礎的犬儒和憤世嫉俗，而使認同的符號變得空洞和缺乏內涵。這簡單的道理，歸結到所謂本土認同的兩個主要問題：(一)我是什麼？(二)我不是什麼？兩者必須並行，才能得出身分認同的

結論。在政治上，前者牽涉我愛我所認同的東西，如我的土地、人民、文化歷史；後者牽涉我否定那些侵害我所愛的人和事物。而事實是，在政治動員上，仇恨和恐懼往往比關愛有效，因為關愛多是個人的行為，恐懼和仇恨卻可以迅速變成集體行動。這也解釋了為何一些平常對政治並不關心，對民主普選沒有興趣的人，對雙非、奶粉、蝗蟲論、街上大小便等卻又有切膚之痛，正因為恐懼和仇恨，乃人性的基本情緒。

本來這兩種情緒的互動，在政治實體的建立，屬平常不過的事，而上述這些問題，都牽涉到一個政治實體建立的兩個基本目的：（一）保護本國人的利益和資源；（二）這些利益和資源在本國的分配要符合公義。可以看到，上述這兩種本土運動，並非簡單對號入座，即右派關心第一個問題，左派關心第二個等等，而是跟這兩個問題交接重疊。如右派雖然比較關注第一個問題，但對英治時代的眷戀，卻無可避免涉及公義、法治和自由等；左派似乎多關注第二個問題，但在反對被規劃的同時，則又必然碰到中共對香港的干預。經過上面的分析，我們其實發現，這兩條本土之路，根本不需要對立，除了意識型態和人事的原因之外，他們根本面對著同樣的敵人、同樣的問題，只是因為香港作為一個政治實體並不成熟，甚至難產，才令兩派還沒有把問題說清楚，就過早進入分黨分派、黨同伐異的階段，你罵我是「左膠」、「大中華膠」，我說你是「法西斯」、「排外」，把真正問題模糊了。

香港本土政治實體的難產，在於香港的政治格局和政權的本質，未能做到權力從人民中來，政策往人民中去。香港有一個半開放選舉的立法會、一個小圈子選舉出來的特首，選舉過程受中共高度干預，權力來自中共和少數特權階級和地產財閥，其政策被這兩股勢力騎劫，必然不會以本土利益或民眾福祉為考量，形成一個仿

彿是外來加諸於香港的政權。於是，在政治辯論的議程裡，只停留在應該「建多少公屋？要不要蓋新的焚化爐？」等層次，一些核心的本土利益，如應接受多少大陸移民？長遠的人口政策如何？龐大財政資源如何運用？是否需要中港融合？是否需要建港珠澳大橋？新界的農地應如何運用？香港是否需要農產品自給自足？供水是否需要自給自足？等等，從來沒有在選舉或政治辯論中提上日程。所以，問題的癥結是香港政權的本質，令這兩種本土成為共同敵人，但雙方都沒有把焦點校準，卻已經起了路線之爭。難聽點說，其實兩大黑幫早已閉門談好如何分肥，而外面沒有權力的兩班人還在爭論是你對還是我錯。

## 三、民主共和與香港未來

　　要重新思考這個問題，必須先要問一個問題：一個照顧本土人民利益的政治實體如何形成？甚至明確點說，國家為何形成？這裡應該要分析一下「共和」這個概念。這裡講的共和，並非等同獨立建國。把建立共和跟獨立建國等同起來，其實是近代所謂共和革命後，「共和」一詞廣泛應用的結果。從17世紀的英國內戰、推翻查理一世建立的commonwealth，到法國大革命推翻波旁皇朝建立的republique，「共和」一詞的意義在於與皇朝相對，把國家歸還人民。到了19世紀民族獨立運動，脫離帝國，建立民族國家，「共和」一詞才跟獨立建國拉上關係。然而，追源溯本，「共和」一詞並非只講獨立建國或推翻帝制，它源自古羅馬，以哲學家跟政治家西塞羅論述得最詳細。西塞羅多次公開演講揭露軍閥推翻共和的陰謀，對地方貪官大力鞭撻，最後因為得罪安東尼而被殺害，可以說，西塞羅是羅馬共和的捍衛者。而且跟近代歷史相反，羅馬是從共和走向

帝國，而非推翻帝國建立共和。如此，參考西塞羅的共和理論，可以重新發現「共和」此一概念的原貌，對我們思考香港政治問題有啟發性。

　　所謂共和，拉丁文是res publica，字面意思是「眾人的事」、「眾人之物」，即國家乃是粵語講的「阿公嘅」。一個國家的形成，固然是要維護國家內眾人的利益，這是國家成立的根本目的。西塞羅這樣定義共和：「共和是人民的事物。人民不是偶然匯集一處的人群，而是為數眾多的人們依據公認的法律和共同的利益聚合起來的共同體。」其中最關鍵一段話是「依據公認的法律和共同的利益聚合起來的共同體」，當中「法律」一詞iuris，也可以翻譯作「公義」，即人們聚合起來形成國家，不止是要遵守共同的法律，更重要的是大家對何為公義有相同的理解和共識，在這共識底下，國家資源的運用才可以在公平的原則下決定。西塞羅進一步說，無論是什麼政體，是君主、貴族還是民主統治，都必須符合共和的原則（在西塞羅的論述裡，帝制和共和並非互相矛盾的概念）。而要保證國家符合公義和共和的原則，當中除了所謂公共財產，如行政機關、法庭、公共建設、以至神廟等等，都要公平使用之外，最重要的公用財產是自由，所以每個人，無論是貴族和平民，都有平等的自由，甚至即使平民也有參與管理國家事務的自由。如果做到這點，儘管是君主制，也能符合共和的原則。

　　如此，香港要建立一個西塞羅意義底下真正的共和政治實體，除了普選之外，更必須讓一些關於香港的基本政策，如人口政策、移民政策、與中國大陸的關係、土地資源和財政資源如何分配、城市空間如何規劃、香港的經濟政策是不干預還是增加福利開支等等典型立國之本的問題，通過選舉開放給公眾進行大辯論，共和以及本土的政治實體才能形成。可惜的是，四年一次的立法會選舉只是

政黨之爭，五年一次的特首選舉更是假作聽取民意的偽選舉，而從無扮演這種資源和正義問題歸還人民辯論的過程。所以，香港的政治格局一天不變，共和沒有建立，所謂左右之爭，都只是意識型態的符號之戰而已。

　　由是觀之，香港左右派之差別，在於對上面共和理論的兩點的不同著墨：右派強調以本土作為共同利益的基礎，根據英國殖民時代留下的規章制度來維繫資源分配的公義，激進一點的甚至有些主張群族鬥爭，以不同群族作為利益界線；左派則以階級作為共同利益劃線的根據，加上他們很多基本上是大中華派，於是一旦牽涉中港矛盾，如奶粉、雙非、水貨客，他們都會將之說成是階級問題，認為問題根源是大陸貧窮階級被壓迫。因為這分歧，兩方的爭論甚至仇視也由此開始。這分歧可以是意識型態你死我活的鬥爭，但在公義的共和建立之前，面對的是共同的敵人，即港共政權勾結本地地產財閥，兩者縱使有多少恩怨，有時也不得不共同行動，作不情不願的短暫合作。最佳例子是最近新界東北發展前期工程撥款的抗爭，本土派認為這是溶解中港邊界的陰謀，左派認為是地產商坐地分肥的計畫，於是，中間縱使有誰騎劫誰的罵戰，但在衝擊立法會時也共同參與，事後被捕也得互相聲援。

　　如此，民主普選的意義，不只在於實踐一個普世的理想，也不只是為了通過增強政府的認受性從而改善管治這麼簡單，最重要是落實主權在民這原則，通過民主普選，是建立香港人主體意識不可或缺的一步。1997年後十七年來的社會深層次矛盾，源於中共害怕香港因為得到民主而慢慢變成半獨立政治實體，於是培養一些聽話的小圈子代為統治，而這些人勾結了香港本地的既得利益集團，對香港的資源大肆盤剝；他們因為有政治的保護，其貪婪不受制約，於是政府政策大幅向富人傾斜，財富慢慢集中在少數人手裡。地產

霸權、領匯、市區重建局、高鐵、新界東北發展計畫，幾乎所有社
會爭議議題，都歸結到政治去，而一天這個大局不變，四年一度的
立法會半開放選舉，只是幾個政黨議席的加多減少而已。於是，管
治香港的人，只是北京的政治代理人，他們只希望聽北京的話，從
中自己得到好處，而不會把香港當作安身立命的地方，也沒有長遠
的遠景。反對派則因為永遠無法執政，無法聯絡和綜合民間對香港
遠景的深層次討論，帶上選舉日程，使之成為政策。在此情況下，
有遠景的人沒有權力，有權力的人沒有遠景，整個香港困在一個死
局裡。要改變這現狀，必須通過民選政治，政黨輪替，由反對黨接
連和綜合民間的討論，上升到政綱，成為政策。然而，真正關係香
港前途的民間社會，雖然對香港長遠的問題都有深刻的關注、研究
和討論，如人口政策、農業政策、教育長遠規劃、文化政策等，但
這種討論卻一直只停留在民間，無法通過選舉政治的動員，成為政
策辯論的議程。

　　舉一個例子，如香港的文化政策，在梁振英上台之前，文化界
曾憧憬過有文化局的出現，來統籌香港文化政策，改善香港的文化
藝術環境。但後來因為民間對傳聞中的文化局局長不信任，甚至有
人懷疑文化局之議只是特區政府企圖控制香港文化藝術的一步棋，
之後更因為反對派在立法會拉布而令設局一事胎死腹中。然而，如
果香港整體格局不變，期望空降的文化局會理解民間對文化問題的
認知，並變成政策，必然落空。沒有選舉，沒有民間討論和政策辯
論的連結，這些期望都是緣木求魚。

　　那麼，我們可否看遠一點，即香港會否有建立這種共和政治實
體的一天？顯而易見，香港民主化最大的阻力，甚至香港自由法治
面臨的威脅，是來自中國。然而，弔詭的是，中共獨裁的存在，卻
是香港尋求自治最大的推動力。因為中共的威脅一日存在，才會有

更多香港人尋求擺脫中國的干預；相反，如果中國變成民主國家，大中華民族主義則可能淹蓋本地人尋求自治的政治實體的意志，令香港無法建立維護自己利益和公義的共和。所以，香港的命運，可以說是跟中共「鬥長命」，如果中共統治的結束，比香港人建立自己的獨立政治實體的意識或行動來得早，一種大中華民主圈的思想一旦重新籠罩，便會削弱香港人自治的意志。那麼，即使最理想的情況出現，中國有了民主，香港頂多可能只是所謂民主中華裡一個相對自治的城市而已；它的人口政策、資源分配、與大陸關係，面對中國龐大的政治、經濟和社會力量，未必能完全自己決定，甚至依然要看大陸的臉色，最終結果仍是芬蘭化，而西塞羅筆下的共和還是難以建立。

黃國鉅，浸會大學人文及創作系副教授，研究興趣包括德國哲學、戲劇美學等，著作有《尼采：從酒神到超人》及劇本集《經典新篇：從希臘悲劇到布萊希特的本土重寫》。

# 兜口兜面的多元文化主義：
## 香港菲律賓移工重奪公共空間和公民權運動[1]

陳允中、司徒薇

## 一、引言

　　Erwiana Sulistyaningsih 是一名從印尼來香港工作僅八個月的外籍家務移工（以下簡稱「移工」）。2014年1月10日她被女雇主嚴重剝削與虐待之後，遭開除並直接送去機場送回印尼。在機場等待登機的Erwiana全身燙傷，已無法行走。雇主沒有給她任何薪水，她身上只有70元港幣。她回印尼後馬上住醫院接受治療。即使在社會壓力之下，香港警察一開始的態度仍然是控方不在場，案子只能當「雜項」處理，一副無可奈何狀。好在該雇主曾雇用過的前移工，紛紛鼓起勇氣站出來控訴她們曾受到同樣的虐待與欠薪，警察才正式起訴雇主，並在她去泰國時，在機場逮捕了她。Erwiana療傷後，在人權組織的鼓勵之下，回香港做證人，也向雇主追討八個月的欠薪。今天，Erwiana已經從一名受害者變成控訴者。她的案子見證了香港在文明的外衣下，對移工的種族歧視是普遍存在的[2]。

---

1　廣東話「兜口兜面」是「當面直接，不留情面」之意。
2　要了解有關Erwiana的資訊，請參考Justice for Erwiana Action Centre
　　網站，http://hkhelperscampaign.com/justice-for-erwiana/。

在2014年4月23日《時代雜誌》的全球最有影響力人士排名中，Erwiana排在前一百名之內，然而此案對香港社會的衝擊並不明顯。縱使Erwiana對香港以外的反歧視移工運動很有影響力，在香港卻被當成特例及刑事案件處理，既沒有得到政府任何政策及公眾教育計畫的改變與讓步，更沒有得到政府對移工歧視和種族歧視表示不容忍的決心。在香港，隱蔽或直接的種族歧視一如既往，移工的受虐婦女庇護所依然人滿為患，並且沒有得到政府的任何資助[3]。「多元文化主義」的建立一般是依靠市民社會向政府施壓，由下而上地要求促進種族包容及更平等的環境。在香港，這種屬於自由主義多元文化主義的政策思維，可以說尚未起步。香港社會至今輕忽種族歧視的存在及其嚴重性，即使偶有種族歧視事件爆發，爆發之後也甚少反省與改變。

多元文化主義的政策取向，從來不是從天上掉下來的。它或者是為了避免更大的種族衝突而做出的妥協，或者是為了回應被剝奪權益的少數種族爭取公平正義的抗爭，所建構出的論述及相應政策。多元文化主義堪稱是第三條路，試圖突破種族主義與反種族主義的二元對立思維。為了防止反種族主義運動過度激烈而跌入另一極端的排斥，多元文化主義建議由多種族共創更包容與多元共存的社會。然而，多元文化主義跟種族主義之間總是互相拉扯而不穩定地存在，它必須經常協調種族主義與反種族主義兩個極端，從中爭取妥協與共存的條件。此外，多元文化主義跟種族主義一樣，都有跌入本質主義陷阱的危險。因此，面對根深蒂固的種族主義社會，反對種族主義和壓迫的鬥爭必須持續下去，才能勉強維持一個並不

---

3　香港所有的受虐婦女庇護所都是由非政府機構營作的，並全部受政府資助。唯獨移工的庇護所不受政府任何支助。

穩定的多元文化社會。

　　以華人占絕大多數的香港社會，向來拒絕承認香港存有對國際移工、新移民及少數種族的種族歧視。香港國家機器在1997年之前和之後，都不曾採納多元文化政策。在香港，公然的種族主義不是被忽視，就是被視為特例，所以至今仍未形成一種社會壓力去推動「多元文化」的論述，更不用說政策了。無論是主流華人社會還是國家機器，根本不理會相關問題。因此，對多元文化及種族寬容的倡議和爭取，只能留給民間社會、少數族裔和移工本身去推動，而這是非常困難與孤獨的工作。

　　本文以菲律賓的外籍家庭移工爭取權利與公義的運動為例，分析香港的少數族裔和非公民是如何抗衡日常生活中及體制化的種族主義；而在抗衡的過程中，又是如何意外地創造出一種原型的多元文化主義，即「兜口兜面的多元文化主義」。這個由移工發起的運動雖未能促使香港政府落實真正的多元文化政策，甚至還激起了保守社會的反挫，但它有助於構建非公民少數民族之間的團結，以持續地抗衡種族主義。

　　在日常實踐中，菲移工從1980年代開始，已經占領週末的中環公共空間與人行道，建立了「家鄉之外的家鄉」[4]。她們教導香港人如何持續地利用星期天，在中環創造「暫時自主的領域」——就在此時此刻，種族主義暫時被取消。經過三十年，她們漸漸地重新定義了中環，使之從平日的資本競技場，成為週末的多元文化主義場所。當她們在週末中環成為多數和主人時，華裔香港人被迫易位成為客人。作為客人，客隨主便，這就是學習包容的機會，至少是帶著政治正確的態度來週末的中環。

---

4　「Home away from home」是菲移工最常用來形容中環的形容詞。

　　「兜口兜面的多元文化主義」是一面鏡子，迫使香港主流華人去面對無法自圓其說的文化優越感，以及對少數種族及邊緣社群的恐懼與焦慮。當主流華人被迫不斷去面對內心「病態的」「小小大香港主義」──「一種面對香港殖民性的自卑自大情結」，香港社會或許才能真正的去殖，從種族情結中解脫出來，轉變爲一個種族敏感的多元文化的國際都會。

## 二、解釋在香港的種族主義

　　香港的種族歧視是嚴重卻又經常被忽略的問題。1997年以後，香港政府不斷推銷香港是一個充滿機會的全球／國際城市，意味著沒有種族歧視。但實際上，對中國大陸的新移民、移工與其他少數民族的社會排斥和政策排斥，一直存在於日常生活中。

　　在2001年之前，香港沒有少數族裔的人口統計。一直到2006年，立法會才把種族歧視條例送入立法會審理，遲至2008年才通過。不幸的是，政府大部分單位都得到豁免：「政府及公營部門是主要的種族歧視源頭，但條例並未涵蓋政府一切職能及權力。」[5]

　　很諷刺的是，香港處理種族多樣化的態度是單一文化或「種族盲目」式的。如果自由主義的多元文化主義可以容許少數族裔自由表達並實踐其身分，而無須融入主流種族主導的社會，香港距離這個目標仍非常遙遠。最常使用的藉口是，香港是一個95％華人爲主的社會，只有5％是少數族裔，種族多樣性是幾乎看不見的。雖有許

---

5　關注少數族裔的團體「香港融樂會」總幹事王惠芬在記者會上對「種族歧視條例」的批評。資料來源：〈種族歧視條例被批評不公義〉，《蘋果日報》，2008年7月14日。

多民間人士及學者要求新的多元主義政策，無奈香港政府從港英時期到回歸後，都沒有政治意願去啓動多元文化的論述和政策。

## （一）英國殖民主義或中國沙文主義？

　　我們需要把香港的種族主義放回歷史脈絡裡來檢視。台灣文化研究學者陳光興曾舉例解釋香港種族主義的殖民性。一位馬來西亞出生的旁遮普律師Harinder Kaur Veriah在香港工作和生活多年，卻因為她的膚色而被醫院急診室的人員忽略，最後導致死亡。任何在香港的非白人少數族裔，都可能在公共服務、教育、衛生、社會治安和服務產業等範疇，感受到因種族差別而待遇不同的經驗。如果Harinder是白人，醫院工作人員對待她的治療可能比對本地華人更迅速。不幸的是，她的膚色屬於香港人有意無意地慣性排除與鄙視的類別，如外來移工、少數族裔及大陸新移民。以她自己的說法，她屬於「此地人種優先順序的最底層」[6]。

　　陳光興試圖以華人種族主義來解釋香港的種族主義。這種種族主義在傳統上是屬於「普世沙文主義」，即歧視所有非華人，包括白人。他指出在傳統中華的概念中，非華人在規範與層級上被分為不同程度地低於華人。香港文化研究學者羅永生也認為，離散華族國族主義所暗示的種族主義，需要仔細的結構分析。他表示傳統中華概念的「天下」想像，稱中國歷代皇帝是天子，所以理所當然地統治天下所有人類。按何新華的引申，愈接近天下中心的族裔，就擁有愈高的存在地位；傳統中國的「中原」就是最文明的地理空間，

---

6　參見Harinder 的丈夫Martin Jacques所寫的感人文章，他對香港的種族主義多所批評。"Racial prejudice in Hong Kong," *The Guardian*, 4 April 2010, http://www.guardian.co.uk/world/2010/apr/04/martin-jacques-racism-justice-hongkong.

離中原愈遠就愈不文明。羅永生指出，這可以類比於殖民者自認文
明開化的那種自圓其說的傲慢，將其自身文明強加於殖民地時，還
自以為在拯救別人[7]。

　　然而，香港當下的種族主義，究竟多大程度受著以上傳統華夏
觀念的影響，恐仍不易確定。一方面，香港經歷了超過一百五十年
的英國殖民統治，一直深受殖民文化的影響，內化了殖民文化種族
歧視的傲慢，自認為比中國人更文明進步，是現代化過程的先鋒，
以至對中國人、甚至自己人的某些表現，往往有種恨鐵不成鋼的鄙
視，儘管自身也難免對被殖民的現實感到自卑與委屈。另一方面，
香港也深受離散華族國族主義的影響，內化了傳統華夏文化想像的
傲慢。而且，香港積極參與了從晚清到民初的反清、反西方帝國、
抗日等愛國革命、抗戰與實現現代化的歷史過程，並發起傳播愛國
革命與現代化等文化思潮與政治運動，所以也內化了反殖民族主義
和文化民族主義的自豪感。因此，香港當下的種族主義是一種夾雜
著多重自豪與自卑感的情意結，既帶有西方種族主義與大華人沙文
主義的優越感，也內化了這些優越感所隱含的性別歧視，同時還帶
著被殖民者的自卑感。就此而言，我們必須分析上文下理，才能確
定何以某一種特定的歧視觀念在某一種情況下被調動與表現，以及
它隱含的歧視角度是西方還是中國的，傳統或是現代的，帶有純然

---

7　參見 Kuan-hsing Chen, 2010, *Asia as Method: Towards
　　Deimperialization* (Durham & London: Duke University Press), 266；
　　陳光興，〈「漢人」「種族歧視」的理論邏輯初探〉，文化研究學
　　會年會移民與華／漢種族主義圓桌論壇，2005年1月8日；羅永生，
　　《殖民無間道》（香港：牛津大學出版社，2007），頁126-127；
　　何新華，〈「天下觀」：一種建構世界秩序的區域性經驗〉，《二
　　十一世紀》網絡版，2004年11月號。

還是混合的內涵。

司徒薇把香港當下的種族主義、文化與性別沙文主義背後的那種「自大又自卑」的情意結，稱為典型的「小小大香港主義」（petit-grandiose Hong Kongism）[8]。「小小大香港主義」是衝著西方中心主義與英國殖民者的傲慢，加上大陸的大中國中心主義的傲慢兩方夾攻之下，憤憤而來的殖民憂鬱與躁動。它對香港廣東文化受到的雙重歧視憤憤不平。承接香港1980年代後的經濟成就、可買起英國Midlands銀行又在大陸到處開廠搞地產的意氣風發，長期受著殖民統治、傷痕累累的自卑心，一旦有機會發洩了，不免過度補償，變成財大氣粗、一臉暴發戶德性的長相。得意忘形的「小小大香港主義」在改革開放的中國，大力投射它的經濟野心與性慾望，把大陸經濟落後地區看成資本掠奪無阻的處女地，不自覺地享受站在殖民者位置的快感。Ackbar Abbas對這種情緒下了斬釘截鐵的定義，稱它是種「情感功能障礙，包含憤恨、羨慕、嫉妒和貪婪之情」[9]，在香港文化裡隨處可見。它品嘗著勝過英國和中國殖民者的風光時刻，不可一世，但這種逆向的種族主義又不可避免地心虛。它不敢承認自己就是此種殖民快感的受害者，於是遷怒於比自己更弱勢的內部他者，而且特別看不順眼本地的弱勢、大陸來港的新移民或者是種族他者的懦弱，常常恨鐵不成鋼，辱罵後者怎麼的不爭氣。但對於自己靠攏大陸與西方經濟體制得到好處的共謀現

8　Mirana M. Szeto, 2006, "Identity Politics and Its Discontents: Contesting Cultural Imaginaries in Contemporary Hong Kong," *Interventions: International Journal of Postcolonial Studies* 8(2): 253-275.

9　Ackbar Abbas, 1997, *Hong Kong: Culture and the Politics of Disappearance* (Minneapolis: University of Minnesota Press), 61.

實，卻顧左右而言他。在很多情況下，我們不容易知道香港人某時
某刻的種族主義或文化與性別沙文主義背後，到底是何種沉默的反
殖憤怒、或遭到壓縮的傷痕記憶在發作。我們需要小心閱讀這些情
緒爆發的軌跡與脈絡。

## （二）日常生活中的種族主義

在香港有少數文獻探討媒體、公共論述、政府影響的民情、和
教育環境，是如何使種族主義的論述和意識型態結構得以再生產。
但幾乎沒有文獻討論對種族主義的反抗。為了填補這個缺口，本文
試圖解釋少數族裔如何透過「兜口兜面的多元文化主義」來反抗香
港的種族主義。

Paul O'Connor使用日常多元文化的理念來解釋香港異質社群在
「前線」生活與工作的日常經驗。多元文化主義可能會被中產慶祝
及消費，但工人階級卻活在血淋淋的生存現實當中。從街道層面上
的觀察，他認為對非華人的年輕穆斯林來說，香港普遍存在的種族
主義是「可接受」的，只要他們可以交換到另一種自由，如宗教信
仰自由、安全行動的自由。在香港，穆斯林婦女可以選擇戴或不戴
頭巾，完全跟在巴基斯坦和土耳其不同，前者是強制必須戴，後者
是強制不准戴。香港華人對穆斯林是視而不見的，他們並不被視為
一種對社會的威脅。在911事件後歐美國家紛紛提防穆斯林的情況
下，香港的冷漠反而提供穆斯林一種另類體驗。然而，O'Connor所
謂「可接受」或「可交換」的種族主義，恐怕不適用香港外籍家庭
移工的情況。

大部分外籍家庭移工在香港都受到某種程度的惡劣對待。2012
年「移民工牧民中心」的調查發現，移工當中有58%被辱罵，18%
遭受身體虐待，6%曾受到性侵犯。在本文作者的一次採訪中，菲律

賓籍家庭移工薩拉告訴我們，種族主義在日常生活中是猖獗的，但
「習慣」就好。薩拉說：「有時你不確定是否受到歧視，但經常從
華人的眼裡就可以確認了。」薩拉舉例說，當她上市場買東西，感
覺到被歧視時，她通常選擇走開。但如果店主開始向她咒罵，她已
經學會了用他加祿語（Tagalog）頂嘴。

　　這些日常生活中頻繁的種族主義歧視，只有非白人的工人階級
感受最深。皮膚顏色愈深，愈有可能會遇到日常生活中的種族主義：

> 巴基斯坦女人Karen說：「我沒有病，但在公車上他們不想跟我
> 坐在一起。他們認為我很骯髒。我們每天洗澡，每天都換衣服，
> 但他們[本地華人]認為我們是臭烘烘的。這是不對的，真正的
> 原因只是我們的膚色比較黑。每當發生這些事情，我都很生氣，
> 很生氣……我的孩子經常問我為什麼，我無話可說，很難跟他
> 們解釋。他們不開心，但我也沒有辦法。[10]

O'Connor使用升降機做比喻，試圖解釋為什麼少數族裔選擇去
適應日常生活中的種族主義，因為只要忍過一定時間及空間就行了：

> 在電梯的短暫旅程中，相遇的陌生人短暫及近距離的碰面，偏
> 見也同時產生。對廣大的香港市民，乘電梯是必不可缺的日常
> 生活經驗，居民、工人和消費者靠它去他們要去的地方。在電
> 梯中，[少數族裔]感受到的不舒服的經歷，無論是偏見、被視
> 為令人厭惡的外國人、或個人空間遭到侵犯，（但）一旦門打

---

10　Hok Bun KU, 2006, "Body, Dress and Cultural Exclusion: Experiences
　　of Pakistani Women in 'Global' Hong Kong," *Asian Ethnicity* 7(3): 285.

開，自由和個性又馬上恢復。[11]

　　這種日常生活中的種族主義，如「電梯中掩蓋鼻子」，經常被誤以爲是暫時的，是個別的。它經常以微妙的非語言方式出現，很難正式指控，更不用說用上新的反種族歧視條例了。然而，「電梯中掩蓋鼻子」的種族主義經日積月累，對少數族裔的精神與生活狀態是具壓迫性的。在香港的少數種族對種族主義是很敏感的，因爲它無處不在，愈敏感就自然累積出更多的不舒服與氣憤。

## （三）體制化的種族主義

　　上述所謂「可接受」的種族主義，其實遮掩了更嚴重的，且發生在公共空間之外的種族歧視，那就是移工普遍遭遇的「體制化的種族主義」。香港國家機器對外來移工有一套完整的種族歧視政策，本文就舉最令移工痛恨的「強迫同住條款」及「兩個星期條款」爲例。事實上，香港政府堅持不廢除這兩條，就表示政府主動設計出容易造成「奴工環境」[12]的客觀條件。

　　「強迫同住條款」是指移工必須跟雇主同住，不能選擇搬出去住。雖然根據合約，雇主必須提供「適合的居所」和「合理的隱私」，但香港住家面積小，一般都達不到合約的要求。因此，移工同小孩老人或寵物同房已算運氣，睡廚房客廳也屬「正常」，睡廁所或櫃子裡也見怪不怪。筆者去香港朋友家拜訪時有個習慣，就是會偷偷

---

11　Paul O'Connor, 2012, *Islam in Hong Kong: Muslims and Everyday Life in China's World City* (HK: Hong Kong University Press), 165.

12　引自亞洲外傭協調機構（Asian Migrants Coordinating Body）發言人 Eni Lestari在終審法院判決菲移工居留權官司敗訴之後的談話，2013年3月23日。.

尋找「工人睡哪裡？」有一次去港幣千萬元的四層豪宅的朋友家作客，在上下四層樓參觀數次都找不到移工的「空間」（說房間太奢侈），最後才發現原來樓梯口有一個廚櫃，棺材大小，有側拉的小門。我們當初以為是給貓睡的空間，後來才恍然大悟，那就是移工的空間。朋友家有多間房寧可空著或堆放雜物，就是不肯給移工一個「合理私密的適合居所」！豪宅況且如此，一般香港中產家庭如何對待移工就可想而知了。據移民工牧民中心2012年的調查，有30%的移工是睡在廚房、走廊、儲藏室，或跟雇主或小孩一起；25%移工認為沒有私密性；同樣多的移工抱怨感覺「不安全」；20%移工說雇主裝CCTV監視他們；35%的移工希望可以搬離雇主家[13]。強迫同住條款剝奪了隱私、個人空間及休息時間，它鼓勵剝削，防止移工社交及參與社會活動[14]。此條款已被國際特赦組織列為剝削移工的首要惡法之一。

「兩星期條款」是指香港政府規定移工在合約到期時即須離開香港，除非她們可以在兩星期內找到新雇主。絕大多數的移工在合約自然結束或提早終止的情況下，都不可能在那麼短的時間內找到新雇主。如果兩星期內簽不到新合約，移工就必須離港。如果再回港工作，可能要再花一大筆介紹費。聯合國廢除對婦女歧視（按：香港政府已簽署此項國際公約）委員會，早在2006年就已譴責「兩

---

13  Jonathan Levine, "Survey reveals extend of abuse of foreign maids in Hong Kong," *South China Morning Post*, 4 August 2013, http://www.scmp.com/news/hong-kong/article/1294210/survey-reveals-extent-abuse-foreign-maids-hong-kong?page=all.

14  HK Helpers Campaign，由一群義工組成的爭取移工權益的聯盟，主要倡議三個目標：一，廢除兩星期條款；二，嚴格實行最高工作時限；三，停止非法的中介費用。參見 http://hkhelperscampaign.com/scrap-the-2-week-rule/。

星期條款」導致移工急忙「接受不公平及虐待條件的工作，以便能
繼續留在香港工作」。2013年，聯合國經濟社會文化權委員會也撰
寫報告要求香港政府「提供資訊解釋政府如何逐步檢討及取消『兩
星期條款』，以及如何處理此條款所造成的移工歧視及虐待情況」[15]。

　　「強迫同住條款」與「兩星期條款」使移工不願投訴或離開被
虐待的環境，尤其是當她們還要寄錢回家或償還中介公司的
債務[16]。作為受虐移工婦女庇護所的義工及贊助者，我們直接了解
移工受不平等對待的案件多如牛毛。由於香港政府完全不支助庇護
所的運作，香港唯一一間受虐移工婦女庇護所在非常有限的民間贊
助下，每天平均庇護30至50位移工，並協助處理各種欠薪、非法解
雇（如被誣陷偷雇主的錢財，或因為生病）、千奇百怪的污辱或歧
視性待遇（如雇主拒絕移工使用家中廁所而導致膀胱炎）、強姦及
嚴重虐待的個案。移工一般都要等到遇上極嚴重的虐待或不公義才
出來尋找協助，就是因為以上所謂「體制化的種族主義」條款，導
致她們盡量容忍雇主的歧視及不公平對待，不敢輕易離開原有雇
主。這使問題一直被藏起來，等到紙包不住火才爆發。

## 三、創造兜口兜面的多元文化主義

　　在1970年代初，為了應對嚴重的經濟困難及高達25％的失業
率，菲律賓前總統馬可仕改變勞動法，鼓勵勞務輸出。自此，菲律
賓的勞動輸出穩步上升。巨大的勞動力出口，通過移工們匯款回國，

---

15　Http://www2.ohchr.org/english/bodies/cescr/docs/AdvanceVersions/E-
　　C-12-WG-CHN-Q-2_en.doc.

16　HK Helpers Campaign, "Abuse epidemic behind close doors," http://
　　hkhelperscampaign.com/scrap-the-2-week-rule/.

創造了「經濟剩餘」，成爲菲律賓的經濟支柱。菲國政府爲了有效地從匯款中獲利，規定所有匯款都必須經過政府專門的金融渠道，並從中收取各種稅款及額外費用[17]。香港正是第一代菲律賓移工出國打工的主要城市。

1970年，有50位第一代菲國移工登陸香港成爲外籍家庭傭工。在1970年代中期，平均每年有2,000位菲國移工來港工作。1980年代，香港的產業結構轉型，勞動密集型的製造業北移到中國大陸，然而供應鏈管理、設計、物流營銷、零售、接單及金融保險等附加值更高的服務部門不但留在香港，還隨著北上行業方擴張而擴張。同時，低技術的服務業如零售、餐飲、旅遊，也不停擴張。各種高技術及低技術服務業的榮景，使本地女性勞動力被動員進入了就業市場。婦女在家庭缺席與家庭收入提高（雙薪家庭）雙重因素，創造了中產家庭對家庭移工的強烈需求。今天，移工在港人數達到了頂峰，超過325,000人，其中有48％的菲律賓移工和49％的印尼移工。

## （一）奪回中環的公共空間：遮打道的戰役

移工聚集在中環始自1980年代。中環是世界三大金融中心之一，和全球奢侈品牌旗艦店的集中地。有趣的是，在每個星期天，都可以看到爲數眾多的移工聚集在中環的公園和廣場，如遮打花園、皇后像廣場及匯豐銀行的地面廣場。他們還占據了愛丁堡廣場（包括大會堂、天星碼頭、皇后碼頭及中環郵政總局）的外面走廊、高架人行道及地下人行道等公共空間。星期天的中環公共空間，成

---

17 爲了進一步從移工身上剝取利益，菲律賓政府最近又加上了「出發前的培訓計畫」，變相地加重移工爲了出國工作而衍生的債務。這也是菲移工經常到香港中環的菲律賓領事館抗議的重要課題之一。

功地被菲律賓移工重奪並被命名為「小馬尼拉」或「菲律賓城」[18]。
從外人的眼裡，其實無法看出中環的不同領域是被來自不同鄉下的
菲國移工占據[19]，譬如HSBC地面的移工主要來自馬尼拉，講他加祿
語；在皇后碼頭[20]的移工是來自米沙鄢群島（Visayas），她們不講
他加祿語，而是米沙鄢的各種方言；其中以Ilonggo語為主者，自稱
是Ilonggos人。而貫穿中環各個鄉親領域的就是遮打道。為了說明
移工在中環的聚集並不是「自然」和「非政治」的過程，先讓我們
探尋菲移工自1980年代重奪中環公共空間的歷史。

在強制放假的那一天，移工不肯待在家裡，因為離開家是她們
避免被雇主要求無償工作的唯一途徑。起初，他們散落在香港各地
的商業購物中心。由於她們的購買力低，大多數商業購物中心不歡

---

18　Lisa Law, 2001, "Defying Disappearance: Cosmopolitan Public Spaces in Hong Kong," *Urban Studies* 39(9): 1624-45.

19　Jasmine Susanna Tillu, 2011, "Spatial Empowerment: The Appropriation of Public Spaces by Filipina Domestic Workers in Hong Kong," Master Thesis, Department of Urban Studies and Planning, MIT.

20　2007年4月25日開始，香港保育團體「本土行動」為了保衛皇后碼頭不被拆除，占領皇后碼頭98天。筆者們在皇后碼頭駐守時，跟菲律賓移工有更多的交流，因而認識移工們來自菲律賓很多不同的地方，不同的家鄉在中環是各有主要領域的。皇后碼頭的移工主要來自Ilonggos，她們非常堅持要保衛皇后碼頭，因為那是她們的「家鄉之外的家鄉」。當時保育人士也用他加祿語寫下保衛皇后碼頭的布條，掛在碼頭的屋頂，象徵本地人與移工團結保衛我們共同的家園。當時「本土行動」所倡議的本土主義是「開放及進步的本土」，只要是為本土弱勢者發聲及維權者，不分種族或國籍，大家都是本土派。我們的主張跟陳雲的「土著主義」或「排外本土主義」大相徑庭。詳見陳允中〈開放派與土著派的本土想像〉，《蘋果日報》，2013年5月29日。

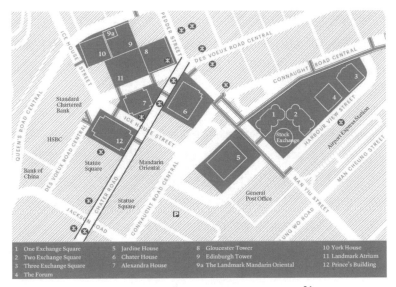

圖一　香港置地集團在中環遮打道的物業[21]

迎她們。自1980年代初，他們逐漸被吸引往中環聚集，因爲每逢週
末，中環的金融中心不運作，冷清像個死城。位於中環的聖約翰大
教堂因爲菲移工人數增加，也開始提供菲律賓語的彌撒。聖約翰大
教堂的外展組織（菲律賓移民工牧民中心）也開始爲菲移工提供社
工服務。今日每星期天大約有兩至三萬的菲移工到中環辦事或團聚。
　　儘管推動因素（中環以外的商場投訴）及拉動因素（中環週末
是鬼城，以及參加教會或非政府組織的服務）是必要的，但仍不足
以解釋中環龐大的移工聚集。我們必須考慮遮打道是如何變成行人
專用區的政治過程，才能體會到爲什麼中環是菲移工爭取來的，而
不是一個自然的過程。

---

21　資料來源：*Hongkong Land Holdings Limited Annual Report 2013*。

香港置地集團是中環最大的地主（見圖一）。1980年代它建議政府把中環的遮打道改爲週日步行區，恐怕只是爲了替中環物業的高級租戶，在週日帶來更多人流及商機。香港置地的如意算盤是借行人專用區，把週末鬼城的中環升級成奢侈品的購物長廊，客戶多了生意，自己物業價值也提高，算是雙贏。

港英政府批准了置地集團的建議，令遮打道在星期日及公眾假期的上午7時至午夜12時變成行人專用區。然而，香港置地萬萬想不到，行人專用區最後吸引的不是奢侈品消費者，而是大量的菲移工。她們聚集於遮打道行人專用區，把整個中環轉化爲有活力的巨大公共空間，每週都進行各種休閒與政治活動。

遮打道人專用區不只是愛丁堡廣場，還包括皇后像廣場及匯豐銀行的額外公共空間。它的主要作用是把以上隔離的公共空間，連接並整合成一個公共空間網絡，使得移工的各種活動都更流暢方便。在遮打道行人專用區成立後不久，投訴移工的聲音開始浮現於主流報紙。移工被認爲是「滋擾」、「沒有價值的」、「社會非生產性成員」及「非法小販」[22]。

雖然部分香港人也贊成移工需要一個聚集地方，但不喜歡她們占領城中最高級的地點，嘲笑她們去中環只是讓自己覺得高級。文華東方酒店抱怨嘈雜的移工在附近遊蕩影響生意，該還抱怨她們要求使用洗手間。這些抱怨成功地說服港英政府在中環樹立更多的臨時屏障，並動用更多的保安[23]。

在商業租戶的壓力下，香港置地於1992年向運輸署及市政局提

22  Jasmine Susanna Tillu, 2011: 35. Belinda Wallis, "Maids leave six tones of litter," *South China Morning Post,* 18 September 1992.

23   Belinda Wallis, "Working Groups to study reopening of Chater Road," *South China Morning Post*, 9 October 1992.

出請願書，要求停止遮打道行人專用區計畫，開放讓車輛通行。根據Nicole Constable，香港置地又提出解決中環擁擠的「建設性」建議，即週日開放停車場以作為移工的聚集場所[24]。許多報紙的讀者投書批評置地的建議「不人道」[25]，非政府組織亦批評開發商的建議是隱性和顯性的種族歧視。United Filipino-HK的成員Eman Villanuerva感慨地指著天星碼頭停車場說：「停車場是給車用的，不是給人用的。」[26]

在1993年年底，中西區區議進行研究後提出方案，建議政府把移工遷離至七個由政府提供的中心，包括西環堅尼地城的菲律賓人社區中心等。然而，所有這些孤立的中心都太小（只能容納300-400人）、限制太多，又遠離中環，故未能吸引菲律賓移工離開中環。

面對要令她們在視線中消失的壓力，菲移工拒絕被邊緣化，並堅持要被看見及聽見。Constable有一段精美的描述：

> 來廣場及沿著遮打道席地而坐的移工，她們影印報紙上的社論及讀者投書，散發出去；以身體語言呈現她們的情緒，她們週日繼續成千的中環聚集，又笑，又說，又吃。她們要求被看到，她們拒絕被移除。[27]

---

24　Nicole Constable, 2007, *Maid to Order in Hong Kong: Stories of Migrant Workers*, Ithaca (NY: Cornell University Press), 5.

25　Belinda Wallis, "Proposal to move helpers to car park 'inhuman,' " *South China Morning Post*, 17 September 1992.

26　出自筆者陳允中於2007年9月在大會堂跟Eman的對話內容。她在另一個訪問時的說法是：「停車場不是為人設計的，公園才是！」(Jasmine Susanna Tillu, 2011: 36)。

27　Nicole Constable, 2007: 7-8.

　　爲了抗議種族主義與排斥，移工堅持重奪週日的中環公共空間。她們已成功地將中環轉化成一個開放的多元種族空間。

　　今天，雖然遮打道戰役已經過去，香港置地的商戶依然繼續投訴移工用揚聲器製造噪音，也不時以保安滋擾她們以顯示自己身爲中環主人的地位。儘管如此，「主人們」還是被迫接受一個現實，就是他們得跟無產階級的少數種族在中環共存。

　　對於香港人來說，中環已成爲每位市民都必須面對自身種族偏見的地方。但當然，從移工的立場出發，儘管政府在2008年通過了反種族歧視法，中環商戶的每宗投訴都提醒著我們，種族平等的戰役仍然是漫漫長路。由下而上的重奪遮打道的「兜口兜面多元文化主義」，根本上是不穩定的，且需要不斷的鬥爭才能勉強保留戰果。如果放棄鬥爭，損失的不僅僅是中環多元文化的公共空間，更可能助長當今如火如荼的本土排外主義。

## （二）把中環的公共空間營造成公民空間

　　當移工贏得了遮打道戰役並取得不排外的中環領土，此空間也開始質變。中環不僅僅是工作及日常種族主義的避難所，更是一個充滿活力的社會經濟和政治空間。

### （1）社區經濟空間

　　由於每個週日及公共假期，聚集在中環的移工數量高達兩萬人，它開始吸引相關服務及產品。在過去三十年間，一個活潑的小企業集群已經出現在環球大廈（近中環地鐵出口），並沿遮打道延伸到愛丁堡廣場，成爲移工的獨特社區經濟。環球大廈有多家銀行提供匯款服務，菲律賓傳統小食店林立，外圍又有包裹包裝及郵寄服務。從環球大廈沿遮打道及相鄰小巷，電訊服務、電話卡、民族食品店、各式小販等非正式經濟活躍，服務對象都以移工爲主。「菲

律賓城」社區經濟的負責人和員工主要也是菲律賓人。

　　中環不只是一個聚集的地方，還是一個生動的社會經濟空間，一個少數族裔聚落。在國際移工的研究中，到美國的移工跟來香港的不同，因為他們有機會歸化為美國的永久居民。他們經常聚集在大城市的某個區，漸漸將其轉化為少數民族的聚落，如洛杉磯的唐人街或韓國城等，形成代代相傳的社區經濟。但在香港，移工卻是被硬性規定無法歸化為本地居民（詳見下述），因此短暫打工、再回國養老成為這些移工的宿命。一般來說，無法合法歸化、落地生根的移工，是無法形成穩定的少數族裔的社區經濟的，但香港菲移工的中環是特例。經過三十年的營造，週日中環已成為菲移工穩定的社會經濟區，即使不經常在這裡團聚的移工，每個月都需要來走一趟，或匯錢、或寄包裹回家鄉或購買電話卡等。

　　今天，中環已成為菲移工的「家鄉之外的家鄉」。在這裡，移工可以重新建構「團結的菲律賓（女）人」，她們不再是某家的女僕，而是「母親、姐妹、配偶、表親」[28]。中環成為培力與團結的空間，是每位新移工放假必來朝聖的首要地點。經常來中環的移工，必然更了解自己的權益，而能更熟巧地避免剝削和虐待，因為她們較容易獲得嵌入中環公共空間的有用信息和生存之道。當然，並不是所有移工都可以神奇地從「溫順的身體」轉變成「抵抗的身體」，但至少可以做個「倖存的身體」。有了中環的社會經濟及文化空間，使忍受長期孤獨和壓力工作成為可能。

（2）政治空間及蛇行

　　在上述的社會經濟及文化空間中，還有一層政治空間，需要行

---

28　Jasmine Susanna Tillu, 2011: 82.

動者的眼睛才能觀察到[29]。有人聚會的地方，對維權的組織者就是一個宣傳政治理念及訴求的好空間。移工的社會運動組織者，所關心的議題五花八門，但主要圍繞來港移工的勞動權利，菲國的人權和競選活動。她們也是反全球化運動的積極參與者，在2005年香港的反世貿運動中，香港本地最大的參與團體就是菲律賓及印尼的移工，每次遊行都動員上千人參加，遠遠超過參與的香港人。

為了描述中環的政治空間，我們不妨以「蛇形遊行」（簡稱「蛇行」）作為例子，這是菲移工組織者發明的一種非常獨特的、有創意的遊行方式。一般「正常」的政治集會，組織者會搭一講台，再搞宣傳動員群眾到台前集會。蛇行是反向操作的，移工組織者不設講台，而是走向分散於中環各區的移工群眾。因為搭台昂貴，動員群眾來集會也很費勁，加上一般來參加的都是熟悉的面孔，無法達到廣傳的效果。拿著擴音機及傳單走入人群，不僅便宜，還可接觸被動的群眾。「蛇行」是一種社會創新，它有效地通過被動群眾將訊息傳開來。

菲移工的政治活動在中環頻繁舉辦。組織一個蛇行除了擴音器、布條及傳單之外，遊行人數必須少於30人，以避免非法集會指控（因為30人以下無須向警方登記）。一個典型的蛇行（見圖二），始於香港大會堂的13號巴士站（點1）。首波演講結束後，開始蛇行穿越天星碼頭停車場，左轉進入地下通道（點2）。到達遮打道後左轉，走去遮打花園（點3），移工主要聚集地。穿過遮打花園，蛇行隊伍右轉，繞道舊立法會及皇后像廣場（點4）。經過短暫的講話，他們繼續前往匯豐銀行（點5），另一個重要聚集地。在匯豐銀行的

---

29 政治空間的資訊主要來自United Filipino Hong Kong的組織者SP，訪問於2013年6月9日在中環進行。

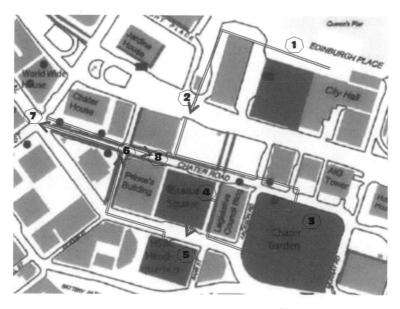

圖二　中環典型的蛇形遊行路線[30]

公共空間繞了幾圈之後，再走回遮打道（點6），左轉沿遮打道走向
環球大廈（點7）。在環球大廈停下來演講完後回轉，最後在太子大
廈（點8）結束。環球大廈（點7）與太子大廈（點8）是大多數政治
活動進行的地方，最短的蛇行會選擇在此兩點徘徊。

　　蛇行是明顯可見的政治遊行，然而更多的政治活動是「無形」
的，它們散落於中環的不同角落及快餐店裡。事實上，香港的菲律
賓移工是全世界最強的移工組織。2008年6月15日國際移民聯盟選擇
在港舉辦創始大會，即是最好的證據。正因爲菲移工的權益意識高

---

30　底圖取自Jasmine Susanna Tillu, 2011: 42, Figure 4-4，圖中的深色塊
　　表示菲移工的聚集區。

於印尼移工，這使她們漸漸不受保守的雇主及中介公司歡迎。香港的雇主和移工中介公司自1990年開始引進印尼移工，以作爲新的溫順身體。2013年，印尼移工終於超過了菲律賓人，成爲香港外來家務工的首要來源。

蛇行是真實的，也是象徵的。真實的，因爲它向中環移工提供了有用信息，包括重要的移工權益倡議，或家鄉的人權及選舉議程。象徵的，因爲它縫合了菲移工因區域、文化及語言差異所形成的壁壘。儘管文化語言有所差異，她們卻在集體的政治議程（移工權益及菲國人權議題）上再團結起來，最終成爲強大的政治共同體，除了在香港對抗各種不公義政策及歧視之外，也形成海外菲律賓人對菲國內政最重要的改革聲音。

在中環形成的菲律賓移工的政治共同體，也影響了來自印尼及泰國的移工社群。爲了因應雇主及中介公司的分化策略，菲移工的非政府組織迅速採取更具包容性的策略，即同時串連及團聚菲律賓、印尼和所有其他移工。他們把原本以菲移工爲服務對象的組織，改爲服務所有的國際移工。譬如「菲律賓移民工牧民中心」本是聖約翰大教堂於1981年成立的外展組織，爲了團結所有移工而於2005年改名爲「移民工牧民中心」。該中心所設立的受虐移工婦女庇護所，目前接受的印尼移工個案遠比菲律賓移工爲多。爲了避免因印尼移工的增加所帶來的國族主義情緒而導致移工分裂，一個新的「亞洲外傭協調機構」於1996年成立，成員包括主要的移工工會及非官方組織，並代表所有香港移工對外發言。

由菲移工開始的政治蛇行，不但在中環打破了菲國國內的區域主義，再對外串連印尼移工的維權組織及工會，編織成一種包容差異的、具多元文化型態的政治共同體。這個地下串連不但有力地對抗雇主和介紹公司的分化策略，也凝聚出一種由移工主導的多元文

化主義想像。

## （三）奪回香港公民權

重奪公共空間及重建政治共同體使得更大的政治訴求變得可能。這一次，移工不只爭取公共空間及打造公民空間，而欲重奪平等的公民權，即享有平等權益與投票權的香港永久居民。

為了理解菲律賓移工何以反抗歧視性的移民政策，我們需要回顧香港移民政策的歷史。1980年代初，香港以往相對開放的移民政策，轉變成一個緊縮及加強控制的系統。這種新的移民系統是依據西方模式，主要著眼於控制經濟弱勢的群體。它創建出一個雙重標準，只有特定的經濟移工有機會成為香港的永久居民，其他則否。作為獲得工作簽證的大學老師，我（陳允中）在2007年參加菲律賓移工高峰會時，才吃驚地首次發現我跟菲移工的居留條件完全不一樣。都是拿工作簽證，但我被當成派外人員，只要符合基本法第24（4）條「通常居住連續七年」的規定，就可以申請成為香港的永久居民。然而，移工在入境條例被刻意排除，不管她們在港工作及居住多久，都沒有資格申請成為香港永久居民。

在2009年的菲律賓移工高峰會上，我對雙重標準深感不安，站了起來發言，並建議移工應該向香港法院提出司法覆核，質疑入境條例的雙重標準已違反基本法。我發言完之後，台下完全沉默沒有回應。會後，我才明白原來移工早就認識到這個問題，但因為多數菲移工是想回家而非留在香港，加上未有適合的原告及律師願意打官司，才一直沒有行動。

從1980年代開始，香港入境條例已修訂多次，其中一個目的就是排除移工申請永久居民的資格。1997年7月1日香港主權轉移中國之後，入境條例被再次修改，更明確排除移工。2011年，菲律賓移

工終於站起來成為原告，並在人權大律師的協助之下，通過司法覆核的方式挑戰政府的入境條例違憲，即違反香港基本法。原告Evangeline Banao Vallejos自1986年已離開菲律賓及家人來香港做移工，並已連續在同一家庭工作超過25年，但她仍然不具備申請永久居留權的資格。

2008年4月，希望留在香港退休的Evangeline根據基本法第24條，向香港政府申請永久居留權。基於1997年入境條例中的排斥移工條款，她的申請遭到拒絕。在行政上訴也失敗之後，Evangeline尋求Mark Daly律師及李志喜資深大律師（公民黨的創黨成員）一起打官司，挑戰入境條例違憲。

2011年9月30日，原訟法庭裁定Evangeline勝訴，指入境條例的移工排除條款違反了香港基本法。香港特區政府立即提出上訴，同時也停止辦理所有居留權的申請。2012年3月28日，高等法院推翻先前的裁決，指出入境條例並未違反基本法。Evangeline向終審法院提出上訴，終審法院終於在2013年3月25日裁定：Evangeline雖然自1986年以來已在香港合法居住，但她依然沒有資格申請永久居留權。

該裁決指出，強制同住條款規定移工必須與雇主同住，因此移工無法滿足基本法第24條所規定的「通常居住」要件。歧視性的強制同住條款不僅違反國際勞工權利，它也起了先發制人的效果，使得移工無法滿足基本法第24條的規定。這官司的結果已證實，由政府設計的不公正條款終於完成了它的使命，即成功地阻止移工享有平等申請永久居留權的權利。

亞洲外傭協調機構發言人Eman Villanueva說：「法院以法律形式確認香港社會對移工的不公平待遇及社會排斥。」[31]2013年3月27

31  "Hong Kong court denies domestic workers residency," *BBC News*

圖三 「亞洲外傭協調機構」發言人Eman Villanueva（左二）
於2013年3月25日在終審法院外抗議種族主義[32]

日，《菲律賓每日詢問者報》社論的標題是「歧視」：

> 以香港基本法的標準，這[判決]或許合憲；話雖如此，它還是
> 歧視和不公正⋯⋯不管是什麼原因，終裁發出了明確無誤的信
> 息給香港的移工：妳可以為我們工作，妳可能會為我們忠誠及
> 忠實地工作多年，但妳永遠不會成為我們的一分子。[33]

---

（續）——————————

    *China*, 25 March 2013, http://www.bbc.com/news/world-asia-china-21920811.

32 圖片來源：《南華早報》2013年3月30日。

33 "Discriminatory," Editorial, *Philippine Daily Inquirer*, 27 March 2013, http://opinion.inquirer.net/49627/discriminatory.

（1）法律判決，還是政治決定？

　　移工反對種族歧視，同時也創造出多元文化主義的努力，還遇到香港主流社會的強力反挫。法院對政治上敏感議題的裁決，很少純粹以法論法，經常反映了主流社會的價值。在新媒體的時代，親北京陣營和雇主協會在網絡上動員種族主義，排外本土派也強力反對移工爭取平等居留權。這些都對型塑排外的主流價值觀有很深層的影響，也間接影響到終審法院的最終判決。

　　另一插曲恐怕是一樣或更重要的，必須一併分析。在菲移工爭取公民權的官司期間，香港律政司也向法院施壓，要求法院提請中國全國人民代表大會（全國人大）解釋基本法，以取消中國孕婦在港分娩的嬰兒自動獲取永久居留權的特殊權利。法院選擇在同一天對這兩個案件做出決定，其政治性不言而喻。

　　以我們的政治分析，法院選擇同一天公布決定，是基於政治平衡的考慮。一方面，法院為了宣示司法主權，宣布它不會以要求人大釋法的方式，來化解中國孕婦港生嬰兒的公民權爭議。此決定使得中國孕婦仍有強烈動機來香港產子，也使得香港排外本土派反大陸人的情緒有增無減。為了在政治上取得平衡，法院裁定移工沒資格申請永久居留權，從而排除了移工及其家屬的申請可能性。如果律政司不選在同期要求法院向人大申請釋法，法院就較有可能對移工公民權做出獨立的判斷。

　　換言之，法院拒絕了人大釋法的途徑，使香港對大陸孕婦南下生子依然束手無措。但也正因如此，香港法院似乎必須做點什麼來回應主流社會的排外情緒。可以說，對移工的不利判決是平息排外主義的補救方法，甚至是政治上的必然結果，也是律政司向法院施壓的惡果。在香港排外情緒高漲的脈絡下，律政司逼迫法院做出兩害相權取其輕的決定，使法院把兩種潛在的移民（移工vs.中國孕婦

來港產子）並排判決，移工的平等公民權就這樣被犧牲了。我們大膽地猜測，如果沒有內地孕婦來港產子的議題介入，法院對移工公民權可能有不同的判決，或至少比較獨立。

（2）種族主義隨著移工維權而更加反挫

　　儘管移工不斷地反對種族主義，跟移工相關的公平報導幾乎不存在於香港任何媒體。有關移工的正面新聞極少，她們每週的抗議活動也幾乎從不被主流媒體報導。以我們在香港的長期觀察，平衡報導是從來沒有授予香港的邊緣移工的。每當有虐待移工的事件，受害者是無聲的，因爲她們不被採訪；相反的，雇主總是會被採訪表達他們的片面觀點。這種長期的帶有種族主義偏見的報導方式，可以解釋爲何主流社會對移工的刻板印象仍然頑固地保持不變。移工不但沒有主流的媒體渠道爲自己發聲，還總是「被」雇主團體及剝削移工的中介公司所「代表」，但這些團體視移工爲商品，而非擁有基本人權的世界公民。

　　如果缺乏深入和同情的影像及文字，移工在公共領域所遇到的日常種族主義是不會消失的。事實上，隨著移工不斷地重奪公共空間、重奪平等勞動權及爭取平等公民權，主流媒體的不公平報導更進一步加大了社會的反挫力道。當「Evangeline vs.香港政府」的官司開打時，保守港人迅速動員起來，誤導性地恐嚇香港人說，會有無數的無產階級移工家庭湧來香港。譬如，親北京的政黨民建聯提醒市民留意125,000名移工將帶平均3名家屬來港，這意味將有500,000位新來移民會跟港人競爭政府的公共教育資源、住房補貼及社會綜合保障援助，並導致數百億港元的額外公共開支。民建聯所發起的恐嚇香港人活動，聲稱香港正面臨被菲律賓移民淹沒的危險，指她們將造成巨大本地失業及天文數字的社會福利支出。親北京的工聯會還收集了91,000個反對移工居留權的簽名，稱移工如果

有家務工之外的其他就業機會，香港勞工將處於不利的位置。毫不奇怪，香港雇主協會也響應親北京政團，強調如果移工成功申請到居留權，將帶來極不可欲的深遠影響。

## 四、結論

　　經過三十多年的慣性及持續性的占領，菲律賓移工是香港及全世界「占領運動」的祖母。事實上，2007年占領中環皇后碼頭及2011年占領中環（華爾街模式）等公民行動，也多多少少受到占領祖母的啓發。她們成功地和戲劇性地占領重要的公共空間如中環，被學者認爲是全球化脈絡下罕見的「可見」的性別反抗，代表對公私界線的干擾與挑戰。「遮打道戰役」以及在中環真實的及象徵性的占領，反映出菲移工拒絕被邊緣化，並希望被看到和被聽到。重奪中環公共空間「極具象徵意義」，「表現對壓迫性的工作條件的自主性」，令移工超越自己卑微的女傭身分，不需遷就華人習俗，自由地見朋友及談論家鄉的事情[34]。

　　我們想更進一步指出，占領中環不僅僅是移工心理和象徵性的需要，還有重大的政治效果。面對「電梯中掩蓋鼻子」的日常種族主義，菲律賓移工成功地把週日中環轉變成一個新的地方，一個臨時自治區，在那裡種族主義是不受歡迎的。她們從空間實踐中創造的「兜口兜面的多元文化主義」，使參訪中環的本地人和遊客（暫

---

34 Kimberly A. Chang and L.H.M. Ling, 2000, "Globalization and its intimate other: Filipina domestic workers in Hong Kong," in Marianne H. Marchand and Anne Sisson Runyan eds., *Gender and Global Restructuring: Sightings, Sites and Resistance*, London: Routledge, 27-43.

時）改變種族主義的態度，或至少（暫時）展現出政治正確性。

自由多元文化主義的失敗，往往是因爲容忍差異最終是以空間區隔作爲代價，種族和宗教少數形成自己的貧民窟，彼此甚少交往，更不用說社會整合了。作爲替代想像，「兜口兜面的多元文化主義」是被歧視的少數族裔（菲移工）主動走出自己的貧民窟（即雇主的家），占領及改變香港本地華人的重要空間（中環），然後再「強迫」主流華人在她們的地盤上相互反省、交流。

在移工以法律途徑重奪平等公民權的努力失敗，加上印尼移工Erwiana等嚴重虐待案發生後，一群香港人開始組織本地華人主動去了解移工的真實生活情況[35]。他們不定期組織市民參加中環的「她們的中環——菲傭週日生活團」步行團，以促進香港人跟移工的交流及諒解。想更了解移工的處境與想法的本地華人在臉書上聚集，相約在中環的環球大廈，參加由熟悉移工議題的華人義工帶領的15-20人步行團。不定期的某星期日，步行團從環球大廈出發，沿著遮打道一路導賞至遮打花園、皇后像廣場及匯豐銀行，觀察移工如何有創意地利用公共空間從事各種活動，包括野餐、跳舞、擺賣、會議或只是聊天。步行團以跟菲律賓民間組織的代表對話作爲結束，每次步行團都會見不同的移工組織[36]。這種高度反省性的中環是新的嘗試，可說是「兜口兜面多元文化主義」的正面成果。與移工對話的步行團已擴展到印尼移工的聚會地點，即銅鑼灣的維多利亞公園及尖沙咀的九龍公園。

歸根究柢，由移工及其他少數族裔發起的反種族主義抗爭，和

---

35 「家傭同行」，參見https://www.facebook.com/opendoor.hk。

36 菲移工的正式與非正式的組織超過一百個，以鄉親及文化組織為主。

「兜口兜面的多元文化主義」抗爭,由下而上地揭穿了香港精英虛偽的世界主義外衣。出於完全被主流華人忽略的基層少數族裔的集體經驗,移工的重奪公民空間與公民權運動,揭露了嵌入香港體制與日常生活中的種族主義。她們重奪中環公民空間,並延伸到其他公共空間,逼迫主流華人、國家及商家跟她們共享公共空間,跟差異和平共存。爭取公民權的運動雖然並不成功,但也因此暴露出體制化的種族主義,以及入境政策的雙重標準。

毋庸諱言,重奪運動雖然獲得不少市民的支持,同時也引發更強烈的排外主義。只有少數族裔的重奪空間與權益運動,恐怕會邀請更多的排外與鎮壓。唯有通過「本地人與移工」的不斷對話與團結,或許具香港特色的多元文化主義才可能成為現實。少數族裔移工已經先行了一大步,我們期盼日後會有更多的香港華人,一同加入創造新多元文化主義的運動。

陳允中,香港浸信會大學社會系的研究助理教授,研究興趣在創新研究、文化創意產業及批判城市研究,並參與香港社區保育運動,推動社區自治及民主規劃。

司徒薇,香港大學比較文學系助理教授。文章散見於學術期刊、數種論文集、以及香港報刊。她正在撰寫*Hong Kong SAR New Wave Cinema in the Age of Mainlandization and Neoliberalization*,也與陳允中合寫關於香港文化政治與空間正義的專書,分析他們過去十年參與社會運動的經驗與觀察。

# 「本土派」論述的神話操作

岑朗天

　　香港的本土論述，或可上溯至港英殖民地時期。然二次世界大戰後，對英國殖民主義統治的反感和反抗論說，大多歸諸民族主義和社會主義。除了被稱為「港獨派」的馬文輝[1]，以及1960-70年代的「社會派」學生運動、中文運動外，本土關懷的閃光，反多見諸文學[2]。1997年主權移交後，香港並沒有成功解殖，而是進入「五十年不變」的新殖民主義時期。1999年，港人主動要求中華人民共和國人民代表大會解釋保障港人自治的《基本法》關於香港居留權的條文，以防止港人在內地的非婚生子女擁有居港權，這開啟了中共中央「合法」干預港事的先例。隨著中共中央對港事的干預日深，中港文化差異逐漸上升至生活層次的中港矛盾。

　　2011年以降，雙非(指孩子父母都沒有香港居留權)孕婦衝(海)

---

1　貝加爾，〈港獨之父馬文輝：六十年代的民主運動〉，http://sparkpost.
　　wordpress.com/2012/12/04/ma-man-fai-1/、http://sparkpost.wordpress.
　　com/2012/12/04/ma-man-fai-2/。

2　五十年代的香港文學愛好者和創作人，在引介西方現代主義的同
　　時，漸次在南來感懷和跨文化環境中孕育本土情思，有興趣者可參
　　考翁文英編《香港文學：本土與跨地域意識》(香港藝術發展局辦
　　事處，2006)。

關來港產子，內地旅客來港搶購奶粉，香港東北地區水貨客活動頻
仍，乃至內地旅客在香港街頭及公共交通工具隨意便溺等問題，均
顯得日趨嚴重。自2007年起內地開放二線城市居民到香港「自由
行」，連同2009年起允許深圳戶籍居民「一簽多行」(只須簽證一次，
便可在特定時間內多次出入香港)的政策，亦弊端叢生。在此背景脈
絡下，以「城邦論」為核心的「本土派」論述乃應運而生，並火速
廣傳，影響深遠。

　　本文的對象是從「城邦論」發展而來的「本土派」論述，旨在
勾勒出其神話元素及相關操作。但首先必須指出，此種「本土派」
論述只是香港本土論述的一環，它截然不同於2003至2009年由「沙
士」(SARS疫症肆虐)、七一(自2003年每年舉行的大型反政府示
威)、反世貿、保育運動(保育天星碼頭、皇后碼頭、反社區重建、
反高鐵等)所引發積累的本土論述[3]。「本土派」別稱「城邦論」，
將其他本土論述稱為「社運派」、「左膠」等。其論點主張以陳雲
的三本著作《香港城邦論》、《香港遺民論》和《香港城邦論II：
光復本土》為主要根據[4]。

---

3　這些論述成果部分見諸《香港本土論述2008》(香港：上書局，
　　2009)、《香港本土論述2009：香港的市民抗爭殖民地秩序》(台北：
　　漫遊者文化，2010)、《香港本土論述2010：香港新階級鬥爭》(台
　　北：漫遊者文化，2011)、《香港本土論述2011：本土的性與別／
　　想像新界》(台北：漫遊者文化，2012)、《香港本土論述2012：官
　　商勾結》(台北：漫遊者文化，2013)等系列論文集。
4　《香港城邦論》(香港：天窗，2011)、《香港遺民論》(香港：次
　　文化堂，2013)和《香港城邦論II：光復本土》(香港：天窗，2014)。
　　陳雲表示還有一本《華夏邦聯論》會在2014或2015年出版，但該書
　　部分主張已預見於前三部著作，固暫先根據前三書綜論。

## 一、從「城邦論」到「垂範華夏」

　　現任教於香港嶺南大學的民族學學者陳雲(本名陳雲根)是「本土派」的理論旗手。簡言之,他提出了一個極具創意的說法,認為香港是可媲美古希臘城邦(polis)的當代城邦。按他的說法,香港是「東方專制主義沙漠中的歐式綠洲,一個有百年歷史,具備典章文明,融合中西文化,享有各種自治權的城邦。」1997年主權移交,中港建立了主權國和城邦的締約關係,但隨著中央干預,中港矛盾日深,致使香港的城邦政治和文化,在新殖民統治(包括以加速殖民沖淡本地人口、跨境城市規劃及排擠粵語文化等)和經濟單一化(金融及地產霸權)下飽受打擊。因此,香港人必須從「現實政治」出發,一反以往等待中國民主、促成中國民主,或協助振興中國經濟以帶旺香港的政經考慮,拋掉「中國好,香港自然好」的固有想法,啟動恢復城邦政治,凡事以本土利益和「香港優先」為依歸,以正式解殖。

　　「重認」香港的城邦特性和恢復港人自信,確認香港主體,自治建設香港等,只是城邦論的第一步。解殖之後,何去何從?《香港城邦論》所提出的更「遠大」目標,是要「更好地與中國大陸維持互惠互利的關係」(並標示在最顯眼的內容簡介位置)。其驚人之論一開始是主張中港區隔,具體是排擠大陸旅客和移民,反對紀念八九民運,力倡確立香港(相對的)自主和獨立地位。《香港遺民論》繼而明確提出「復漢興亞」,力主族群排外主義,把被中共統治多年以至質素變壞的中國人排除在香港之外,而以復興的香港城邦作為基地,期望將來中國內亂、各省獨立時,與台灣、澳門和各地獨立政府締結盟約,建立中華邦聯,以結束中國歷朝中央集權制度,

回復周朝天下分封的理想,「垂範」華夏天下。這種大膽構思,的確言港人之前所未言(既未敢,復未能)。

這套「本土派」論述,不但有立,並且不斷去破,以攻擊其他本土論述來支持己論正確。《香港遺民論》和《香港城邦論II:光復本土》分別對「社運派」的本土論和陳冠中「香港特質便是混雜多元」的說法作出抨擊,反對抽象地擁抱平等、人權、法治等普世價值,力批所謂「離地」(不切實際)的中產意識。它主張重建香港的大家族,復興本土文化產業,痛批文化研究學者曾許之為香港本土特色的1980-90年代流行文化,倡言提升市民品味,提議學習港英的統治方略以培養本土歸屬感。最後,進而具體提出一個所謂的「大城邦計畫」,欲構建結合了深圳、東莞、惠州的「大香港」,想像接近香港的內地人願以香港為師,據此重定中港合作關係。

由中港區隔到族群鬥爭,再到香港大城邦計畫,陳雲試圖把八九民運以來「先中國好,後香港好」的政治思維轉為「香港好,中國才會好」!這套說法逼問港人:究竟香港好是重點,抑或中國好才是重點?表面上,主張先搞好香港,重點在於「香港好」和「香港優先」。然而,其「香港好,中國才會好」的論點卻又同時暗示:搞好香港只是手段,中國好才是目的。

在「城邦自治」的訴求外,「本土派」也曾一度提出「反共保華」的口號(見《香港遺民論》),後來則成了「復古更化,解殖歸華」(見「城邦論壇」網頁)。「保華」和「歸華」這些字眼,據陳雲自稱不全出於他本人,而是他在臉書討論群中與網友思想激盪的結晶。但「保華」、「歸華」或「垂範於中華天下」這類概念和構想,是否也有面向中共政權的考慮,便不是我們所可輕易得知的了。

## 二、本土派的神話語言

　　陳雲指稱香港具有類近古希臘城邦的自治特色，並稱相對完整地保持了中華文化的香港族群或「遺民」，可在中國未來動亂時組織起來，與獨立出來的地區政權建立新中華邦聯。在筆者看來，這套說法欠缺堅實的社會學基礎，毋寧更接近於一種政治神話。例如，本土派一再以「城邦」來描述1842年以來香港的政治體制，無論從屬於英國抑或中國。他們口中的香港「城邦」，係指不具備國家主權、沒有國防，欠缺部分外交能力卻又擁有完整自治能力，並可與他國締約，處於民族制憲立國的預備狀態。他們並且強調，在主權移交的過程中，香港也是第一個以憲法的方式來制定地方與中央權力關係的獨特案例。但這些論點充滿了概念偷換和拿來主義，其效力需要存疑。

　　舉例而言，歷史上的希臘城邦具有獨立主權，採奴隸制農業生產模式，帶有氏族意識解體而來的市民意識，奉行少數服從多數，實踐以平等限制自由的民主制度等。現代的城市國家如新加坡、梵諦岡（義大利城邦的遺留）、摩納哥則各有各的歷史機緣，但都享有主權。不享有主權的自治城市，或者是聯邦國家的組成部分（如華盛頓、坎培拉、德里等），或者是國際監管或特定政治事件（如港澳的主權移交）後的特別安排。按當代的國家定義，國家必須同時具有政府、人民、土地和主權，故香港嚴格來說不能算作城市國家或城邦。說香港是城邦，宛如說直布羅陀甚至倫敦是城邦一樣，讓人匪夷所思。

　　關於「本土派」論述的神話特質，陳雲在他的臉書（2013年7月9日）上表示：「香港遺民論，就是香港人的集體神話建構，是香港人

的命理書。遺民是保存民族精銳的一群人，也是民族復興的寄望所
在。我在寫第三部香港的書，故此將第二部書的屬性，向大家說明。
至於第一部，香港城邦論，是奠定香港城邦格局的書，也就是說，
香港城邦論是香港的史論。」他又把香港「城邦自治」，跟港英年
代的「獅子山下」、主權移交之後的「中港融合」，以及爭取普選
的「不斷占中」相提並論，認為都是用來維繫族群夢想的集體神話：

> 每個族群，都需要一個夢想來維繫，叫做集體神話。九七之前，
> 英治政府給香港族群許下的夢想是獅子山下，人人有機會上
> 進，不願意上進的也有安居樂業的空間。民間的神話是香港遍
> 地黃金，看你識不識得去執。
> 九七之後，政府和財閥給港人的神話是中港融合、北上謀職，
> 這神話好快破滅。民主派給港人的神話是爭取普選，最新的版
> 本是不斷占中，Occupy Central Forever。我給香港人的神話，
> 是香港城邦自治，復興華夏大業。誰會勝出，成為香港人的夢
> 想，時間會告訴大家。

　　我們不難察覺前述話語中的教主口吻。神話一般帶有宗教和神
秘色彩[5]，陳雲的臉書發言便經常出現如太上老君、如來佛祖等名
詞，搞封神遊戲，半遊戲半認真，並得到不少網友（如果還稱不上教
眾的話）附和。

---

5　2013年6月1日，陳雲臉書出現如下的神秘語句：「我的香港城邦論
　　及中華邦聯論，乃香港自立自治、華夏重新建國之大事業，集天地
　　之正氣，人間之善念，遠有諸天菩薩拱衛，近有山神土地護佑，敢
　　膽抵擋滋擾者，必遭天譴，必落地獄。」

## 三、神話所由生

為了進一步了解神話，不妨參考柏格森(1859-1941)的《道德和宗教的兩個來源》。以生命哲學名垂青史的柏格森曾摘下諾貝爾文學獎，一度與笛卡兒齊名，成為法國中學生不能不讀的思想權威。他的論述通俗易懂，視社會如生命，歷史如成長，抓住生命衝動作為動因，有理有體，對年輕讀者尤具說服力。

《道德和宗教的兩個來源》欲為宗教正本清源。柏格森從日常生活反思出發，梳理出社會義務和個人抱負這兩種道德宗教的基礎，並由此區辨靜態宗教和動態宗教。柏格森相信，如果人只是跟從內化的社會義務行事，這不但被動，而且危險。動態宗教的更高價值在於主動追尋崇高的主體性，而其中不乏神秘的生命嚮往。

既云神秘，神話就有其重要位置。關於道德教育，柏格森主張在意志力訓練之外，輔以帶有神秘色彩的方法。簡言之，「便是要獲得對某一個人的模仿，甚至是對某個精神團體的模仿。……這是一種完美的認同感。」對他來說，神話創造具備很重要的社會功能，它為召喚主體發用鋪設道路，是靜態宗教過渡到動態宗教的必要橋樑之一[6]。

在柏格森之外，德國思想家卡西爾(1874-1945)的《國家的神話》亦為當代政治神話描繪了理論圖景。卡西爾認為，神話思維不限於原始民族，現代社會也充斥形形色色的社會神話、政治神話、國家神話。(按：李維史陀和羅蘭巴特也持有類似觀點，即神話是為欲望

---

6 《道德和宗教的兩個來源》(合肥：安徽人民出版社，2013)，頁111-112，133-142。

服務的特定符號操作。)卡西爾在分析「現代政治神話的技術」時指
出,危機是政治神話得以生長,並找到其充分養料的天然土壤:

> 對巫術和神話在原始社會中的作用的描述,同樣適用於人類政
> 治生活的高級階段。當人身陷絕境時,他就會求助於「絕望的
> 招數」──我們當今的政治神話便是這樣的絕望之招。[7]

　　香港人近年來集體感受到的危機感,其之深其之厚,自不待言。
以陳雲為首的「本土派」的「城邦」、「遺民」及「邦聯」論說,
大抵提供了一種「絕望的招數」。無論是柏格森還是卡西爾,皆指
出神秘團體和英雄之於集體神話的重要。香港的「本土派」組織(一
度是「香港自治運動」,現在則是籌備中的新政黨)和陳雲、黃毓民、
黃洋達等,也正儼然成為模仿、認同、崇拜和追隨的對象。
　　卡西爾語重心長地提出,領袖人物、神話語言和特定儀式,都
是現代政治神話的操作要件。假如香港的「本土派」論述真是一次
神話編造工程,那麼,接踵而來的輔助儀式也就不難預期。2014年
春天,「本土派」發動群眾假日到香港的旅遊旺區(包括旺角和尖沙
咀)「驅蝗」(「蝗」是他們對大陸「自由行」旅客的稱謂)。起初他們以
粗暴言行對待途經的「自由行」旅客,喝令對方「滾回中國」。然
而,行動很快地演變為示威者穿上文革時的紅衛兵制服,高舉紅旗,
籲請國內同胞回國消費,以體現愛黨愛國情操的反諷表演。卡西爾
筆下的神話輔助儀式,歷歷在目。

---

7　《國家的神話》(杭州:浙江人民出版社,1988),頁310-312;另
　　見頁318。

## 四、城邦倫理vs.末世倫理

「本土派」論者在攻擊「社運派」本土人士及香港傳統民主派時，常對後者堅持和平、理性、包容等「核心價值」嗤之以鼻。在他們眼中，面對中港矛盾和中共新殖民政策的壓逼，後者顯得道德軟弱，不夠勇武，幾無異於「賣港賊」。

但何謂道德軟弱？指道德判斷難產？或抗爭行動乏力？紐約大學比較文學系教授萊茲拉（Jacques Lezra）在《野性唯物主義》中，向讀者提出了一條政治道德難題，大有助辨析「勇武」的道德基礎。此書是「後911」的論著，據說草稿寫好後發生了911事件，於是重新磨劍，延至2010年出版。萊茲拉的提問是：假設恐怖分子在紐約市中心埋下核彈作為勒索，但當局在預定爆炸前擒拿了首謀，那應否施加人道主義所不容許的慘烈酷刑，套取核彈所在位置的情報，以挽回千千萬萬無辜者的生命？

這個問題當然極其簡化，例如不考慮拆彈方法、酷刑會否帶來反效果，也沒有把美國帝國主義在第三世界的惡行納入視野。但萊茲拉欲凸顯的是：大部分人，尤其在911事件後，明顯都會同意對恐怖分子施加酷刑，即使損害了西方世界宣稱信奉的「核心價值」也在所不惜。此類認為只要達到最終目的（救世），過程不必深究（因而不排除不擇手段）的政治倫理，《野性唯物主義》稱之為末世論影響下的觀點：對付窮凶極惡者，不需要跟他們講道理，殺人償命、以眼還眼就是真理。

可以說，香港左翼和「社運派」本土論者所提倡的普世價值倫理，跟此種「野性唯物主義」思維相去甚遠，而更接近萊茲拉上溯的古希臘城邦！以大家熟知的《伊底帕斯王》悲劇為例，底比斯城

瘟疫肆虐，根據神諭必須找到殺害故君的兇手才可消災，伊底帕斯
王向目睹三岔口衝突的僕人拷問，但對方卻堅持不違反城邦民眾信
守的效忠原則，不願透露他所看見的真相。正如讀者都曉得，兇手
正是伊底帕斯本人！如果僕人把伊底帕斯供出，他便是不忠於當前
之君。整個邏輯是：如果違反了城邦賴以成立的原則，即使表面解
除了災害，城邦也已不值得挽救。悲劇正好也是以伊底帕斯遭到放
逐(失去英雄)，城邦從此人獸共居(人禽之辨不再，城邦價值失墜)
作結。

　　據此，「本土派」主張救港不惜勇武，不能「和理非非」(和平、
理性、非暴力、非粗口)，譏嘲普世價值，指責左翼道德軟弱，走的
路線其實並不是源於講求城邦價值本身的古希臘，反親近中世紀末
世論(即以末日遲早降臨，稱得救的目的才最重要，必要時可不擇手
段)。面對城市危難，快速行動起來，樹立敵人，並透過打倒他們，
建立、延續共和神話(例如新中華邦聯，解殖歸華)，在在對應了《野
性唯物主義》所分析的恐怖政治倫理。

## 五、恐怖倫理與主體辯證

　　恐怖跟焦慮、害怕都不同。害怕有一個特定對象，焦慮則是對
即將到來的危險感到憂心忡忡，即使不具體知道危險到底是什麼。
恐怖呢，卻是沒有心理準備下所出現的情緒。城市隨時會有危難，
卻沒有對象沒有方向。萊茲拉認為，此類恐怖係由兩種機制促成，
一是公共的(包括城市的種種形式制度)，一是私人的(自我不穩
定)[8]。恐怖分子只是一時一地被實化了的對象，今天他們可以是塔

8　《野性唯物主義》(北京：北京大學出版社，2014)，頁45。

利班、基地組織,明天可以是車臣、烏克蘭新納粹,甚至是「強國蝗蟲」。或出於公共的城市發展需要及其效應,又或者個人沒能好好處理及面對內心的恐怖,乃每每將之外化、實化,製造出不同的代罪羔羊,以至真的在現實上把別人逼到對立面。

在這種末世論反恐/恐怖政治的對照下,香港的傳統左翼顯得無法與世情對應,無法「強而有力」地有效因應當前現實的「急切」課題。「本土派」進而譴責「社運派」、「左膠」為賣港分子。但問題並不在於左翼是否真的賣港,重要的問題其實是後設的:為什麼我們需要認定有人賣港,為什麼要把別人推到對立面?為什麼要在反政府、反共的大旗幟下製造分化,策略地認定「先安內,後攘外」,首先把左翼定性為「左膠」,誇大和強調對方弱點,狠批、痛罵以至抹黑,視清除左膠為本土行動的前提?

歷史上右派攻擊左派,不只是路線之爭,爭取群眾站邊。無數的歷史事件(包括法國大革命、1930年代的德國、1950年代的美國)顯示,右派還在製造左派!無數稱不上左翼的人曾被定性為打擊對象,下場悲慘。「為了國家安全」、「為了香港未來」、「為了解殖」、「為了實現真正的華夏文化」等口號,儘管內容不一,但結構一致,都是終極目的大於一切。為有犧牲多壯志,敢教日月換新天;為了新天新地,犧牲什麼都成。既是如此,總要有人犧牲,不是你便是他吧?

「本土派」主張香港人回歸城邦政治,但骨子裡卻大抵搬玩末世論,設置對立面。但如果主體要靠這樣才樹立得起來,這會是怎麼樣的主體?且再引陳雲一段臉書貼文(2013年4月19日):

今日沉悶,同大家講一下黃老道術。在地與離地,是分析香港政治勢力的關鍵,而反殖是香港城邦民主運動的機括。機括亦

稱為機栝，是弩上發矢的機件，引申為辨別是非、掣動變化的
關鍵(The pivotal point for analysis; the key to make changes)。《莊
子‧齊物論》：「其發若機栝，其司是非之謂也。」成玄英疏：
「機，弩牙也。栝，箭栝也。」掌握了複雜事態的機栝，就可
以掣動變化，舞動乾坤，揮動帥旗而天地變色，此乃黃老道術
之要旨。

　　照他的陳述，香港政治的「機栝」不是民主黨的作態反共，也
不是左翼的作態反資，而是城邦論的反殖、脫殖和「解殖歸華」。
解殖是解除過往英國殖民地的文化羈絆，以回歸華夏。解殖也是反
對一切境外政權在未徵得港人允許之下干預香港的政治、經濟與文
化。由於殖民地的遺留，香港在政治本土化之前，並無境內政治勢
力，只有境外勢力的代辦。境外勢力之中，中共的勢力弱於美帝國，
所以中共跟香港本土結合的意願也大於美帝國。陳雲認為，中共會
先於美帝國，在香港推動並實踐政治與文化的本土化。此說何解？

　　中共的性質：本族；無文化優越感；必須依靠香港制度和香港
　　人的帶引才可生存下去；有能力滲透香港，但無能力實施殖民
　　統治。美帝的性質：外族；有文化優越感；不須依靠香港制度
　　和香港人的帶引也可生存下去；有能力發動顏色革命，在香港
　　實施殖民統治。只要香港人擺明姿態，要政治本土化、文化本
　　土化，中共只能老老實實，同香港人合作。為何我可以用智力
　　移動香港？我講出來，大家就知道，就是如此簡單。但是我不
　　講出來，全世界也不會知道。我是知道此事的唯一一人。

　　歸根究柢，陳雲所謂的「現實政治」(與「離地」對反的「在地」)，

背後何嘗不就是黃老道術？通過神話建立的主體，是一人的自由，信眾必須透過他(其實該稱為「祂」，或「祂」的代理人)才享有自由。在香港，已有人從「本土派」的「反共保華」、「解殖歸華」等口號讀出仿似清末義和團「扶清滅洋」之類的神功情緒，又有人循之猜測箇中可能是中共滲透，分化民主派和反抗陣營的陰謀。然而，在分析其神話元素及操作之後，再檢視其提供的藥方與「絕招」，吾人毋須妖魔化對手，亦不難窺見這套「本土派」論說的基本性質和品格。

　　岑朗天，作家、影評人、活動策劃、大學客席講師。近作包括《後九七與香港電影》、《村上春樹與後虛無年代》、《行者之錯步：誤解老子・悟解老學》、《懺者其誰：感觸莊子心靈自由》、《香港有我：主體性與香港電影》等。

# 狂妄的天朝、鄉愿的泛民、躍動的城邦

## 從三本書看香港本土[1]

孔誥烽

洪磬 譯

近年來香港民情愈發洶湧，先有2003年五十萬人上街成功反對「23條」反顛覆國家立法，後有2012年十三萬人集會反對國民教育，並威脅全面罷課，最後令政府擱置實施。這都顯示在香港，北京未能如在內地般壓倒反對聲音。但抵抗成功並未令香港反對派或北京任何一方轉而妥協，反令雙方更趨激進。北京在2012年不顧長期盟友本地財閥的反對，欽點鐵腕梁振英為特區首長，顯示其決意以更嚴酷的手段對付愈來愈激烈的反抗。

與此同時，2012年的年度七一遊行以及1月1日遊行，都出現了英國國旗和殖民地時代香港旗的小旗海，攻擊大陸遊客甚至「中國殖民者」的口號浮現。北京和建制派察覺到了強烈的本土身分以至

---

1 譯自英文原稿，法文版見"Trois visions de la conscience autochtone à Hong Kong" *Critique* n° 807-808 Août-Septembre 2014,（http://www.leseditionsdeminuit.fr/f/index.php?sp=liv&livre_id=3045）。本文所評論的三本書是：強世功，2008，《中國香港：文化與政治的視野》（香港：牛津大學出版社）；陳冠中，2012，《中國天朝主義與香港》，（香港：牛津大學出版社）；陳雲，2011，《香港城邦論》（香港：天窗出版社）。

港獨傾向。政治宣示之外，本土派與反中國的年輕人亦開始做出勇武的直接行動，如阻止大陸遊客運送水貨，以保障本地日用品尤其是嬰兒奶粉的供應，遙遙呼應英國社會史泰斗湯普森(E.P. Thompson)研究歐洲近代早期糧食暴動的名篇〈18世紀英國民眾的道德經濟學〉。香港本土派的反對聲音，亦逼使港府限制對醫療系統構成嚴重負擔的「雙非」跨境生育。

近期民意調查顯示，香港居民的「香港人」身分認同日盛，「中國人」認同則逐漸消淡，這在年輕人中間尤為明顯[2]。本土身分的激化不單觸動了北京神經，偏離了自1980年代起香港反對派的中國民族主義主調，也令香港自視為中國自由民主先驅的預設受到質疑。

北京、大中華民主派、香港本土年輕人對於香港本土身分的三個視角，恰好對應本文檢視的三本書，即強世功、陳冠中、陳雲的作品。強世功一書體現了北京愈來愈強硬地要在香港實現其帝國中心的地位，與中國精英間流行的國家主義、民族主義及他們對香港的觀感關係密切。陳冠中與陳雲的著作則對北京的新帝國主義立場做出有力反駁，明確挑戰強世功的理論。陳冠中的論說呼應香港舊有民主派和大陸自由派知識分子的視野，而陳雲則立足香港，反映香港本土意識與行動的突起。

## 一、中華帝國看香港

近年來，一群在1990年代批評美國帝國主義和新自由主義的中

---

2 "People's Ethnic Identity Survey," Public Opinion Program, University of Hong Kong, http://hkupop.hku.hk/english/popexpress/ethnic/index. html.

國新左派,形成一種特殊的知識陣勢,提倡統合表面上矛盾的馬克思主義、毛澤東思想、以史特勞斯和納粹法學理論家施密特為代表的右翼國家主義及新儒家等思想流派。這群知識分子被自由派批評,對愈趨高壓的國家體制視而不見,甚至助紂為虐[3]。

　　強世功即為其中一分子。他作為新毛派,聲言鄧小平批評文革是將嬰兒連同洗澡水一起潑掉,因為鄧的說法否定了文革期間的中國「大民主」實驗,令中國喪失了自己的民主論述,在西方推行的資產階級民主面前無言以對(《中國香港》,頁187-188)。與此同時,他亦是施密特法哲學的重要引介者,宣揚其以區分敵我與捍衛主權為政治首要任務,更高於法治及立法制度的思想。強世功在2004至2007年間為中共實質上的駐港總部中央人民政府駐香港聯絡辦公室(中聯辦)研究員。在職期間他在北京《讀書》雜誌發表一系列文章,表達對香港問題及其之於中國復興儒家帝國的重要性的看法。本文檢視的正是該系列文章的結集。雖然他的觀點在新左派中不算特別,但他作為北京大學法學院副院長及在中聯辦的官方職位,令他成為能夠接近黨國權力核心的新左派中的佼佼者。2014年6月北京推出《「一國兩制」在香港特別行政區的實踐》白皮書,正式確立兩制從屬於一國,北京對香港具全面絕對的控制權等原則,否定了中英聯合聲明對香港在1997年後享有高度自治的承諾,引起輿論譁然。強世功被指認為白皮書的主要作者,更在白皮書問世後,密集接受中國官方媒體訪問,詳細解讀白皮書的含義。

　　強世功在《中國香港》一書中指出,雖然「一國兩制」模式是保障香港能在1997年回歸中國的神來之筆,但如此法制安排並未處

---

3　Mark Lilla, 2010, "Reading Strauss in Beijing," *The New Republic*, 10 December.

理中國對香港主權的最重要問題，即香港人的身分認同。他稱解決
方法在於政治而非法律手段，指北京必須跳出一國兩制的框架，以
政治手段把香港人變成愛國的中國人。否則，中國在香港的主權只
會有名無實。

在強世功眼中，大部分香港人自1950年代以來都擁抱社會主義
祖國。與英國人合作的香港華人都是天生愛國者，因為他們祖上都
來自中國大陸(同上，頁142-145)。北京最重要的任務，即是幫助香港
華人重新發現心底裡的愛國心。強世功指英國人治港期間擅於「洗
腦贏心」，北京應該向之效法。值得注意的是，強世功把英文原文
「winning hearts and minds」(贏取人心)譯為「洗腦贏心」，扭曲了
此用語在世界舞台上普遍認定的本意(同上，頁31)。他的論調無異於
認定香港人都是「自在的愛國者」(patriots-in-itself)，只待北京的愛
國先鋒黨把他們變為「自為的愛國者」(patriots-for-itself)。它暗示
北京必須在港進行意識型態工作，同時剷除任何本土身分認同。事
後看來，強世功的判斷與建議與他在港任期後北京對港的議程和作
為緊密呼應。這見諸2012年港府試圖推行的中小學國民教育課程。

強世功論證，效法1951年北京與達賴喇嘛就西藏問題達成的「十
七條協議」的香港「一國兩制」，重要性不止於促成香港回歸大陸，
更在於它預示了中國的帝國復興(同上，頁123-158)。強世功認為，清
代中華帝國的鼎盛，建基於儒家文明向外幅射，並多次整合周邊地
區，將之改造成核心地區。如果新兼併的領土有鮮明的文化和自主
的領袖，清朝皇帝會容許地方精英實行局部自治一段時間，直至到
其文化被同化及地方自治被取消。屆時，清帝國就會進一步向外兼
併新的疆土，重覆這一同化過程。中華人民共和國接管香港並對台
灣垂涎，都顯示中國在21世紀正重啟類似的帝國式擴張。強世功的
意圖很明顯：香港的「一國兩制」只是一種計謀與過渡性安排。香

港的命運將如1959年至今的西藏，受北京強行同化，並受北京密不
透風的直接統治。

　　強世功在書中由始至終毫不迴避地把「帝國」字眼作為褒義使
用，他甚至斷言新中華帝國應師法英國的管治藝術。他在香港問題
上流露出對毛澤東思想、類法西斯主義及帝國主義的擁戴並非特
例，恰恰標誌了中共對香港日趨專橫的立場。

## 二、泛民看香港

　　陳冠中的《中國天朝主義與香港》是對強世功的香港論的公開
駁斥。該書除了勾勒出另一種香港史及其與中國的關係，亦花了一
半篇幅批評強世功。陳冠中判斷強世功的觀點在中國幹部之間傳閱
有年，但從未公開發表，並歡迎強世功打開天窗說亮話，公開闡述
中國對港政策的理論基礎，以提供局外人正面審視的好機會。

　　陳冠中本身是指標性的嬰兒潮香港文化評論人。生於上海，在
港受教育，他於1976年創辦至今仍然健在的前衛雜誌《號外》，報
導和評論香港文化議題。十年前他移居北京，並介入自由主義與中
國政治改革的論爭。在政治立場上，他跟主流的香港溫和民主派一
致，主張港人在北京容許的限度下，推行漸進的民主改革。陳冠中
對強世功的批評既是出於中國自由派的角度，亦是基於香港視角。
他指強世功擁抱文革為「大民主」的體現，其施密特式的政治觀，
以及公然宣揚中華帝國等，在在顯示強世功及其「新左」同志——
陳稱之為「右翼毛派」——的法西斯傾向，令人不安（《中國天朝主
義與香港》，頁118-122）。陳冠中亦詳述強世功如何誤讀和扭曲香港
的歷史，憑空捏造香港華人在1950-60年代對中華人民共和國的熱情
擁戴。事實是戰後來港的中國移民，大都是為共產黨統治所排斥，

才被迫避走香港,加上大躍進和文革期間香港人目睹同胞南來避難歷歷在目,說他們天生愛中華人民共和國實在教人難以置信(同上,頁7-10、58-61)。

陳冠中指出,香港並非只是中國大陸的文化與政治發展的被動觀眾,也主動參與其中。陳冠中一書除了反駁強世功,另一主旨正是勾勒出香港對19世紀至今中國大陸的自由化與憲制發展的貢獻。19世紀末期,中國知識分子王韜在港創辦著名的《循環日報》,滋養了中港兩地華人文人的改革思想,直接觸發了康有為所推動的君主立憲改革。康有為本人也曾到訪香港,深受英國殖民者理性而高效率的管治吸引。變法失敗之後,香港成為革命黨人的重要避難所,當中不少在港受教育並接觸到歐洲革命理論,包括國父孫中山醫生(同上,頁14-21)。

歷代中共領導都體認到香港與中國分隔的實際功用。早在1946年,中共就實行不把將香港從英國手中收回的政策,因認為未來的社會主義中國需要香港作為面對世界的窗口,及與英國的外交連繫。毛澤東當權下的中共,甚至供給食物飲水,協助香港生存並維持其穩定。陳冠中引述,毛澤東指這些措施會令英國倒向中國,從而削弱冷戰時期英美圍堵中國的聯盟。香港亦為中共吸收外匯與世界消息的渠道。香港在毛時期對中國大陸的重要性,加上香港人對中共的反感,都是強世功無法或無意承認的鐵一般的事實(同上,頁42-61)。

鄧小平以「一國兩制」模式解決香港問題的策略,嘗試把香港在中國發展中的獨特角色,延長至主權移交之後。對陳冠中來說,這種安排對中國的政治改革會帶來意想不到的後果。按中英聯合聲明及基本法制定的「一國兩制」模式,香港代表了中國土地上首次實行真正憲政與法治之地。因此,必須維護香港實驗的立憲意味,

以抗衡強世功那套把「一國兩制」貶低為權宜之計的新帝國理論。香港自治之爭，對陳冠中而言是更大規模的國內自由派跟保守國家主義者對壘的其中一個戰場。

就九七回歸後香港之於大陸的經濟角色，陳冠中認同北京宣揚的主流說法，即香港相對於其他中國城市正失去競爭優勢。他重申香港應深化與大陸融合、並加入中央政府五年計畫的官方口徑，以避免經濟邊緣化。儘管香港失去經濟特殊性，陳冠中並不認為北京會無故摧毀「一國兩制」，因為中央政府即使對落後省市的優惠政策也不會輕易收回。但他同時警告香港人必須面對現實，不能低估北京對香港主權的剛硬決心。因此，香港人在維護己身權利和自治時，也需要小心避免超出北京所劃定的有限空間(同上，頁70-82)。

陳冠中把擁護香港的「一國兩制」模式作為中國自由派爭取憲政、抵抗國家主義進逼的一環，應該會得到大陸自由派知識分子的共鳴。但其部分論點亦自相矛盾，經不起事實檢驗。陳指強世功「一國兩制」只是權宜之計，一旦中國帝國擴張之後就會廢除的說法，在北京已漸受重視，並與近年來北京對香港從選舉、媒體到學術界等愈趨直接的干預若合符節。換言之，北京施於香港的剛硬框架正在不斷收縮。既然如此，香港人又如何能如他所主張的，繼續乖乖留在移動邊界內日益縮小的空間之中保衛其自治並尋求民主？

儘管空間收縮，我們仍可見到其邊界並非如陳冠中所言般剛硬。香港公民不止一次公然否定基本法框架，北京仍不敢明目張膽地鎮壓，例子之一是香港具憲制責任落實的基本法廿三條反顛覆立法。2003年反廿三條群眾大示威後，北京容許香港政府無限期擱置立法。那麼，抵制廿三條立法，是否就觸犯了北京對港設定的剛性框架？如果是的話，陳冠中又如何解釋北京在明令禁止之後，仍容忍如此公然的抵制？不幸的，陳書並未提及反廿三條(及香港人參與

和悼念八九民運）的討論。此書出版後又發生了另一例子，即2012
年群眾成功地反對北京施加的國民教育課程。反對勢成之前，主流
民主派一直採取陳冠中式的論調，勸香港人不要反對國民教育，而
應該先接納再尋找改善空間。

　　北京容許廿三條無限期擱置，顯示香港自治和一國兩制對中共
仍扮演一定難以取代的角色，而非陳冠中所言香港已降格為一個普
通國內城市。事實上，香港對於人民幣國際化以及加速中國脫離美
元依賴有獨特功用。中國需要建立一個離岸市場，以將其未完全自
由兌換的人民幣國際化，正如1950年代美國在外匯管制下依賴倫敦
的歐洲美元市場，才成功將美元國際化，並支配全球。「中國金融
四十人論壇」，一個由前任或現任中國及國際金融機構官員與分析
員組成的智庫，最近發表報告指出，全世界只有香港，以其法治、
資訊自由及與中國的憲制分離，才有條件發展大規模批發性的離岸
人民幣市場[4]。

　　說香港已變成普通中國城市而被上海等城市超越，不過是北京
出於政治考慮的修辭，而且不斷被競爭力調查及各種實證指標推
翻。陳冠中對強世功帝國論述的批判固然有力，但他對香港人應如
何抵抗中華帝國的建議，前提乃是這種有違現實的修辭。

## 三、香港人看香港

　　如果陳冠中一書是集中從香港對中國政制改革的器用角度反駁
強世功，陳雲的《香港城邦論》則以香港自治對香港人的價值來回
應強世功。本書大受歡迎，觸發激烈討論，並獲選為2011年香港電

---

4　馬駿、徐劍剛，《人民幣走出國門之路》（香港：商務印書館，2012）。

台的年度十本好書之一，自出版以來長踞各大連鎖書店的暢銷書榜。作者陳雲（原名陳雲根）在德國哥廷根大學修畢民俗學博士，1997至2007年間曾任香港特區政府文化藝術及民政事務高級顧問，成為以批判城市重建摧毀香港本地社區和歷史陳跡見稱的知識分子。他以筆名陳雲撰寫報章專欄，支援日趨敵視地產霸權和北京干預的香港青年激進知識分子。

陳雲觀點的重要起點之一，是大陸從來都需要香港多於香港需要大陸。說香港在殖民地時期單方面依賴大陸供應糧食，回歸後則依賴大陸的資金與消費者，只是北京用以破壞港人自信的宣傳技倆。事實上，1980年代前向香港輸出糧食及食水是大陸賺取外匯的唯一渠道，香港購買東江水的價錢亦遠高於諸如新加坡等地以海水淡化製造食水的成本。至於中國在市場改革時期依賴港商投資，更是廣為人知。截至2012年，港商投資仍占大陸直接外國投資達64%（《香港城邦論》，頁112-127、135-140）。

九七前香港雖為英國殖民地，但香港政府連同本地英國及華裔資本家的利益集團，其實享有高度自治[5]，於是香港實為實際上的城邦。陳雲認為北京在1997至2003年間盡力保持香港的城邦性格，克制過度干預，在廿三條立法失敗後才對港政策大變。此後，雖然北京仍未明目張膽地鎮壓香港，但開始以經濟復興與社會經濟融合之名，消滅香港的城邦界線（同上，頁145-163）。

在此路線下的關鍵政策之一，即為開放大陸旅客訪港。大陸遊客隨即以倍數增長，在2012年達每年3,500萬人次，為香港700萬人

---

5　Ray Yep（葉建民）ed., 2013, *Negotiating Autonomy in Greater China: Hong Kong and its Sovereign Before and After 1997*（Copenhagen, Denmark: NIAS Press）.

口的五倍，而香港政府無權拒絕持大陸政府發出通行證的旅客。大
陸遊客暴增引發遊客與香港居民間日益嚴重的矛盾及衝突，而販售
奢侈品以至日用品的商店皆轉為服務大陸遊客。這些遊客都願意付
較高的價錢，因為這些貨品往往在大陸買不到或因關稅而昂貴得
多，而大陸的毒奶粉和各種假貨亦令大陸人對內地出售的產品信心
盡失。從香港走私嬰兒奶粉、落區掃貨回大陸也成為不少大陸遊客
賺取盤纏的途徑，而很多大陸遊客根本就是專業的走私客。本地人
與大陸人間在公眾場所的行為準則的不同（如廣受報導的排隊打尖
及在公眾場所大便等個別事件），也令愈來愈多港人感到煩厭。

　　與此同時，本地的中共團體也加強組織新來港移民成為選舉時
的票源。現在每日有150人獲中國政府以家庭團聚為由，單方面發出
的「單程證」，從1997至2012年間來港的大陸新移民已占香港人口
約十分之一。親北京報紙前編輯程翔稱，中共一直藉此移民計畫把
「有任務人士」送進香港社會的不同階層，而餘下配額則多為大陸
貪官用作謀利[6]。反對派元老李柱銘視此過程為將香港土生土長、接
受香港核心價值的香港人變為少數，長遠而言即是香港的西藏化[7]。
2005至2012年間的行政長官曾蔭權及其智庫並不諱言香港需要「人
口換血」，以大陸移民取代本土香港人。中共運用買票及其他合法
或非法手段，相當有效地確保新移民投票給他們屬意的候選人，早
已廣為人知。

　　陳雲斷言，大陸遊客與移民湧入是香港既存制度和社會風俗的
最大威脅。因此，他主張香港政府取回大陸移民的審批權，與對待

---

6　程翔，〈從十八大看香港地下黨規模〉，《明報》，2012年11月7
　　日。
7　李柱銘，〈香港西藏化〉，《壹周刊》，2012年9月29日。

外國遊客及所有外國政府的做法看齊。他認為大陸遊客必須減少。
香港沒有審批權而單方面接受大陸移民和旅客，猶如中國向香港施
行「移民殖民主義」。可惜香港的反對派從未認真對待這問題，反
而動輒把批評大陸遊客及質疑香港何以無權審批的聲音斥為「排外」
（陳雲，同上，頁150-163）。

　　香港泛民對這些新現象保持沉默，又抗拒中港區隔的主張，陳
雲歸因於其中國民族主義的意識型態。代代香港民主派都抱著一個
民主自由中國的夢，對他們來說，香港的民主運動只是從屬於中國
的民主化，於是他們無意中成為北京殖民香港的隱性支持者（同上，
頁175-179、51-54）。對於民主派重視中國民主多於香港，陳雲提出他
書中最具爭議性的論題：中國的民主化無望，即使真實現，也只會
帶來法西斯主義，傷害香港（同上，頁36-56）。

　　陳雲對中國民主化的悲觀看法，是有見於中共建國六十多年，
包括最近三十年的經濟繁榮，已消滅過去把中國社會凝聚起來、建
立人與人之間信任的大小傳統。當威權國家倒下，原子化的社會無
從及時發展出健康的民主體制，反而會成為法西斯政治的溫床。因
此陳雲提倡「香港優先」和「中港區隔」，跟主流民主派的「中國
優先」和「中港融合」唱反調。對陳雲來說，抵抗中國對香港的新
帝國主義，以及抵抗中國自由派把香港民主運動納入整個中國的民
主化，兩者對保衛香港的城邦式自治同樣重要。否則，香港永遠不
會達至真正民主。

## 四、三本書和三個未來

　　理念之爭，從來不會與現實中的政治鬥爭割裂。強世功、陳冠
中、陳雲各自的觀點，分別代表北京、香港主流泛民主派、近來興

起的本土自治運動三者的路線。北京對於遲遲未能同化香港，未能
把大陸那套行使權力的方法搬來香港，愈感不耐；香港主流泛民主
派則寄望於中國的民主改革，而非香港人自己的奮鬥；本土自治運
動抗拒北京，呼籲香港人爭取香港人的民主，並拋棄對中國民主化
的虛妄期待。

即使北京愈加收緊對香港的統治，占大多數直選立法會議席、
並獲主流媒體支持的主流民主派卻愈來愈歸順。年輕一代的本土運
動雖然仍零散、邊緣，卻具有九七後長成的新一代香港人認同，並
在未獲主流民主派支援下多次成功，如前述的反國民教育運動及逼
使政府打擊走移奶粉與雙非產子潮。

香港的未來，全在於這三股力量的相互作用。目前還很難說它
們將如何開展，但從三本書的人氣來看，本土觀點現在可謂勢不可
當。中國自由派知識分子遭到的打壓愈來愈厲害，中國的民主顯得
遙遙無期，令「等中國民主化之後香港便有民主」的企盼慢慢消失。
同時民意調查持續顯示，香港本土的身分認同不斷高漲，這是一股
尚未被主流政治領袖明白或能成功代表、組織起來的政治能量。欲
知香港本土意識會否繼續高漲至台灣民族主義的程度，並造就出更
勇武的反對運動，且看下回分解。

孔誥烽，曾任教於香港中文大學及香港科技大學，現為美國約翰
霍普金斯大學社會學系副教授。研究範圍包括東亞地區的抗爭運
動、中國發展模式、中國的邊界政治與民族建構。專著包括*Protest
with Chinese Characteristics: Demonstrations, Riots and Petitions in the
Mid-Qing Dynasty*（2011）與 *The China Boom: Origins, Global
Impacts, and Demise*（forthcoming）。

# 思想訪談

吳思先生

# 潛規則與憲政民主：
## 吳思先生訪談錄

陳宜中

　　吳思先生，1957年出生於北京，祖籍山東蓬萊。1976年下鄉插隊，曾致力於實踐符合毛澤東理想的人民公社大寨模式。1978年考上中國人民大學中文系；1982年畢業後，分發到中共中央書記處農村政策研究室，任職於該研究室的機關報《農民日報》。1993年擔任《橋》雜誌社副社長兼主編。1997年進入炎黃春秋雜誌社，現任《炎黃春秋》總編輯暨法人代表。（按：《炎黃春秋》廣被界定為大陸體制內民主派或開明派的言論代表，呼籲政治體制改革，追求實現民主憲政。）同時積極投入中國政治史研究，首創「潛規則」概念，發展出「血酬定律」和「元規則」論說。長期思索中國的政治轉型課題，近年來提出「用特赦換憲政和民主」的思路，主張中國共產黨應啟動、主導政治體制改革，並主動轉型為憲政制度下的社會民主黨。寫有《中國頭號農民：陳永貴浮沉錄》、《潛規則：中國歷史中的真實遊戲》、《血酬定律：中國歷史上的生存遊戲》、《我想重新解釋歷史：吳思訪談錄》等書。

　　此一訪談於2012年6月27日在北京進行，2014年1月補充提問，經陳宜中編輯後，由吳思先生修訂後確認。

## 一、我的極左經歷

**吳思**(以下簡稱「吳」):高二畢業後,1976年,我去北京市的北部山區慈悲峪大隊插隊,那是一個深山裡的村子。當時我是一個極左分子,插隊當了大隊領導,努力要把我的極左理念付諸實現。

**陳宜中**(以下簡稱「陳」): 您2006年寫的〈我的極左經歷〉在網上流傳很廣,可否請您從這裡談起?

**吳**:1976年已經是上山下鄉的末期了,在北京市,如果沒有特殊理由,都要下鄉,一般至少兩年。有些例外可以不下鄉,譬如說獨生子女,或者兄弟姐妹的年齡間隔在六歲以上。我比我弟弟大六歲,按規定我可以不下鄉,但是我滿腦袋毛澤東思想,極左,就是想到農村去,到最艱苦的地方去。那時最艱苦的地方是西藏,我就想去西藏,但後來沒去成。

**陳**:您是幹部家庭長大的?

**吳**:我父親1947年在東北入了共產黨,當時他十八歲,然後就到了北京,1951年還去朝鮮跟美國人打仗。他回來的時候已經是1956年了,算是最後幾批回來的。後來他調到了七院,有的時候屬於國防科委,有時候屬於海軍,後來屬於六機部,反正是研究艦船的。我就是在七院的大院裡長大的。軍隊大院或機關大院子弟雖說也是北京人,但跟過去的老北京差別很大,老北京都住在胡同裡,大院是集中居住的外來者(跟台灣的眷村有點像)。大院子弟的一個特徵是,自認為天下未來是我們的,我們是共產主義事業的接班人。

**陳**:您為何在2006年重提〈我的極左經歷〉?

**吳**:那年剛好是文革結束三十周年,很多人談論文革。我認為多數文章都沒說到根本,最根本的問題是文革所要建立的社會模式

和經濟模式，在現實生活中推行困難、效率低，一定得垮台。於是，我就寫了〈我的極左經歷〉，描述我在農村是怎麼學大寨，怎麼推行毛澤東理想的農業模式。從我親身的經驗出發，我分析為什麼毛澤東模式的動力不足，農民都不幹活、嚴重偷懶，乃至全國吃不飽，最後非改不可。

**陳**：〈我的極左經歷〉的最後一段提到，假如將來取代「官家主義」的是某種禁止罷工的資本主義，憑藉暴力專工農大眾的政，那您還要再當一回左派。

**吳**：如果大陸能夠順利實現憲政民主，我就不必回頭當左派了。

**陳**：您1978年去了中國人民大學中文系。我想追問，您從何時開始對您的極左思想和實驗產生懷疑？您實驗失敗以後，馬上就告別極左了嗎？還是上了大學以後，接觸到各種新思潮，才逐漸變化？

**吳**：1976年雖然發生了粉碎四人幫，以及四五運動，但主流的意識型態仍然是馬列主義毛澤東思想。到了1978年以後，有種氛圍很難描述，就是天氣慢慢地暖和起來了，春天來了，但你說不出春天是哪天來的。我們感覺這個世界好像變了，整個意識型態開始鬆動了，過去對於「物質刺激」的激烈批判也不再提了。但是我上大學的時候，規定要讀的東西還是文革前的，仍然是正統的馬列主義毛澤東思想；批判四人幫也只是說他們背離了這條路線，說他們走到了極左的那一端。學大寨還在講，但是不那麼鋪天蓋地了。我們就隨著這個過程慢慢轉。不是馬上告別極左，從開始懷疑，到輕視，同時尋找新思想。

所謂新思潮，開始還是馬克思主義體系中的理論，歐洲共產主義，法蘭克福學派，馬克思的早期理論。文藝理論方面寬一點，沙特和佛洛依德的觀點都可以讀到一些介紹。我們同學的普遍心態是，不願意看官方的東西，不管是報紙還是雜誌，覺得官方的水平

太低。我們對馬克思還是很崇敬,特別認真地讀了馬克思1844年《經濟學哲學手稿》,談人的異化問題,談人的本質屬性是什麼;讀起來非常吃力,但是我們覺得包含了非常多有力量的思想。

陳:您插隊時年紀很輕,就二十歲左右。您的極左經歷跟文革造反的紅衛兵有沒有關係?

吳:大陸的一個特點就是,每一代人都得重新走自己的路,互相之間基本是沒有傳承的。因為批判性的經驗和思想禁止傳播。前一代人經歷過的,對我們來說幾乎不存在,幾乎看不到任何經驗教訓。譬如,老三屆是在1969年下鄉,他們到了1971-72年就什麼都明白了,可是他們的經驗對我們來說是不存在的。1974-75年那一批新的先進知青向我們做各種講座,說應該怎麼搞,他們怎麼幹成功了,我們聽了覺得很新鮮、很有挑戰性,就準備跟著他們走。

更有批判性的聲音,只能私下跟你談,你才可能有些體會。他們不會主動跟你談,除非是你的親近朋友,而且一旦談起來,青年人的心理也可能產生抵觸,說這傢伙就是一個膽小怕事、沒理想的俗人,未必聽得進去。以前知青的經歷,或老紅衛兵的負面經歷,對我這一代幾乎不存在,幾乎沒影響。但是他們的成功經驗,所謂的「先進事蹟」,對我很有影響,我對他們創造的業績簡直很神往。我覺得我可以比他們幹得更好。

陳:您對您自己的極左經驗的反思,始於何時?

吳:一開始,我認識問題、表達問題的方式,全都依賴列寧、史達林、毛澤東那套話語體系。我的極左實驗失敗了,但我不知道該如何表達。最初我的表述方式是:小資產階級的力量太強大,自私自利的觀念太強大,一時無法戰勝,所以必須適當地做些讓步,不能樹敵太多,只能一步一步慢慢改造。直到大學二年級,我仍然不能表達我在農村的那些失敗,就是消滅自留地的失敗,學大寨的

失敗，還有義務勞動的失敗。我耿耿於懷，知道失敗了，可是想不明白。有天晚上，我夢見我跟毛澤東在一個禮堂看戲，他坐在我三排以前的位置上。我隔著三排問：毛主席，我可以跟您說句話嗎？他說：你說吧！我就翻過了兩排，坐到他旁邊。我說我特別認真地試了，認真學大寨，但這麼搞真的不行，需要像列寧和德國簽訂布列斯特條約那樣讓步。毛澤東就一臉困惑地看著我，等我說為什麼這麼搞不行。我一肚子事實和經驗，就是不知道如何簡單清晰地向他表達，硬把我憋醒了。

對我來說，不管是在人大，還是去北大聽課，都很少留下深刻印象。老師們通常講的還是文革前十七年的路子，但這並沒有讓我茅塞頓開、豁然開朗。我自己閱讀文藝理論和社會學理論，也沒能解決我內心對社會、對世界的困惑。相比之下，反而是馬克思主義內部的那些異端的東西比較有深度，例如南斯拉夫中央委員德熱拉斯的《新階級》，義大利學者翁貝托‧梅洛蒂談亞細亞生產方式的《馬克思與第三世界》等等。直到大學畢業第二年，我還在重讀四卷本的《馬克思恩格斯選集》，可見當時我對馬克思主義如何尊敬。至少在那個階段，我自己還沒有形成憲政民主思想。

**陳**：您畢業後被分發到哪個單位？

**吳**：我分到中共中央書記處農村政策研究室，主任是杜潤生，就是農村改革智囊團的頭兒。到那裡報到後，又把我分到農村政策研究室的機關報《中國農民報》工作，後來改名叫《農民日報》。從1982到1992年，我在《農民日報》幹了十年。

**陳**：您的第一本書《中國頭號農民：陳永貴浮沉錄》跟報社工作有關嗎？

**吳**：我的第一本書是和朋友合寫的關於個體戶的調查。《陳永貴》是我在《農民日報》當機動記者的時候寫的，我主要還是想弄

明白，為什麼我搞不成大寨。我自己的實驗很失敗，何以陳永貴幹
得那麼好？1977年，北京優秀知青代表團去陳永貴的大寨參觀，我
就是團員。那時我已經是生產隊指導員，當大隊副書記，還被我們
公社、我們縣樹立為先進知青。去山西看到了陳永貴的大寨，梯田
一層一層地從山底到山頂，像長城一般的壯觀，看了以後就自慚形
穢。他們能做到，我們怎麼不行？我怎麼那麼笨，就是弄不成？我
這個「心病」，從1976、1978年直到整個1980年代都存在。我寫陳
永貴，就是為了做一番清理，研究他是怎麼成功的？他在全國又是
怎麼失敗的？把這說清楚了，就把我當年的失敗也搞清楚了。那本
書是1991年開始寫的，認真做了有一年多、將近兩年。

　　陳：《農民日報》的讀者群主要是哪些人？

　　吳：閱讀者多數都是農村的基層幹部，鄉、鎮、縣方面的幹部，
發行最多的時候能將近七十萬，後來直線下降，一度跌到十幾萬。
純粹的農民讀者不多，但告狀的多。來我們報社上訪的事，幾乎天
天有。通過談話、看他們上訪告狀的信，就可以知道農村如何遍地
冤案，但是多數案件是沒有新聞價值的。

　　陳：六四對您有何影響？

　　吳：對我最大的影響是，在六四之前，像我們這種大院子弟的
特點，就是把自己當成接班人，認為這個黨是我們的黨，這個國家
是我們的國家。但六四以後就開始形成獨立的人格了，從此你就是
你，我就是我，不是你們的什麼接班人。思想上我也跳出了馬克思
主義，不再以學習的態度讀那些書。當時一個心態的變化，就是要
尋找新的知識，我想用史學的方式梳理一遍我對中國的觀察。幾年
後我開始重新讀史，特別是明史，也嘗試寫過小說。

## 二、從潛規則到元規則

**陳**：所以《潛規則：中國歷史中的真實遊戲》那本書（2001年初版），是六四之後您重新讀史的成果？

**吳**：六四之後我亂了幾年。先考托福，申請出國留學。然後寫《陳永貴》，然後下海辦《橋》雜誌，後來又寫小說。寫小說寫不好，才轉向寫歷史。寫歷史對我是比較容易的事。1996年開始，先是在《上海文學》上登讀史隨筆。當時我的明史筆記已有七、八十萬字了，我就陸續把它寫出來。

**陳**：您首創「潛規則」這個概念和名詞，如今它已經是能見度很高的常用詞了。您一開始是出於哪些觀察和體會，才發明出這個詞的？

**吳**：幹記者幹久了很容易就發現，中國社會並不是按照明文的法律規定、文件規定運作的。《潛規則》所舉的一個例子，關於化肥是怎麼分配的，就直接來自我的記者經歷。1982-83年間，照正式的規定，農民向政府賣交平價糧，不管是小麥或者棉花，收購價都遠遠低於市場價；而政府向農民出售平價的化肥，價格也應該遠遠低於市場價。以低價糧交換低價化肥，這是明文規定。但是事實上，雖然農民向政府賣了平價糧，他們卻買不到低價的化肥。這種化肥叫做「掛勾肥」，跟低糧價是掛勾的，但是農民都說買不到。我當時從《農民日報》群眾工作部的讀者來信裡，看到一封來信說，開封地區的化肥幾乎都批出去了，批給自己的關係戶，給自己的親戚朋友。於是，我們就順著這條線索，組成了一個三人調查小組，從北京的供銷總社農資局（化肥就從他們那兒下去的）追到河南省、到開封地區，然後到縣裡、鄉裡、村裡。我們發現，每一個層級都會

把一批「掛勾肥」批給自己的熟人親戚朋友領導。那麼，誰能批這個條子呢？在中國，條子管用不管用，全都有一套大家不明說的規矩，那肯定官最大的可以多批，官小點可能就不能批。一旦追問辦事人化肥哪去了，他說「條子都在這兒了」，撇清自己，並不替批條子的人隱瞞。到了最後，到農村去問村裡的農民，買到了掛勾肥嗎？都說沒買到。問他見過嗎？他說見過，隊長一袋、會計一袋。

你看，掛勾肥的實際分配體制，跟文件規定的差別巨大。只有在小部分程度上，是按正式文件的規定運作。絕大部分掛勾肥的分配，都是由不明說的規矩所支配、主導的，這讓我印象深刻。從那時起，我開始意識到中國社會的運行有一套不明說的規則。起初我想用「內部章程」去表達它，我猜測這種現象不僅在化肥領域存在，在很多其他領域也會存在。甚至於，在中國歷史上也會有很多這類事。但這只是我的一個感覺而已，當時並沒有往下深究。直到1990年代我細讀明史，才有了進一步體會。

陳：就在您寫《潛規則》的那段時期，農村裡胡亂攤派的現象很嚴重，幹群關係很緊張。那時還沒有免除農業稅，到處都是官欺民、亂攤派。這是否也是《潛規則》成書的重要背景之一？

吳：當然。1990年代後期，我幾乎每年都到農村去調查。我有一個朋友在人民大學農村發展學院當教授，最近去世了，他當時有一個福特基金會的調查項目，追蹤三百戶農民，分布在安徽的兩個縣和四川的兩個縣。我就跟著他們去調查，另外還有農業部政策研究部門的幾個調查項目。我在調查中看到了許多史書上提到的現象。按政府正式規定，中共中央三令五申，農民每年繳的各種稅費，合起來不能超過總收入的5%。但是實際上，我們一戶一戶問，不管是在安徽還是在四川，農民被逼著繳納的費用大概在20%到25%之間，也就是正式文件規定的四到五倍。基層幹部總有辦法把這些錢

拿到手，搜刮過來。一旦刮到了20%到25%的程度，種地基本就沒有任何利潤了，就白替人幹了，就把種地的成本都擊穿了。農民被迫把外出打工賺來的錢墊進去，去繳這些苛捐雜稅。

你要是讀明史，就會看到一些描述，大片的農田荒廢，農民乾脆不種了，因為苛捐雜稅太重，種了這個地還不夠繳錢的。不種要受罰，那乾脆就跑了，地也就荒了。我在安徽一個縣裡，看到大片的田裡長著草，農民不種了、跑了。史書上寫的那些事，全都在我眼前復活了。按照中國歷代從漢以後的官方說法，三十稅一，農民只繳百分之三點三的稅，這點稅能把農民逼跑嗎？這看起來是不可思議的事，百分之三點三的稅怎麼能逼走農民？可是，百分之五的稅顯然可以把農民逼跑，而且就在我眼前發生。就這樣，我對歷史和現實的理解一下子打通了。

**陳**：「潛規則」這個詞，現在流通很廣，其中不少語意似已超過了您原先的設定。以我觀察，至少在一開始，您寫《潛規則》主要是針對中國的官民關係。

**吳**：首先是官和民的關係，但也包括官和官的關係，以及官和上級之間的關係。

官和民的關係，如果你看大明律或唐律，都有一套以官為主體的規定。吏、戶、禮、兵、刑、工，都說得很清楚，但實際的運作卻不是那麼回事。剛剛已經說了，管稅的戶部，就不是按明文規定去辦事的。刑部，例如法官賣自己的權力替人減刑，這種事也很普遍。像這樣的官民關係，古書和史籍都有很完整的紀錄，也有相應的概念提出。例如各種羨耗、鬻獄等等，明清把這些統稱為陋規，而「潛規則」其實就是陋規的另一種表達方式，只是沒做道德評判。「陋規」是加上了道德評判的，「潛規則」這個詞就比較中性。

第二個是官和官之間的關係，這整套陋規也是非常完整的，包

括怎麼送禮等等。我書中引了高陽先生舉的例子，那是講官員派人送畫到北京的琉璃廠估價，細節在這裡就不多說。當然，送禮現在是更加爐火純青了，包括大陸整個的藝術品市場，跟檯面下的送禮很有關係。此外還增加了各種金融手段。

陳：包括「跑部錢進」，辦法多的不得了。

吳：「跑部錢進」不是新鮮事，「部費」其實是清朝的概念，指的是向吏、戶、禮、兵、刑、工各部送的陋規。只是現在不叫部費，叫跑部錢進。這類潛規則還包括，如果你從社科基金拿到比較大的課題費，你得給社科基金的主管官員多少回扣。這些規矩誰都不明說，但是各行業的人都知道。如果你不照辦，就會受到各種刁難和處罰。

另外，還有官和上級之間、皇帝之間的一套潛規則。

陳：除了錢權交易的雙方，還有「被潛」的第三方？

吳：順著我的邏輯進一步講，潛規則的運作應該是一種三方關係。除了通過潛規則交易的雙方，應該還有一個第三方，譬如說公共道德或者法令代表，或者是上級（但是這裡所說的上級，必須是正式制度法規的代表）。如果我是個官員，我行使的權力是我所代理的公權力，這個公權力不是我的。當我把這個權力出售給你的時候，不管是減刑還是免稅，或提供給你其他好處，肯定是不合法的，或者不合乎公共道德。正因為說不過去，才必須瞞著，才一定得潛。

陳：有些問題我不是想得很清楚，想請您再做些說明。比方說，剛剛提到亂攤派的例子。朱鎔基搞了分稅制以後，地方政府的財源不夠，也沒法把地方官員裁撤掉，於是地方官就去盤剝農民。但如果中央與地方的關係有所調整，也許就不至於剝削到25%？從這個角度，潛規則運作的「烈度」，跟宏觀的政治社會基本面是有關的？

吳：肯定和宏觀的政治社會基本面有關，但基本面也需要分開

來說。從結果看，2004年取消農業稅之後，各種苛捐雜稅失去了搭車收費的依據，合法傷害權沒了，盤剝農民的難度大幅度提高，各種潛規則基本消失。在這個意義上，取消農業稅就是最大的基本面。相比之下，中央和地方政府的事權和財權關係是第二位的。在取消農業稅之前，各個鄉鎮存在大量冗員，四五十人的編制，通常有二百人上班，他們以前吃潛規則的飯，現在沒飯吃了，被迫另謀生路。2009年我去安徽農村調查，看到一個鄉政府的辦公室裡掛著工作人員的分工名單，名單上只有五十來人。我問他們原來有多少？回答說將近二百人。這些人去哪裡了？大概有三條出路，這裡不細說。反正這裡沒有飯吃，這些人才會走。這裡有飯吃，吃得好，人就會增加，然後超編，越超越多，搜刮隨之愈來愈重。最後，徵收上來的各種稅費，甚至不夠支付這些冗員的工資。這樣的稅費基本成了人頭費，與地方政府承擔的公共事務，其實已經沒有多大關係了。

　　**陳**：您曾用「合法傷害權」去詮釋潛規則。但您也提及「被潛」的第三方，譬如法令代表或公共道德。那麼，以私害公的「傷害權」何以是「合法」的呢？

　　**吳**：所謂合法，主要指加害者的權力有合法的來頭。官員行使權力一般被認為是合法的。進一步說，行使權力的過程是否合法，也有一個從簡單到複雜的模糊地段。

　　先說最簡單的，刑法規定某罪可判五到十年，那麼，判五六年也合法，十年八年也合法，這是法官的自由裁量權，這個自由就可以做交易。

　　再說複雜點的，例如各種農業稅費，雖然總額限制在5%之內，但是具體哪一筆費用在這5%之內，農民搞不清楚，官員徵收到25%，似乎每一筆都是合法的，你拒繳任何一筆都是抗法。

　　更複雜一點，地方政府在自己的許可權邊緣收了一筆費用，例

如徵糧時工作人員的一點加班費或誤餐補助，民眾想少排隊也不反
對，這是否合法呢？

　　最後才是以權謀私，敲詐勒索。這麼做並不合法，但成本很低，
風險很小，我稱之為「低成本傷害能力」。合法傷害權呈現為從白
到黑的一個灰度系列。

　　**陳**：您表示潛規則有助於「降低交易成本」，這個提法跟新制
度主義經濟學有關嗎？「交易成本」概念的始祖是科斯，他起初是
在公司理論的脈絡下談的，他說通過市場機制進行交易的成本，有
時要高於公司把這些成本給內部化。後來，很多人就把「交易成本」
概念擴大化了。在大陸，我不確定「交易成本」最早是不是張五常
推廣的？按張五常那種說法，所謂的腐敗、錢權交易、行賄、走後
門等等，基本都很OK，因為這可以降低交易成本，甚至是一種必要
的潤滑劑。

　　我多少擔心「降低交易成本」之說會有負作用。比如說，第三
方（正式法規與公共道德）被潛，這本身不就是一種社會成本？張三
行賄官員李四，買到了污染環境卻不受罰的好處，李四也從受賄中
得利，但這種潛規則的運作到底降低了誰的交易成本？哪一種交易
的成本？在這類案例中，「降低交易成本」之說可能會讓人覺得：
反正中國社會就這個樣，為了降低我的交易成本（如靠污染發財的成
本），我應該明智地按潛規則來辦事。曾經有人提出這樣的疑問嗎？

　　**吳**：沒人這麼問過我。在追問誰的交易成本方面，你是第一個。

　　「交易成本」這個概念，最初我是從天則所（天則經濟研究所）
那裡接觸到的，他們走的就是科斯的路子。張五常寫過「交易成本」
的詞條解釋，他的確是把它泛化了，好像只要有了人與人的關係，
例如魯賓遜和星期五，就有了這種成本。狹義地說，交易可以專指
經濟交易。一旦擴大化，你甚至可以說戰爭也是一種交易，因為兩

個人之間可能出現戰爭、搶劫。但實際上，我們都知道搶劫不是交易，威脅你要錢要命也不是交易。「交易成本」一旦泛化到了經濟領域之外，進入政治領域，進入戰爭和軍事領域，就已經不叫交易了。

　　然而，我們又沒有其他概念去表達人際交往的成本。如果不叫交易成本，例如以「交往成本」去代替交易成本，也得大家都認了這個詞才行。如果不肯泛用交易成本的概念，我會選擇使用交往成本。可我認為名詞不是最重要，實質表達的意思應該更重要。我對潛規則的基本定義，包括了它可以降低交易成木，現在如果改用交往成本，意思還是一樣的。潛規則之所以成為規則，是因為雙方都形成了固定的預期：我給你這個錢你會辦這個事，我如果不給你這個錢，你又會如何懲罰我，等等。如果雙方沒有這樣的預期，你想讓我多繳我就是不幹，然後你想盡辦法收拾我，那就對抗了起來，交易成本就很高。

　　其實，說腐敗有降低交易成本的作用，說它有助於經濟體制改革，能讓這個社會的改革加速，我在事實判斷上是接受的。從道德判斷上說它不對，是錯誤的，也說得過去。但這兩者之間的關係比較複雜，很難一概而論。如果說人民公社是憲法規定的，如果說違憲的東西就必須禁止，那「大包幹」（改革開放初期的包產到戶實驗）是不能生成的。當時安徽鳳陽縣小崗村農民之間的協議是，我們搞大包幹，但是不要讓上面知道。如果我們之中有人因此被抓起來了，關進了監獄，大家要出錢把他的小孩養到18歲。這就是一個潛規則，瞞著領導，瞞著上面，但它本身是出於對惡法的規避。如果小崗村所在的鳳陽縣的縣委書記，不肯睜隻眼閉隻眼，而是說你們違法違憲了，給我退回去，這完全是正當的。假設小崗村向他行賄，說請你假裝看不見，我們分你10%。而如果他真這麼做了，他就是腐敗

分子，但他的腐敗卻讓大包幹活了下來，使農民受益。那你說，這種腐敗對於大包幹的存在和發展，不是起到了正面作用嗎？當然，歷史事實不是這樣。當時的鳳陽縣委書記陳庭元同情農民，暗自支持大包幹。地委書記王郁昭和省委書記萬里，也站在小崗農民一邊。我們看到道德、權力站在了潛規則一邊，法律和憲法站在對面。但其他組合也是可能的。

在事實層面上，當年英國貴族向資產階級讓步，是因為他們自己都開始做生意了。中國大陸的官員為什麼能向市場經濟讓步？部分原因是，這也為他們帶來了好處，而這好處可能是權錢交易帶來的，但市場經濟也因此減少了前進的阻力。你當然可以從道德意義去指責他們，可是道德跟歷史後果往往是兩回事，在中國尤其如此。

**陳**：是否可以說，「潛規則」的實際社會效果很難一概而論？有些錢權交易起到了好的作用，也有些錢權交易讓農民買不到低價化肥，等等。

**吳**：對。潛規則的實際社會效果，取決於上邊那個正式法規的性質。如果正式法規是惡法，或者錯了，過時了，有瑕疵等等，相應的潛規則就有不同程度的正面作用。如果潛規則試圖規避的正式法規很好，很公道，相應的潛規則就有負面作用。道德是另一個評價維度，有可能站在法規方面，也可能站在潛規則方面，需要具體討論。

**陳**：您從對潛規則的分析，進一步發展出「血酬定律」和「元規則」概念。「血酬」是指流血、暴力所能得到的報酬。「元規則」是指暴力最強者說了算的meta-rule。您提出「血酬」的主要思路是什麼？「元規則」有歷史或社會本體論的意味，突出強調暴力是主導一切表面規則的終極規則。

**吳**：血酬的主要思路，就是參照經濟學分析生產要素的思路，

分析暴力破壞要素，或者說，把暴力要素引入經濟分析。在中國，我們到處都看到權力的作用，合法傷害權的作用，或暴力的作用。我從《潛規則》轉向《血酬定律》，是因為我把官和民、官和官、官和皇帝的關係都寫完之後，發現背後都有一個共同的東西。我認為，潛規則所涉及的交易成本，主要來自破壞要素，或者叫暴力要素。於是，我想進一步對暴力要素的投入和產出，給出一套比較完整的說法。

比如說，一個搶劫者玩命，投入了流血掉腦袋的風險，他的投入跟回報的關係是什麼？如何描述這種回報？這一定得有一個概念，我找不到現成的，所以我被迫造一個新詞叫「血酬」。暴力要素的投入和產出之間的關係，我叫做「血酬定律」。順著血酬定律的思路，我覺得我的眼界比過去更開闊，分析中國也變得更順暢了。

血酬就是暴力掠奪的收益。如果暴力掠奪奪到的是天下，打下了天下坐了江山，就不必刀刀見血地去搶了。這時可以立一個制度，讓人來繳保護費或皇糧。譬如收了一百億的稅，用之於民五十億，總得幹些維護社會治安的事，然後再用十億維持政府的運作，剩下的那四十億就揣在自己兜裡了，去包二奶包三奶，去養後宮去修皇陵等等。總稅收一百億減去用之於民和維持政府運作的六十億，剩下的四十億就叫「法酬」。法酬等於全部稅收減去公共開支，由於我找不到已有的表達方式，就順著血酬的思路把它稱做「法酬」。法酬是血酬的升級版，是在血酬的基礎上，有了某種合法外型的一套收入，但仍然是暴力掠奪的收益。

血酬定律跟元規則有什麼關係呢？血酬定律說的是暴力的投入和產出，簡單來說就是三條。第一，血酬就是暴力掠奪的收益。第二，血酬定律是指當暴力掠奪的收益大於成本時，暴力掠奪就會發生。換句話說，暴力掠奪行為與收益正相關，與成本負相關。這是

一個事實判斷。第三，暴力掠奪不創造財富，於是就牽涉到暴力掠奪集團跟生產集團的關係問題。「元規則」是決定規則的規則，在歷史事實上，這個元規則就是「暴力最強者說了算」。當然，暴力最強者也不能一意孤行，他要考慮到生產集團會不會偷懶，民眾會不會反抗、逃亡，然後尋找一個最佳的掠奪率，不管是稅率還是對自由的限制。元規則的主導者是暴力集團，是暴力最強者；他們計算成本收益的算法，是用血酬定律來描述的。

**陳**：您用「官家主義」這個詞來界定秦漢至今的中國社會，也是通過研究血酬所得出的？

**吳**：有很大關係。從血酬定律和元規則的角度看，中國歷史呈現為一個又一個暴力集團的崛起。他們打天下，坐江山，建立大一統帝國，立法定規，吃法酬，然後被另一個暴力集團推翻，如此循環不已。如何稱呼這種社會？大陸一直把秦漢以來的社會稱為封建主義社會，但我們知道，秦始皇廢封建，立郡縣，封建制度到他那裡就被廢了。這個變化，從暴力資源分布的角度可以看得很清楚。

秦漢之前，暴力資源是分散的，小國林立，呈現出中小貴族架著大王的結構，統治金字塔上的每塊岩石都是擁有暴力的政治實體。秦把郡縣級封建貴族換成了代理人，代理人不能世襲，沒有私人武裝，岩石金字塔變成了金字塔形的鐵架子。暴力資源集中到最高統治者手裡，各級文武官員都是皇帝的代理人。隋唐之後，更要通過科舉考試選拔代理人。為了和封建主義區別，我把這種社會稱為官家主義社會。

用經濟組織比喻，封建主義好比商會，眾多老闆推舉一個有威望的老闆當會長。官家主義好比上市公司，老大率領眾弟兄艱苦創業，打下江山了，好比公司上市，論功行賞，封公封侯，老大當皇帝當董事長，然後杯酒釋兵權，讓其他創業者退居二線當股東，另

外聘請一些MBA當經理。這時候封建是虛封，有名無權，官僚治理
才是實的。所以，官家主義比封建主義更準確。

當然也有其他現成的稱呼，例如東方專制主義，皇權專制主義。
但是，無論是東方，還是皇權，都不如官家準確。官家這個詞有三
個釋義，一指皇帝、二指官府衙門、三指官員個人，中國古代誰能
「主義」呢？如果把主義的「主」理解為當家作主，把主義的「義」
理解為規則的話，在中國古代當家做主立法定規的正是這三個主
體。皇帝立法就是王法，衙門立法就是部門法規或地方法規，官員
個人立法就是潛規則。這三者之間經常勾心鬥角爭奪地盤，但作為
一個整體，官家才是主義的力量。皇權專制主義的概念無法顯示官
員個人所主導的潛規則的存在，也看不出地方或部門法規架空皇權
的政治格局，例如藩鎮割據，或毛澤東所說的「條條專政」——中
央各部門自行其是，不把皇帝的旨意當回事。我們知道，在中國歷
史上，潛規則和各種割據都是導致王朝解體的重要力量，官家主義
的概念可以幫助我們分析這些力量，而皇權專制主義的概念卻遮蔽
了皇權之外的力量。東方專制主義的概念就更模糊，連中國和日本
這兩個東方國家的重大差別都被遮蔽了。

**陳**：您曾經表示血酬史觀最適用於暴力主導的社會，但您堅持
「元規則」也適用於當代的憲政民主社會。我在網上看到一篇胡平
對您的評論。他從憲政民主的視野，質疑您太過強調人都是追求自
身利益的極大化，也太過單面向地強調暴力因素。不知您有何回應？

**吳**：我認為「暴力最強者說了算」這條元規則，跟憲政民主並
沒有衝突。在憲政民主國家，例如美國，誰是暴力最強者？總統是
三軍總司令，而總統是選民選出來的，因此，選民或公民就是暴力
最強者。立法機構的議員也是選民選出來的，他們代表選民立法定
規。總之，公民作為暴力最強者決定各種法規和政策及其實施。元

規則，決定規則的規則，暴力最強者說了算，對當代美國顯然很適用。

　　我確實接受人們追求「利益最大化」的假定。我認為，只要把利益的定義放寬一點，不把利益全等於金錢，這就是一個事實描述。每個人在追求利益最大化的時候都明白，你其實不僅僅追求錢，你的人性非常複雜，你會在乎你的安全，會在意內心的安寧，也會有同情心和正義感。按孟子的說法，惻隱之心人皆有之，這些人性收益也包含在我所謂的「利益」裡面。

　　追求利益最大化，也可以和民主憲政相容。從群體角度看，利益最大化有三種：民族整體利益的最大化；統治集團利益的最大化；還有民眾利益的最大化。從中國歷史可以很明顯地看出，官家主義體制從秦漢一直到清，如果只算大一統帝國（不算五代十國和魏晉南北朝），平均壽命是一百七十一年，時候到了就死。如果把五代十國和魏晉南北朝也算進去，平均壽命是六十六年。死因有三條：40%死於民變，40%死於官變，還有20%死於外族入侵。官家主義體系控制不了這些因素，到了時候就死。一旦死了就一塌糊塗，民苦官也苦，統治集團也好不了。為了統治者和民眾的雙方利益的最大化，為了民族整體利益的最大化，建立一個長治久安的憲政民主制度是合算的。

　　我對暴力要素的強調，是就歷史事實而言。在人類歷史上，暴力行為比生產行為更早出現，要早的多。為什麼人會生產？如果那些猴子猩猩能以很低的成本去搶劫，收益很高、成本很低，為什麼不繼續搶？在這個意義上，出現生產行為的一個隱含的前提是：暴力掠奪的成本太高。生產行為的出現是因為暴力掠奪不合算，這個簡單的歷史事實證明，暴力收益或是血酬的計算具有根本性。

　　陳：您提到「民族整體利益」，不知您怎麼看民族主義和愛國

主義？

**吳**：由於中國政府不斷強調愛國主義，愛國主義有了一種公開表達、暢行無阻的合法性，所以顯得聲勢比較大。但是在知識分子當中，很多人是對民族主義或愛國主義保持警惕的。談民族主義可以，但應該對民族最大利益有個清晰的表述。如果你的民族主義只說愛國愛國愛國，卻不談這個國要變成什麼樣才會可愛的話，那你沒有解決根本問題。自由主義者說，這個國應該尊重每一位公民的權利，不能是一個貪官污吏遍地的國家；應該實行民主憲政，而不能是一個專制的國家；這樣的民族才是一個值得尊敬的民族，一個可愛的民族，才是一個可愛的國家。我是支持這個觀點的，所以我認為民族主義不是一個終極的主義。我對於那種民族主義的熱鬧吧，始終有所警惕。

## 三、憲政民主與《炎黃春秋》

**陳**：您在何時成為了一位憲政民主主義者？1997年您到《炎黃春秋》服務，現任《炎黃春秋》總編輯。能否請您談談這份刊物的方針和理念？

此外，您最近提到憲政民主或自由主義應該中國化，並表示三綱五常可以跟憲政民主接軌。我估計，憲政民主中國化的說法有不少人支持，但跟三綱五常接軌卻一定有很多人反對。

**吳**：我把你的問題分為三條。第一個是我對憲政民主的看法；第二個是《炎黃春秋》是什麼樣的雜誌？第三個就是憲政民主怎麼和三綱五常接軌？

先講憲政民主。其實憲政跟民主還是兩回事。憲政是對權力的制約，重點是談三權分立那一套，談民跟統治者之間的總契約，如

何限制權力、互相制約，同時民又如何保障自己的權利。但「民主」不見得就是限權，就是憲政。不受憲政制約的民主，就不是憲政民主。

應該說，我這一代人幾乎從小就覺得「民主」理所當然，就沒有反對過。我們關心的是這個民主是真是假，或者黨是不是就代表了人民的利益。如果黨代表了人民的利益，人民也一直在擁護黨、擁護毛澤東，那麼，共產黨推行的無產階級專政就等於民主。這在文革中幾乎是不成問題的。人民不包括階級敵人，你要是讓人民在文革中選舉，選出來的就是毛澤東，不會是別的人。長期以來，共產黨的理論不斷地說黨的利益和人民的利益是一致的，說這是我們一切工作的出發點。總之，我們一直擁護民主，也擁護黨的領導，是因為我們覺得民主跟黨主、跟黨的領導是一回事。

但後來發現不一致了，發現黨的利益跟人民的利益不一定一致。這是大包幹之後，慢慢形成的一個意識。你看看大包幹，民心是大包幹而不是人民公社，這是老百姓意願一次清晰的表達，但一開始跟黨意並不一致。我在辦報的時候，也不斷遇到人民性和黨性的衝突，這是大陸新聞界一定要面對的問題。我們這家報紙是人民的喉舌，還是黨的喉舌？報紙是要講人民性還是黨性？黨說，黨性跟人民性一致，但我們經常看到不一致，聽黨的跟聽人民的就是兩回事。六四以後，這種衝突走到了無法調和的程度，你想迴避都迴避不了。黨就是黨，人民就是人民。那誰說了算？我清楚看到的是，暴力最強者說了算。誰是暴力最強者？黨指揮槍，黨就是暴力最強者，人民不是。於是，對於民主的追求就成了一個特別突出的問題，因為六四顯現出了人民性與黨性的重大差別。

在六四過程之中，比如說新聞界要求放開民間辦報，這些還只是對自由的訴求，不直接是對民主的訴求。如果黨能夠容納這些的

話，那黨領導就領導了。當然我們希望有選舉，讓黨成為選出來的領導，而不是自封的領導。如果黨能夠既搞經濟體制改革，又搞政治體制改革，全面民主化就不是最迫切的，至少還可以等。我個人對民主始終有興趣，但如果你非要問我何時對民主非常感興趣，那就是六四之後。

等我把憲政和民主之間的關係搞清楚，已經是很晚的事。本來我覺得民主就行了，好像用不著說憲政。但後來看到希臘的歷史，才知道民主帶來的不一定是憲政，還可能是暴政。我對憲政的興趣，其實是說民主一時還辦不到——中國的民主化將是一個漫長的過程，馬上讓中國的既得利益集團放棄既得利益，這太異想天開了——退一步的話，在這個過程之中，是不是能先讓民間的權利多一點？言論自由能不能擴大？結社自由能不能擴大？其他社會自由能不能擴大？司法能不能先有點獨立性？對我來說，憲政的訴求是這樣出來的。憲政是作為憲政民主的替代物，是一個退而求其次的選擇。

**陳**：按您的說法，憲政民主制度讓人民變成了暴力最強者，但憲政民主跟秦漢至今的中國官家主義很不一樣。那麼，憲政民主跟潛規則、血酬定律、元規則的關係為何？

**吳**：一旦進入我自己的思路，我對民主和憲政就有些不同的理解了。《潛規則》在考察個案時，發現受害者都是弱勢的那一方；他的反抗成本太高，對於欺壓他的一方，幾乎沒有還手之力。即使可以上訪，但成功率不足1%，代價極其昂貴。從民和官之間實力懸殊的對抗，順著這個邏輯就會提問：如何能降低民眾的反抗成本？如何讓告官的成本降下來？他可以找議員去告嗎？可以找報紙打抱不平嗎？可以自己結社，組成工會或農會以分攤自己的反抗成本嗎？可以投票去選領導人，讓縣委書記、市長或縣長能夠管管下屬嗎？順著潛規則案例的拆解，可以清楚地看到該怎麼對付潛規則，

我自己的憲政和民主思路就是這樣的。我的民主憲政觀主要來自於
對中國歷史和中國問題的一種理解，然後我發現，這些東西跟西方
傳來的自由主義沒有任何隔閡，可以很順暢地對接。天視自我民視，
天聽自我民聽，是我們傳統中一個難以落地的說法；把民視民聽制
度化，就是民主。

　　暴力最強者說了算，在中國歷史上是事實，一直到現在還是事
實。在西方，比如說在歐美，元規則也依然起作用，但是已經拐了
一個彎了。如果選民成了暴力最強者，如果軍隊變成了選民的保安，
那我們說這是民主憲政國家就行了，不必從盤古開天地說起。當然，
這是指作為國內秩序的憲政民主。國際社會至今沒有民主也沒有憲
政，還沒有徹底走出叢林社會；在這類情況下，元規則並沒有拐彎，
而是直接展現出來。

　　在中國社會，元規則的展現是赤裸裸的。暴力集團掌握了立法
定規的權力，但這種無限膨脹、不受制約的權力，最終都會加速地
走向滅亡，死於自己的問題。這類由暴力集團統治的制度，無論是
對統治者還是被統治者，還是對於社會整體，都是一個壞制度。這
就是我的價值判斷。我認為人類已經找到了免於兩敗俱傷、雙雙滅
亡的一種制度，就是實行民主憲政，這是人類文明的偉大成就。簡
單說，就是把統治者關到籠子裡去。

　　文明就是對暴力的抑制和控制，而人類社會在各民族國家裡已
經走到了這一步。國際社會也正努力往這個方向走，做各種試驗，
從砍人頭到數人頭，尋找一種新的世界層面的民主憲政。這是整個
地球人類長治久安的基本方向，這也是我的價值判斷。

　　**陳**：但當局始終拒絕憲政民主化的變革，反而往國家主義或法
西斯主義的方向前進了好幾步。

　　**吳**：中國出現德國納粹或法西斯那種水平的民族主義的可能

性，我認為微乎其微。你想想希特勒出來的時候，那種日耳曼民族的優越意識和人種的自負，多少是有些底氣的。當時德國在經濟上，解決了一堆失業問題。在學術上，有一大批大師級人物。在治理上，德國政府極其嚴謹，沒有多少潛規則之類的東西，也沒那麼多腐敗。從這些實際的表現來看，如果不提他們屠殺猶太人和對外擴張的話，如果他們說德意志民族是優秀的，這應該也是有道理的。但中國人能這麼說嗎？你看看，大陸稍微有點辦法的人，都紛紛往外逃，都想脫離這個國家。我們腐敗得一塌糊塗，還能有多少自豪感嗎？不管是上天下海、登陸月球或是奧運會，大家都知道這是用老百姓的錢堆出來的。這種炫耀的背後其實是心虛，並不是真實的民族自信和自負。跟德國比可差遠了，我覺得自我膨脹的根基很脆弱。

　　**陳**：您剛剛提到，憲政訴求是在全面民主化暫時不可能的情況下提出的。如果立刻實現全面的選舉民主不可能，或暫時無法為既得利益集團所接受，那至少各級人大選舉、縣級直選可以朝正常化的方向發展，增強司法獨立性，並逐步擴大言論自由和結社自由？在我印象中，擴大民主選舉也是《炎黃春秋》的重要主張，是這樣嗎？

　　**吳**：對。譬如說，鄉鎮直選應該沒問題吧？村一級的直選，選的一直是二把手(村民委員會)，村黨支部書記才是一把手，而黨支部書記是黨內選拔的，不是民選的。如果讓選上的人當一把手，又有什麼不可以呢？再往上，鄉鎮這一級，我們覺得直選也完全可以。縣一級的一把手直選，我認為也沒有任何困難。就從村走到鄉鎮、走到縣級，這是一個很順暢的路。你說一年走不到，你有道理，但三年五年總可以吧？

　　再說人大的選舉，如果多弄出幾個差額，擴大了選擇空間，也就近似於真民選了。如果再允許他們發表不同的政見，帶來競爭性，

真會天下大亂嗎？好像正好相反，反而會讓天下慢慢安定起來，讓
薄熙來那樣玩陰謀手段的事情減少。所以，我覺得民主是能夠實行
的，只是一旦跟既得利益發生衝突，實行起來會比較難。遇到比較
難的時候，在不觸動特別強硬的既得利益的情況下，那是不是可以
多來一點憲政方面的建設？法治、公民社會、政治民主、行政體制，
各自都有一些不能替代的獨立性，政治體制改革無須要麼全部，要
麼全不。

陳：您說《炎黃春秋》最近一期賣了十五萬七千本。（按：2013
年年底，印數已達十九萬本。）讀者大部分是黨員嗎？

吳：我們只有印象，沒有詳細的讀者調查。從來信和來稿中，
我感覺《炎黃春秋》的讀者有70~80%是五、六十歲以上，年齡比較
大的。

陳：就是所謂「兩頭真」的人？有人說幹部退休之後，就可以
說真話，也愛看真話了。

吳：「兩頭真」一般是指1949年之前加入共產黨的人，現在差
不多都年過八十了。我們的讀者中就有很多兩頭真。實際上，大學
生甚至十幾歲的中學生也讀，但是我們很少看到他們的來信，也許
他們就不喜歡來信，更喜歡微博。我聽說各個大學的閱覽室裡，《炎
黃春秋》是翻得最爛的一本，那我們就想，也許我們的讀者在大學
生裡也不少。但我不知道這些年輕人是不是黨員。

陳：《炎黃春秋》被定位成體制內的民主派或開明派，是出於
什麼樣的歷史背景？

吳：《炎黃春秋》是1991年創刊的。在1995-96年之前，這個雜
誌的編委班底基本已經形成，就是黨內的民主派或開明派的一些老
人。但是雜誌該怎麼辦，一開始並沒有那麼明確，有過不同方向的
試探。到了1996-97年，編輯方針就比較清楚了，主要關注重大歷史

人物或歷史事件，以及相應的分析和評論。我們的讀者通常是年齡較大的離退休幹部或知識分子，大概就是這個圈子。我們的編輯原則是「實事求是」，不管這個事如何忌諱，如果實際發生又很重要，我們就盡量登，當然實際上經常登不出來。按照我們社長杜老（杜導正先生）的說法是，我們只是說了一點真話，兩點都不敢說，但是說這一點就已經顯得突出了。

**陳**：登不出來是因為審查？

**吳**：終審就到我這裡，登不出來主要是因為自我審查。我們自己形成了一個對於什麼能登、什麼不能登的理解。登了什麼可能要命、什麼可能要寫檢查，我們心裡對這個邊界非常清楚。你要是在這個環境裡幹二十年，你也會非常清楚。任何一篇稿，一看就會知道是沒什麼問題，或虛驚一場，或能讓這雜誌死掉，這些都能做出判斷，只是很難清晰地表達。在這個行業，潛規則是起主導作用的；雖然憲法上清楚寫著言論和出版自由，但實際上有各種限制。什麼東西能自由發，什麼東西不能自由發，這是我們這行每天都要面對的。對我們來說，潛規則不是身外之物，而是我們生活其中、內化到我們心裡、決定我們生死的東西。像杜老說的，我們知道一點真話可以說、兩點就會傷、三點就會死等等，這些分際非常精確。當然我們也會試探，在適當的時候，嘗試著把一點真話擴展到一點零一、一點零二、一點零三。

《炎黃春秋》的辦刊方針是實事求是，也主張政治體制改革，這兩點我們覺得是一致的。實事求是，自然會從歷史的經驗教訓中得出推動政治體制改革的結論，這是我們的基本看法。但是我們也知道有些高壓線不能碰。杜老替我們總結出七不碰，有七條線不能碰，一碰就可能要命。一旦決定不碰這七條高壓線，在其他方面反而會有一些自由感。

**陳**：七不碰是哪七條？

**吳**：我就說一條吧，比如說六四不能碰。你要是登文章說六四怎麼怎麼，下一期雜誌就別想出了，非常危險。

**陳**：近年來《炎黃春秋》登了不少呼籲政治體制改革的文章，包括2007年謝韜的〈民主社會主義模式與中國前途〉。這份刊物的影響力正在上升嗎？我在台灣也收到網路版，應該是大陸網友掃描後散發的。

**吳**：影響力很難評估，但我們的發行量迅速上升，每年都有15%-20%的增長。這些年印刷的媒體，包括《南方週末》和《南方都市報》，都受到更嚴格的管理，包括開除人。但《炎黃春秋》跟他們不一樣。他們是政府投錢的事業單位，錢是政府的，人員編制也是政府的，政府可以隨便換人。《炎黃春秋》當年是杜導正先生（曾任新聞出版署的第一任署長）還有他的幾位朋友，借了一筆錢辦起來的，等賺到錢了再把錢還了，就沒拿政府一分錢。按大陸的體制，一旦成立一個報刊，就有相應的編制，包括財政撥款。但是《炎黃春秋》沒有這種編制，我們的人大都是退休後來這裡幹活；或者，像我這樣離開原單位跑過來的，等於是下海了，扔了原來的鐵飯碗。

每一期賣五、六萬份就可以自己養活自己，所以我們當然完全能養活自己。經濟上，國家沒投一分錢。人事上，國家沒給編制。我們的主管主辦單位是炎黃文化研究會，而炎黃文化研究會又掛在文化部。炎黃文化研究會是一個很大的協會，歷任會長包括了政協副主席、開國上將、人大副委員長等等，官比較大。雖然他們退下來了，但是資格和地位還在那兒。費孝通擔任會長的時候，基本上全部的事情都交給杜老來辦。在這種體制下，政府就不好干預我們的人事安排，也不能拿走我們的錢。這樣我們就有了事實上更大的自由度，即使出了一點事，也不用像南方報系那樣擔心人員撤換問

題。

**陳**：大陸各界好像已經把《炎黃春秋》視為體制內主張政治體制改革的言論代表了。是不是可以這麼說？

**吳**：好像是。如果是說體制內、黨內，那《炎黃春秋》的確是呼籲政治體制改革的主要代表。但我們主要是發評論、提觀點，我們不會去做任何好像是組織的事，更不涉及黨內高層的人事派系。

**陳**：《炎黃春秋》呼籲政治體制改革，可是事實上，這至今都還是雷聲大雨點小。就您個人來說，您是樂觀主義者？或者，您有較強的危機感嗎？

**吳**：每個人都不一樣，像杜老就有比較強的危機感，但我就沒有。我經常去調查農民和農民工，他們對這個社會基本還是滿意的，因為他們的經濟機會仍在擴大之中。我認為中國當前並沒有大規模動亂的基礎，大眾的生活還行。除非發生大的經濟危機，天下大亂的「血線」暫時不會跌破。真正的問題是官失控，而這個問題的解決應該會在上層完成，無非是過渡快慢而已。為了避免官失控，就需要重新形成一個大家都認可的權威，像憲政這樣的權威。

**陳**：您估計，這個過程需要多長時間？

**吳**：我覺得十年到十五年就差不多了，不至於到二十年。關鍵仍在於利害關係的計算還沒算通。不是很多人說政治體制改革是與虎謀皮嗎？你想想，說與虎謀皮也沒錯啊！一群貪官污吏，至少老百姓覺得當官的幾乎都是貪官污吏，你要讓他們搞民主憲政，這不是要他們的命嗎？如果將來一清算起來，一個個全都要沒有好下場，那他們就不會搞民主憲政。但是如果能有一個路子，把利害關係給計算清楚，說不定民主憲政很快就會施行了。貪官污吏不想送命，但也希望能夠漂白，假如這個關節能打通，就會出現合力。

**陳**：南韓和台灣這類漸變式的轉型，您認為對中國大陸是有意

義的嗎？

**吳**：當然有意義。你看杭廷頓寫第三波民主化，他說民主轉型有三種：第一種叫改革，就是政府主導，例如台灣；第二種叫替代，就是民間主導，推翻舊的政府；第三個叫改替，民間和政府的力量都很強大，雙方商量著來，例如在韓國和南非。杭廷頓說，凡是政府主導的改革，全都沒有清算。而替代，或民間推翻政府的類型，基本都要清算舊帳。改替，是雙方協商出來的，有的清算有的不清算，通常用真相代替清算。

從這個推理就可以看出，其實對於貪官污吏，或者有各種人權罪惡的政府官員來說，他們利益最大化的方式就是自己主導改革。這樣一來，以前的舊帳就不會被追究了，舊帳就變成了呆帳、壞帳。這種政府主導的轉型，就是既得利益集團的利益最大化方式。反過來，你如果遲遲不改，失去了主導權，被人家推翻了，你的舊帳都會被人清算。問題是，統治集團如果根本沒想到這問題，或想到了但是不敢做，那我們該怎麼辦？

**陳**：您有何高見或具體方案？

**吳**：我的思路是「用特赦換憲政和民主」。我最近在想，如果設計出一種激勵機制，以特赦換民主或憲政，這種政治交易說不定具有可行性。比如說，如果深圳、海南或其他地方願意當政治特區，那就可以有那麼一個懸賞：一旦你完成了階段性的政治體制改革，譬如縣一級的直選、省的差額選舉、或司法的獨立等等，在驗收合格之後，這個特區所有貪官污吏的舊帳都不問了。當然，六四的責任就也不問了。等於與民更始，重頭來過。

雖然中國的政治體制改革看似遙遙無期，可是一旦把利益算通了，也可能會很迅速地實現。這是我個人的看法。

**陳**：按您的說法，如果「用特赦換憲政和民主」行得通，那就

不清算了。但在清算與否、清算程度之外，您怎麼看所謂「轉型正義」的其他面向，包括賠償、真相、和解、歷史記憶等問題？六四仍要「平反」嗎？再往前，還有大躍進、反右及其他。在歷史記憶的層面上，過去所發生的重大罪惡，您主張未來要如何面對、處理？是要永誌不忘，或模糊帶過，或乾脆遺忘？

吳：事實上，平反通常是比較普遍的，因為每個人都能從平反得到好處、補償。清算則有人受害，是以前害人的人受害。但你即使砍了他腦袋，也就是出口氣而已。我自己的主張是將來要補償以前的受害者，但是以前的加害者或加害集團如果能將功贖罪，主導、推動政治體制改革，那針對個人的清算就免了，只需要平反和補償。從轉型正義的角度說，這就是堅持補償性正義，同時拿懲罰性正義做政治交易，換取更高層次的正義。

當然，不清算，不等於歷史上發生的罪惡就沒了。等完成了政治體制改革之後，還是有事實真相要追究，要對歷史有個交代。不清算可以，但歷史事實總得說明白。

陳：公布檔案讓大家研究？

吳：當然。

陳：歷史記憶呢？

吳：納粹在國家社會主義的理論指導之下，屠殺了六百萬猶太人，主要是德國和波蘭境內的猶太人。中國則是在階級鬥爭的理論指導之下，使數千萬人喪生。一開始就殺了幾百萬，然後在追求共產主義理想的名義下，餓死了三千萬人。又在無產階級專政下繼續革命，迫害了上千萬人。這種受害的規模遠遠超出了猶太人，而且死難者，包括大饑荒的亡者，想補償也補償不到了。

所以我認為，在政治轉型之後，中國應該有一個「永誌不忘」的誓言。以階級的名義去屠殺，以理想的名義去餓死人，強制人們

去走你的天堂之路，這些都是人類歷史上刻骨銘心的教訓。這事就
得永誌不忘，向自身後代發誓永不再犯。

**陳**：轉型後的中共，不管是否還叫中共，有可能承認歷史污點
嗎？

**吳**：好多東歐共產黨在社會轉型之後，自身也轉型為社會民主
黨。中國共產黨如果轉到了社會民主黨的路子，完成了黨的轉型，
也就等於跟過去做出了切割。如果不轉型，這個包袱太重，它的確
背不了。

**陳**：憲政民主和炎黃春秋都談了，還有憲政民主或自由主義跟
三綱五常接軌的問題呢？

**吳**：這個問題其實挺簡單。2007年我寫了一篇文章，討論right
這個英文概念應該如何翻譯。我們知道，美國傳教士丁韙良，後來
的京師大學堂總教習，在翻譯萬國公法時把這個詞譯為「權利」。
當時嚴復就批評這個譯法是「以霸譯王」，把正義感譯丟了。丁韙
良辯解說，中國沒有這個詞，我只好造一個。這裡的權不是指有司
之權，而是指民眾之分。

丁韙良用了一個儒家概念，名分的分，來澄清權利的本意。在
漢語詞典上，「分」的釋義正是權利和義務。如果丁先生直接用分
來翻譯right，用「權分」表示權利，用「義分」表示義務，西方的
核心概念就和儒家的核心概念接軌了。按照莊子的說法，「春秋以
道名分」，儒家史學最關注的就是名分邊際的變遷和名實變化。這
個變化始終存在，孔子說，通過夏商周三代之禮的因革損益，他可
以預測百代之後。禮好比一個金字塔，名分就是建構金字塔的岩石，
每塊岩石都有名有分有邊界。從分際變遷的角度看，從三綱五常到
憲政民主，無非是名分變遷的不同階段，以及對這些階段的不同命
名。我對這個系列變遷的量化描述是：民眾的權分，從三十平方米

逐步擴展到一百平方米，臣民成為公民。政府首腦的權分，從一萬平方米逐步降到一百平方米，皇帝成為公僕。至於變遷之後的分際的正當性，上合天理，下合良知，儒家的正當性論證方式可以照單全收。

中庸開篇說，天命之謂性，率性之謂道，修道之謂教。這三句話構成了一套完整的正當性論證體系，而且這種論證大體合乎現代科學的認識。第一句，天命之謂性，從造化到進化，造成了我們的人性。神經科學可以準確地確定同情心和正義感在人類大腦中的位置，仁義之性確實是天生的，人之初性本善是有科學依據的。第二句，率性之謂道，按照人性的自然比例，性分的比例，利己利人，推己及人，這就是道。我們知道，市場制度和民主憲政的基礎就是理性自利，維護自己的權利，同時尊重他人的權利。第三句，修道之謂教。不符合上述原則的，無論是過分強調利他的集體主義，還是過分強調統治權力的三綱五常，都需要修正調整，然後按照正確的原則修身養性。

通過上述概念和理論的接軌，我們的傳統就可以實現創造性轉化，西方的民主憲政也可以在我們的傳統中落地生根，成為禮和分的系列變遷的一個新階段。名教和禮教由此可以轉化為公民之教和民主憲政之教。

**陳**：您來過台灣，不知您對台灣的社會和政治有何觀察？在大陸的政治轉型過程中，您認為台灣能起到哪些正面作用？

**吳**：台灣轉型的成功，轉型後運作的成功，這些成功的示範就是最大的正面作用。從尚待轉型者的角度評價，台灣的示範比韓國好，韓國前總統被追究得比較狠，儘管後來赦免了，還是會讓掌權者懼怕轉型。台灣幾乎無人受損，要抵制人人受益的好事就比較難。當然，台灣轉型後的部分現象也會起到負面作用，包括有陳水扁在

內的貪汙腐敗等等。

　　我只去過台灣一次，走馬觀花，總體感覺很好，尤其在公民社會方面。當然也有一些走馬觀花式的疑問。

　　第一個疑問是，台灣是否太重視兩岸關係了？兩岸關係對日常行使自由權利的影響有那麼大嗎？居然以此劃分政治陣營？看看歐盟的現狀，五十年以前根本無法想像。五十年之後大陸和台灣是什麼樣，現在能想像嗎？如果看得長遠一些，很多現在的大事就成了小事，就不必這麼在意。

　　第二個疑問是，為什麼缺乏看得長遠一些的社會氛圍呢？作為媒體人，我感覺台灣媒體的作用太強大了，我甚至聽到過媒體治國之類的批評。立法院的氣勢壓過政府，媒體的氣勢既壓過政府，也壓過立法院，於是，三權分立的格局，再加上第四權力媒體，最終呈現為媒體獨大之勢。但誰獨大了都不是好事。媒體最在乎讀者的口味，而民眾的口味偏向醜聞和八卦，偏向眼前的各種問題，於是媒體就關注醜聞和八卦，就盯住眼前的問題不放。社會上總要有一些人，思考關注一些更加長遠深刻的事。這些人必定是少數，但他們思考的問題比較重要，不應該淪為弱勢。怎麼做到這一點，我說不出來，但這是需要解決的。

　　現在台灣的政治格局偏小。我覺得，除了示範作用之外，台灣其實可以在大陸轉型方面發揮更加積極主動的作用。兩岸這麼近的距離，如果雙方都好起來，合作起來，對任何一方都有巨大的利益，抓住這個利益，需要更加開闊開朗的心胸。

陳宜中，中央研究院人社中心研究員，並擔任本刊編委。研究興趣在當代政治哲學以及社會主義思想史。

# 思想
# 評論

# 伯林批判啓蒙批錯了？
## 牛津伯林研討會雜記

王　前

　　因為研究以撒亞・伯林的關係，不時光顧他的編輯、著作管理人之一的亨利・哈蒂主持的網站The Isaiah Berlin Virtual Library。一月份的一天，看到三月下旬牛津大學沃爾夫森學院將舉辦研討會討論伯林啓蒙觀的消息，於是立刻和哈蒂取得聯繫，短短的十幾分鐘裡就辦完了報名手續。接下來就是一連串到歐洲去的簽證手續等，雖然是在東京辦理，仍須準備種種證明，忙得不亦樂乎，其中的苦樂唯有自知。

　　《伯林書信集》第一卷於2004年出版後不久，筆者就通過電郵告訴哈蒂日本有伯林的書信，從此便成了他在東瀛的耳目，幫他收集中國和日本的跟伯林有關的資訊。去年十月份有了這十年裡最大的收穫，就是在日本20世紀最著名的政治哲學家、也是伯林好友的丸山真男留下的大量資料中，找到了四封伯林寫給他的信件。在東京女子大學丸山真男比較思想研究中心的鼎力相助下，我已將影本寄給哈蒂，有望在即將出版的書信集第四卷裡看到。哈蒂看到其中最長的一封後，馬上發來郵件說寫得精彩感人。此信丸山真男在致友人的信中摘譯過，看得出伯林對那唯一的一次訪日非常滿意，對日本的文化和進步讚不絕口。

　　3月19日傍晚到達倫敦後，馬上坐長途汽車前往牛津大學莫德林

學院宿舍。放下行李給哈蒂去了封電郵，立刻收到回信叫去沃爾夫森學院共進晚餐。遺憾的是在去牛津的大巴上吃飽了三明治，無緣享受學院的晚餐了。雖然有點累，但還是很想馬上見到這位通了十年電郵的「網友」，於是叫了計程車立刻前往。穿梭在牛津市區，初來乍到，像劉姥姥進了大觀園，看到的一切都很新鮮。在夜幕中看到那些古色古香的校舍，感到中世紀就屹立在此的古老大學的魅力。計程車很快就到了目的地，見到了神交已久的哈蒂。當年自告奮勇提出給伯林編輯著作的年輕人，如今已是年逾花甲，不過看上去依然盛年風采，比實際年齡年輕十歲左右。伯林去世後，經他之手編輯完成的著作隔幾年就出一本，令原本以寡作著稱的伯林變成了多產思想家，為思想史與政治哲學的研究做出了重要貢獻。聊了一會兒以後，在哈蒂的陪同下去參觀了放著伯林胸像和畫像的圖書館和以伯林命名的走廊，然後去了他和助手編輯伯林著作的工作室。工作室的書架上放滿各種版本的伯林著作和研究伯林的著作，一個個資料櫃裡放著正在編輯的資料。承蒙主人的好意，拿了兩本書留作紀念，然後回到宿舍準備第二天的研討會。

　　這次會議是在牛津大學人文研究中心贊助下召開的跨學科研討會，參加的學者中有好幾位當今歐美學界重量級學者，如現任牛津大學社會政治理論 Chichele 講座教授的沃爾德倫（Jeremy Waldron），研究德國文化的大家、牛津大學退休教授李德（James Reed），以研究英國文學尤其是維吉尼亞‧吳爾芙著稱的現任沃爾夫森學院院長賀曼妮‧李（Hermione Lee），以及伯林的傳記作者、前加拿大自由黨黨魁，現任哈佛大學甘迺迪政府學院教授的伊格納蒂耶夫。會議第一天做全體會議發言的就是現任Chichele講座教授沃爾德倫（伯林在1957-1967期間也擔任此職），他的標題就讓人感到火藥味十足：〈論伯林對立憲啓蒙主義的漠視〉。

　　沃爾德倫這位當今歐美政治哲學和法哲學界的重要學者，在兩
年前的就任演講〈政治的政治理論〉中就曾批評過伯林對民主制度
缺乏興趣，這次基本上可以說是老調重彈，但火力更猛。他的主要
觀點可以這樣概括：18世紀歐洲啓蒙運動的最重要成果之一就是立
憲啓蒙主義，它建立在洛克、康德、西耶斯、盧梭、麥迪森等人的
思想基礎上，在18世紀末美國創造了史無前例的憲法，法國則掃除
了君主制和貴族制，確立了憲政的觀念，從而在根本上改變了現代
人對政治的思考。可身為20世紀最著名的啓蒙運動闡釋者之一的伯
林，竟然對這麼重要的啓蒙成果基本上未曾關注。我們知道，伯林
批判啓蒙主義時擔心的是那種理性主義、化約主義的哲學會導致全
能主義，他要挖出現代的極權主義跟啓蒙運動的內在聯繫，所以儘
管他是啓蒙的堅定支持者，但實際上他更多地研究啓蒙的批判者和
「敵人」。正如他自己所言，研究「敵人」要比研究盟友更有意思，
因為「敵人」知道己方防線的弱點[1]。在沃爾德倫看來，立憲啓蒙主
義所設計的政治制度完全可以容納人類相互衝突的各種政治觀點，
可以讓那些多元觀點在同一架構下爭論，從而避免伯林所擔心的那
種問題。伯林曾經引用康德的那句「人性這根曲木絕然造不出任何
筆直的東西」來表明他對人性的悲觀看法，沃爾德倫則倒過來說，
正因為人性的不完美，所以要設計良好的憲政制度來包容不同的意
見，並由此推動社會進步。基於這種認識，他高度讚美啓蒙主義最
重要成果之一的立憲主義，將其比喻為設計精良的機器，在這架機

1　其實伯林本人就是近年來在中國大陸大熱的公法學家、政治神學家
　　卡爾‧施密特的熱心讀者，曾在給丸山真男的信中稱施密特為「傑
　　出的敵人」（honorable enemy）。順便說一句，丸山這位日本20世紀
　　最著名的自由主義思想家從年輕時起就熟讀施密特，對施密特的把
　　握程度絕對不輸專家。他也把施密米特當作終生的對話者。

器中權力被分散，讓不同意見競爭，從而避免極權的禍害。

眾所周知伯林是自由的堅定擁護者和辯護人，可是究竟如何才能捍衛自由，按照沃爾德倫的看法，保衛自由的當然是憲政制度，可是伯林竟然對此幾乎沒有著墨。這也是現任Chichele講座教授所深為不滿的。除了這些批評外，他還指責伯林對民主和參與自由有敵意，對政治哲學的理解過於偏重倫理層面而非政治層面。筆者雖然知道歐美學界討論起問題大多不留情面，但目睹如此一連串的尖銳批評，還是有點驚訝。畢竟這場研討會在伯林做過創院院長的沃爾夫森學院召開，紀念這位曾被譽為牛津大學象徵的大學者，參加者中有不少伯林的門生故舊。那沃爾德倫為何如此對老前輩不假顏色呢？他說由於伯林的示範作用，對英國的政治理論研究產生了不良後果。具體說來，因為伯林對自由民主社會的制度研究缺乏興趣，所以徒子徒孫們也只研究正義和自由的意義，卻不去關注兩院制和分權等實際問題。可見沃爾德倫更加重視政治理論對現實的指導意義，要去解決現實問題，所以他希望現在的學生不要因為擔心追求完美的制度設計會導致全能主義，從而放棄對憲政共和主義的理論基礎的研究。

如此一番在伯林的追隨者聽來很不舒服的批判當然引起了反彈。哈蒂就引用哈佛大學年輕學者Joshua Cherniss的話，說伯林正是因為看到啓蒙以來制度設計的問題，才會去追究其思想根源。比如法國大革命、魏瑪共和國和蘇聯的憲法設計，都有其理論上的獨特之處，體現了啓蒙乃至人文主義精神，可在實踐中卻導致了重大問題。Cherniss這位年輕學者最近剛剛出版了一本研究伯林的思想及其時代關係的專著，頗受好評。對沃爾德倫的批評表示贊同的人也有，德國文化權威李德教授聽了演講後就指出，沃爾德倫用的容納（house）這個詞正是啓蒙時代思想家的一個重要特徵。按照這位對德

國以及整個歐洲啓蒙運動有深刻了解的學者的說法，啓蒙思想家並沒有什麼完整的計畫，他們喜歡不同的意見碰撞討論（debate），通過爭論獲得新的見解，而對這個重要特徵伯林竟然一點都沒有談及。第二個發表者就是這位牛津退休教授，他的演講題目是〈同情與共鳴──伯林的悖論〉。

伯林在研究思想史時有一個大本領，就是深入對象的思想世界內部去探求，通過他的解說我們能夠看到一個栩栩如生的精神世界。可在李德看來問題也恰恰出在這兒。他指出，因為伯林過於投入到他並不完全同意的研究對象的世界裡，有時把他自己的立場跟應該批判的對象混淆在一起了，從而對伯林本來應該支持的自由啓蒙主義造成誤解。李德說1990年代他跟伯林打過三次交道，一次伯林曾通過李德的學生轉告他說自己完全支持啓蒙，但是想通過啓蒙的敵人來研究，由此發現自己支持和喜歡的啓蒙思想的問題所在。據說伯林還批評過阿多爾諾和霍克海默爾、福柯和德里達等人對啓蒙的批判損害了自由啓蒙主義的聲響。可在李德看來，伯林做的事情其實是五十步笑百步。他拿伯林編的那本收集了洛克、休姆和伏爾泰等人文章的《啓蒙的時代──18世紀哲學家》做例子，說伯林的啓蒙理解存在很大偏頗。比如伯林說啓蒙運動的思想家都認為每一個問題都可以通過發現客觀的答案獲得解決，在和諧的自然和社會中，這些答案對任何人都永遠有效，但李德說這是伯林本人對啓蒙極端簡單而誤導的歸納，而我們知道這個觀點卻正是伯林的多元主義的根據之一。跟沃爾德倫一樣，李德也火力全開，攻勢甚猛，且都直接攻到伯林的主要觀點上。例如伯林在晚年發表了研究康德的朋友和論敵、非理性主義代表人物哈曼的著作〈北方的博士〉，在熟讀德語文獻的李德看來，伯林在這本書裡也走過頭了，還是老毛病：對哈曼有了太多的共鳴。伯林在書中說，如果沒有哈曼對啓

蒙所代表的理念的反叛，令人懷疑赫爾德、施萊格爾、席勒甚至歌德的世界能否形成，對此李德則毫不客氣地說這只不過是對文學史的曲解而已！對德國文學史如數家珍的老學者的這番反駁令人大開眼界，不得不想跟他一起懷疑伯林對德國思想史的解讀是否出了問題。

在《伯林訪談錄》中，伯林說自己的哲學是建立在康德哲學和英國經驗論基礎上的，可見他對康德哲學是有足夠深刻的了解的，而李德接下來批評的恰恰是伯林的康德解釋。我們知道伯林的那本《扭曲的人性之材》書名出處就是先前引用過的康德的話。伯林年輕時聽到這句話後一直難以忘懷，以至晚年出的書就用此做了標題。為了確認出處，他曾經托哈蒂請教過李德。筆者跟李德教授茶歇聊天時，他說自己喜歡康德，不太喜歡黑格爾，所以伯林找他是找對人了。可是對此句的理解兩人卻有分歧。從伯林的引用來看，似乎康德也跟伯林一樣，對人性的幽暗一面非常絕望。李德則反駁說非也。根據他的理解，康德對人性有著非常清醒的認識，既認為人有道德上的潛能，同時絲毫也沒有忘記人性作惡的傾向。那麼康德究竟是如何看待人性的未來的呢？李德說康德認為「自然只是要求我們不斷接近這個目標」。什麼目標？「就是建立一個完美的市民憲政」。在李德看來，這才是典型的啟蒙主義的思考方式：懷抱希望，但不過於樂觀，樹立階段性目標，不把進步理解為一個事先給定的模式，而是在參與中主動去實現。這樣的對啟蒙的理解，自然跟伯林的不太一樣。在這點上，李德的觀點跟沃爾德倫基本一致：啟蒙思想家認識到人性的不完美，因此決定在這個理解的基礎上展開工作，去制定一套合理的制度包容不完美的人性。那麼為何伯林是如此理解並曲解了啟蒙運動呢？這也是在場的一位伯林的老朋友、著名學者布萊恩・麥吉的疑問。這位四十多年前主持過BBC的

著名節目《思想家》（後印成書），跟伯林、蒯因和馬爾庫塞等大學
者對談過哲學的著述家今年已八十四高齡，連續三天參加研討會，
積極提問，其精力之矍鑠給人留下深刻印象。

　　對這個問題，李德解釋說，也許是因為幼時經歷過的俄國革命
給伯林在精神上留下了深刻創傷，而這個創傷成為了他日後思索的
出發點。基於對伯林的啓蒙闡釋的擔憂，在演講結束時李德強調擁
護啓蒙的人們必須批判伯林對啓蒙敵人的過分「共鳴」。

　　兩位當今世界重量級學者的發表，令筆者有透不過氣來的感
覺，其鋒芒之銳利，用詞之激烈，的確不得不叫人刮目，不過也很
刺激批判性思考。接下來的十幾位發表者，分別從伯林對赫爾德和
馬基雅維利的理解，赫爾岑研究以及跟馬克思的關係等幾乎所有伯
林研究過的對象出發，來考察伯林的思想史研究的功過，各有精彩
之處。不過限於篇幅無法在此一一詳細敘述。既然有批判，當然也
有辯護者，這裡就介紹一下兩位為伯林辯護的發言者，一位是伊格
納蒂耶夫，另一位是賀曼妮・李教授。他們在第三天發言，其內容
也頗值得回味。

　　伊格納季耶夫的演講題目是〈傳記作者的省思〉。他首先聲明
自己並不是已在天國的伯林的塵世代理人。但他說作為朋友，要為
這位學者說幾句。他認為沃爾德倫把對啓蒙的理解限定得太窄了，
啓蒙不僅有立憲主義的啓蒙，也有其他形式的啓蒙，比如近年來有
美國學者對激進啓蒙的卓越研究，甚至還有前一天發表者說的洛可
哥式啓蒙。如果說伯林縮小了對啓蒙的理解，那麼沃爾德倫也犯了
同樣的錯誤。到底是經歷過全國性選戰的前黨魁，辯才無礙，一上
來就來了記重拳，以其人之道還治其人之身。至於為什麼伯林沒有
去研究立憲主義的啓蒙，在這位伯林的傳記作者看來，那是因為伯
林生活在英國這樣一個憲政制度最早確立的現代國家，所以對伯林

來說這已經不是問題。那麼誰是伯林的「敵人」呢？在伊格納季耶
夫看來，像霍布斯鮑姆那樣的左翼知識分子才是。順便說一句，二
十多年前伊格納季耶夫在BBC做專訪節目時採訪過伯林的這位猶太
裔同胞，對話有點不太投機，因為講到史達林的大肅反的時候，霍
氏並沒有深刻的反省[2]。熟知伯林生平的伊格納季耶夫當然沒有忘記
提到俄國革命對伯林的深刻影響，指出伯林要理解的是究竟是什麼
導致了現代的那些暴政，所以追根究源到了啓蒙時代。

　　對沃爾德倫的立憲啓蒙主義這一定義本身，伊格納季耶夫也談
了自己的不同看法。他認為啓蒙並沒有終結於1789年，而是跟後來
一連串的歷史連在一起的，不可切割開來。他也談到了自己對伯林
的評價，他認為伯林完美地體現了自由主義價值觀，是位願以他自
己的方式追求真理的真正的學者，甚至想說伯林的最主要成就之
一，就是成就了他那樣的自由主義的人格。對沃爾德倫說的伯林對
民主和參與自由有敵意這一指責，伊格納季耶夫也做出了回應。他
舉出了自己寫傳記跟隨伯林左右時看到的一些軼事，證明伯林絕非
反民主的人士，而是深愛民主社會的。所以總體上伊格納季耶夫是
從伯林所處的時代環境、其思想發展的脈絡以及很多具體事實來為
伯林辯護。在筆者看來，還是頗有說服力的。乍聽起來沃爾德倫的
批評確實很厲害，似乎擊中了伯林的軟肋。可是反過來想，伯林一
生畢竟生活在英美自由民主制度之下，他本人就是隨家人從俄國逃
亡到英國，在他看來英國是世界上最好的國家，當然制度不是問題。
所以他要集中精力批判20世紀的極權統治及其根源也就可以理解
了。從另一個角度來說，沃爾德倫說伯林不重視制度的研究，這似
乎也有點求全責備。一個政治哲學家不可能面面俱到，就像他自己

---

2　對霍氏的批判竊以為最銳利的是托尼·朱特，見氏著《重估價值》。

在就職演講裡所說，他的前任查理斯‧泰勒和柯亨都偏重於哲學，而他自己要更加重視法學，可見各有所重。這也許是仁者見仁智者見智的問題，筆者很難充當裁判官了。

本次研討會最後一個發表的就是東道主賀曼妮‧李教授。她的標題是〈伯林與傳記寫作〉，其實她本人就是著名傳記作家，所寫的吳爾芙傳記被公認為傑作。這位沃爾夫森學院現任當家人首先回顧了二十多年前為了寫吳爾芙的傳記而採訪伯林的一些軼事，說了一些初次見面的印象，不時引來聽眾的笑聲。然後通過伯林對一些名人的描寫，她向聽眾再現了一個對人生充滿興致的伯林。跟大多數發表者不一樣，她還準備了稿子，但上面都是引用，有伯林對吳爾芙的回憶，也有伯林對以色列首任總統魏茨曼的評價，更有伯林寫自己的偶像邱吉爾的名篇段落。讚美那些出色的人物，寫出人性的光輝，在她看來這正是伯林寫作的一個重要特點。作為一個學養很高的著名學者，李教授並非沒有意識到別的發表者談的伯林的問題，但她還是從一個擅長描寫人物的作者的角度來評價伯林，稱伯林是自己一生中所遇見的最有魅力、最聰明的人物。

聽完全部的報告，感覺這個研討會的安排很像一盤佈局不錯的棋，儘管大多數發表者都持批評的態度，但也有很有力的反擊，從而很好地勾畫出了思想家伯林的各個層面，饒有興味。在總結研討會時，對伯林的啓蒙理解做出了嚴厲批評的李德教授也對李教授的發表做出好評，稱伯林這樣一位大人物值得好好討論，認真對待。

筆者雖非發表者，也因初來乍到沒敢發言，只是靜靜地聽了三天發表和討論，但還是受益匪淺，覺得是場難得的思想盛宴。如何對待一位傑出的思想家，認真繼承他的思想遺產，這是我們都會碰到的問題。牛津研討會與會者的處理方式，襯托出了李德教授所說的啓蒙主要特徵之一的討論（debate）是有其價值的。不護短，不過

譽,以問題為中心好好說理,肯定會有新的發現,有新的見解產生。
沃爾德倫教授也說過,伯林老先生值得我們尊敬,他的聲譽也能承
受得了這些批評。誠哉斯言!伯林作為牛津日常語言分析學派發起
人之一,從年輕時起就身經無數論戰,如果他也參加會議,肯定不
會對晚輩的激烈言詞介意吧。

在研討會期間有幸跟幾位與會者閒談,也是極有意思的經歷。
除了跟李德教授有過幾次閒聊外,在茶歇時還跟前面提到的布萊
恩・麥吉先生聊了一會兒,告訴他曾經在大學時讀過他編著的那本
《思想家》的中譯本,他對能在牛津偶遇一個中國讀者感到既驚訝
又高興。我還告訴他在1980年代末國內介紹西方哲學的讀物遠不如
今天多,三聯書店出的《思想家》以其內容精彩,出場人物豪華(都
是大師級),為中國讀者了解西方思想提供了很好的讀物。也談到此
書查理斯・泰勒的那一章當初遭省略、最近已出現在新版裡(對此他
說一無所知)。他還問起他那本寫另一位好朋友、大哲學家卡爾・波
普的小書中譯本出得如何等等。筆者正好也讀過那本寫得極其精要
的評傳,便一一做了答覆。參加會議的還有來自以色列、芬蘭、美
國、西班牙、澳大利亞等國的學者乃至律師(來自亞洲的除了本人,
就是一位在劍橋留學的新加坡學生),也有些簡短交流,看得出對伯
林的哲學感興趣的人世界各地都有,他的哲學並沒有過時。

在牛津期間承蒙哈蒂告知伯林舊居和墓地的所在地,利用間隙
去看了看。座落在閒靜的住宅區Headington的那座接待過無數名流
的住宅,如今已託管,無法進去參觀,即將迎來百歲的伯林夫人也
已遷居倫敦(後於8月25日去世)。而Wolvercote墓園的伯林墓,當然
是誰都可以自由進入。十七年前在東京發行的英文報紙上讀到他去
世的消息那一刻起,就想哪一天要去給他掃掃墓,今番總算可以了
卻夙願。比香港學者周保松幸運,進去很快就在猶太人墓區找到了

伯林的墓，墓碑樸素至極，難以相信是一位20世紀大思想家的墓地。
站在他的墓前除了拍照留念，難免胡思亂想了一番：伯林若地下有
知，將如何回答他的那些批判者們呢？

　　自然，九泉之下的伯林已不可能再對那些問題進行討論了，其
實對伯林思想的各種質疑和批評，在他生前就沒有停止過。平心而
論，他已經為後來者留下了可觀的精神遺產，他給出的答案未必正
確，但極富啓示。就關於啓蒙這部分而言，對中國人來說也並非沒
有關係。譯林出版社近年來大力譯介伯林著作，速度已超過以翻譯
大國著稱的扶桑，譯作深受國內讀者歡迎，可見其影響力。自從東
方國家被捲進現代性的大潮之後，啓蒙已成了我們自己的歷史的一
部分，無法置身度外。筆者客居東瀛二十年，對國內思想界的動向
一直很關注，也知道近年來對啓蒙的各種批判。啓蒙當然可以批評，
如前所述，爭論本身就是啓蒙的一個重要內容。再說批評啓蒙早已
不是新鮮事，當年批判啓蒙的急先鋒阿多爾諾和霍克海默爾的《啓
蒙辯證法》翻成中文也有不少年了。1990年代以後如潮水般介紹到
中國的後現代、後殖民主義理論也可謂耳熟能詳。但如果我們用社
會中存在的問題是否已經解決，作為衡量某種理念是否過時的標
準，那麼就如同牛津討論會上李德教授所言，當今社會存在的問題
很多都跟啓蒙理念未能完全實現有關（他的原話是「啓蒙還在掙
扎」：struggle）。啓蒙的確不能解決中國面臨的所有問題，但是如
果啓蒙所批判的問題都尚且沒有解決，那麼是不是應該不要那麼著
急地說超越啓蒙呢？在這方面，筆者很佩服已故歐洲學大家、深通
國故傳統的陳樂民先生關於啓蒙的看法。他在晚年重病中寫下的那
些《啓蒙箚記》，實在是為國人留下的捍衛啓蒙的嘔心瀝血之作，
其中的見解值得重視。

　　筆者聽到過這樣一種頗為聳聽的說法：啓蒙本身是帶著「毒液」

進入中國的，中國的知識人沒有弄清其淵源就把它當作救國的良方
介紹進來了。這種說法既神秘又嚇人，難道中國這一百多年來最優
秀的頭腦，都做出了戕害祖國的傻事？一直過了近百年才有絕頂聰
明的學人看出來了？當然這種可能性在邏輯上無法否認，但真相是
否如此呢？無妨看看英國這樣的事例。這個在啟蒙敘事中似乎一直
被忽視的國家，近年來通過波特等學者的研究(Porter, *Enlightenment:
Britain and the Creation of the Modern World*)，我們清楚地看到，其實跟
法國和德國等歐洲大陸國家比起來，啟蒙的價值觀落實得非常徹
底，也很少反復，似乎很難找到「中毒」跡象。另一個例子當然是
美國了。不待沃爾德倫教授指出，很久以前一位傑出的歷史學家康
馬傑，就寫過一本論述歐洲啟蒙的理念如何在美國得到近乎完美體
現的書(Commager, *The Empire of Reason*)。如果像某些批評者說的那
樣，啟蒙的後果之一就是虛無主義的話，那麼是否把啟蒙過後的世
界重新「蒙」起來，回到古典世界，就能夠避免問題的發生呢？更
何況我們無法把虛無主義的責任歸結到那些為了真理而奮不顧身的
啟蒙思想家身上吧？再說，如果啟蒙真的那麼不堪，為何像列奧·
施特勞斯那樣批判啟蒙的大學者，最終還是選擇了按照沃爾德倫教
授看來正是實現了啟蒙主義的那些憲政主張的美國呢？

　　當然，批評者也許會說，受近代啟蒙思想影響的自由主義知識
人淺陋了，看不出西方近代以降思想變化的奧義。毋庸贅言，在這
方面卡爾·施密特和海德格爾看得非常清楚，他們的思想值得我們
認真對待，那些宏富的思想遺產不能因為跟納粹的瓜葛而一筆抹
殺。後起的學者如果願意如同李德教授那樣擁護啟蒙基本價值觀，
好好研究研究包括西方古典政治哲學在內的整個西方思想傳統，可
能是避免淺薄的一種重要方法(雖然歷史證明這並不是保證政治判
斷正確的不二法門)。但如果我們放眼西方古典學界，似乎也不是一

種聲音一個學派的天下。西方思想界的確不乏衝突，但也有很多傳
承。我們知道主張恢復古典政治哲學傳統的列奧‧施特勞斯最讚美
的政治家之一正是邱吉爾，盛讚老邱是西元前5世紀存在過的偉大靈
魂的現代版（見Heinrich Meier編輯的德文版全集第三卷書信部分）。如果
我們聽一下邱吉爾二戰時發表的那些激動人心的演講，就可以知道
他誓言流盡最後一滴血也要保衛的制度和價值，跟啓蒙所主張的大
體一致。巧得很，邱吉爾也正是施特勞斯不太買帳的猶太同胞伯林
的偶像。

　　啓蒙是否包含「毒液」，茲事體大，為了中國的前途，需要學
人好好研究梳理，為此的確應該更加全面了解西方的大傳統，而不
僅僅只是看到啓蒙以後的西方思想的一隅。周作人一百年前在〈北
大的支路〉一文裡就曾強調過研究希臘的意義，早就針砭過只重視
工業革命以後的西方文明的弊病。在這個意義上重新閱讀西方，筆
者認為是頗有意義的，因為這一直是我們荒疏了的領域。但一定要
嚴謹，也不要走過頭，拿古代的西方抨擊現代的西方，彷彿兩者之
間真的只有斷裂似的。譯介工作尤其要慎重，不可重量不重質[3]。如
果把顯而易見的啓蒙的重要性統統以「毒液」一詞否定，這究竟會
帶來何種嚴重後果，不得不引起我們的警醒。

　　若干年前，有1980年代青年導師之稱的李澤厚先生說過，近來
有些學人的所作所為簡直是要把啓蒙變成「蒙啓」。到底是經歷了
1950年代以來無數思想爭論的思想家，儘管並不熟悉西方古典政治
哲學，也不太懂西方古典語文，客居異國也久遠，可是老先生對國

---

3　筆者記得前幾年德國希臘學大家維拉莫威茲的那本《古典學的歷
　　史》譯成了中文，雖然是根據英國古典學大家Hugh Lloyd-Jones編
　　定的英譯本譯出，卻是錯誤百出，可為殷鑒。

內思想界動向判斷精準，令人嘆服。如果要問筆者參加的這次伯林
啓蒙觀研討會跟我們自己有何關係，那就是對進一步思考啓蒙跟當
代中國的關係不無參照作用吧。即便在我們承認是發達國家的國度
裡，都有重量級學者指出啓蒙在當下的重要性，強調啓蒙還在努力
實現自己的目標，那我們也許還沒有到輕易說啓蒙已過時的階段
吧？當然，如果像二戰時的日本京都學派那些為當時的權力作辯
護、進行學理上化妝的哲學家歷史學家那樣，堅信本國的世界史時
刻已經到來，西方沒落的資本主義只不過是有待揚棄的對象，啓蒙
充其量只是西方中心論的產物，那麼筆者上面所說的一切，大概也
都是沒有意義的。

　　王前，東京大學教養學部特任副教授，研究政治哲學與思想史，
著有《中國是如何閱讀現代西方思想的？》（講談社，2011），〈丸
山真男的思想世界〉，以及《近代日本政治思想史》（日本ナカニ
シヤ，2014)中〈二十世紀的政治：林達夫與丸山真男〉部分。

# 馬來西亞華人的政治思考：
## 「當代大馬政治理念暨制度之省思」研討會綜述

張康文

## 一、緣起

　　2013年5月的馬來西亞第13屆全國大選已落幕一年。儘管長期稱霸的國民陣線（國陣）政府繼續執政，但其得票數竟少於由民主行動黨、伊斯蘭黨和公正黨組成的人民陣線（民聯）。與2008年的第12屆大選相同，國陣無法奪得三分之二的國會議席，而民聯則拿下至少三州的政權。可以說，大馬兩線制格局與雛形已定，雖未改朝換代，但過去一黨獨大的局面不復出現。同時，大選也將大馬一直以來面對的問題抖落出來，從政治制度到族群問題、再到理念分歧，不一而足。

　　馬來西亞華社研究中心於2013年9月14日主辦了一場主題為「當代馬來西亞政治理念暨制度之省思」的研討會，邀請了六位國內外學者從政治理念、制度和宗教層面分析大選的問題及大馬的當前困境。儘管事隔一年，但研討會的討論內容仍有深刻的啟發意義。本文將簡單敘述與評析當天的學術報告，一方面藉此勾勒及展望大馬的走向，一方面讓他國對大馬政治的複雜狀態有所了解。

## 二、政治理念之引介與評價

中研院人文社科研究中心研究員錢永祥先生作了一個報告,題為〈活出生命的豐富:民主生活的道德含義〉。他首先比較幾個華人社會,然後提出馬來西亞的特點:(1)它由不同種族組成,而華人在其中佔少數,但這少數卻是經濟與文化上的強者。在這樣的國家談多元文化主義、正義等議題就有別於其他地區;(2)大馬政治受馬來原地主義影響很深,華人只能是國家的局部公民,而不是完整的公民。這樣的政治設計與現代性的平等公民理念背道而馳,錢先生甚至認為這點和中國大陸有些相似,因為後者在憲法中強調國家是工農階級所有,這也是一個局部共同體的概念;(3)大馬的民主追求與種族矛盾之間有強烈的張力,族群議題似乎難以像台灣那樣成為前者的助力。基於以上幾點,錢先生認為馬來西亞的經驗,對其他地區的華人社會很有參考價值。

其次,錢先生分析說明民主生活的道德含義:每個社會都應該有一套共同接受、並可用於相互監督與批評的道德理想或價值。這個理想或價值對國家發展事關重大。錢先生認為,民主化後的台灣在公共規則/意識、社會平等及社會包容度上有所進步。從台灣的經驗下手,錢先生總結出民主政治的道德含義是參與的對等。在參與的對等下,一個社會可以有以下三個面向:(1)公共性:人們除了會有私人的面向,也會有公共的面向。這個公共的面向不是從私人利害角度出發的,例如投票,選民能以共同體利益為選擇的考量;(2)多元性:在參與的對等下,民眾可參與及討論的面向豐富起來,他們不只有狹義的政治參與,還有社會的參與、環保的參與、性別議題的參與等等;(3)社會性:也就是說,人們如何在合作的前提下

共同經營社會生活，並在其中追求自己的理想人生。錢先生最後總結，要有參與的對等，就必須考慮參與的機會、能力和效果問題。任何一個條件的闕如都會傷害、阻礙影響平等的參與。馬來西亞若要塑造全民的共同體就必須滿足這些條件，否則它只能是一個局部人民的國家。

　　從錢永祥的演講，我們可以展望馬來西亞民主國家的前景。馬來西亞缺乏宏觀遠大的政治理念之考量，政治人物往往提出的是「頭痛醫頭、腳痛醫腳」的短視模式。即使是被賦予改朝換代重責的在野黨，也未能提供長遠的、值得憧憬的政治圖景，比較明顯的圖景恐怕就是「改朝換代」。追求民主國家的實現，需要我們發展一套可以鞭策我們前進的理想境界。它或許只是一種「應然」而非「實然」，但是缺乏「應然」考量的「實然」往往令人恐懼。另一方面，筆者認為，政治理念討論之闕如也和族群政治有關。不同族群的理念往往被視為敏感課題而掃入地毯下。而且，靠「分而治之」方式撈得政治資本的執政者，更願意放大和建構族群間的差異而不是減少差異。在這種情況下，討論、協商乃至孕育出共識幾乎成為不可能之事。錢先生強調的參與之對等，以及民主社會之面向和條件，應成為各方的共識，或至少是討論、對話的起點。從第12屆與13屆大選的結果看來，大馬的種族政治已非不可動搖，公民社會也慢慢紮穩步伐，這個關鍵時刻，應該有更豐富、更深入的價值論述來提供人們不同的政治想像，乃至成為評價的依據。

　　另外，馬來西亞蘇丹依德理斯教育大學高級講師許德發先生發表了〈分歧的社會公義觀？──華巫族群權益爭奪下的「平等」及「公正」論述〉。這篇報告裡，許先生首先追溯馬來原地主義是造成族群之間不平等的根源，同時指出兩大族群懷抱著不同、相互矛盾的社會公義觀，並批評了華、巫兩大族群的平等／公正觀。他從

自由主義的角度提出民主社會尊重的是個人，它相對忽略族群身
分，把所有人看作自由和平等的個體。

　　綜觀華社自獨立以來的論述，許先生認為華社在「馬來人至上
主義」的壓力下，逼迫出一種「道德平等」式的平等意識。「道德
平等」是「泛」平等主義的，它講究全面的機會平等，比如讀大學
的機會、經濟機會、獎學金的申請都應對各族平等開放。追求平等
是合情合理，也是意義重大的，但許先生問道，怎樣的平等才能體
現「正義」？或者哪一方面應該平等，而哪一方面可以有差別對待？
他認為，華人社會的「機會平等」實際上誤解了西方平等哲學之中
所強調的「相同起跑線」限制，意即華人缺乏理解平等的概念是需
要條件的。他以競技場上的起跑線比喻華社的平等追求：華社要的
是大家站在同一個起跑線，無論最終跑出來的結果如何，那都是公
正合理的。但許先生質疑：我們如何才能真正地「站在同一個起跑
線」？在自由主義者看來，我們不只要肯定起跑線上人們的道德平
等／自由權利，也要盡可能確保他們達到真正意義上的平等。舉個
例子，假設經濟機會自由開放給每個公民，那麼一些家世、階級背
景和天賦較好的公民自然會拔得頭籌。這種情況發展下去就是財富
集中在小部分人手裡，然後富者越富，貧者越貧。這時，平等已經
在絕對自由的要求下消失了。

　　許先生於是提出政治哲學大師羅爾斯一直強調的「一個正義的
社會分配，必須適合於『受益最小者』的最大利益」。所謂「受益
最小者」就是指那些先天後天的資源缺乏，例如出身低下階層或貧
困家庭，又或由於在生活中運氣較差，從而成為社會中收入最差，
或社會階級最低的人。華社的平等論述很少是強調針對「受益最小
者」（必須強調，受益最小者並非指某個種族），他們也很少談及分
配的問題——如何分配才合理？導致競爭能力／結果不同的因素，

有哪些是合理的？又有哪些是不合理因而需要矯正和補償的？從這裡即可得知，華社的平等觀之樸素簡單及其族群本位思考。

筆者認為這個批評相當關鍵。綜觀歷史，華社一直是馬來西亞民主化的關鍵力量。從1960年代初期左翼政治在體制外的抗爭，到1969年大選，再到之後由民主行動黨撐持的反對力量，這數十年的反對力量的聚散、起伏過程，其實都是以華人的選票力量為主[1]。但這個關鍵力量很少反思自己的理念與論述，其理念論述更多是一種壓力下的「反撲」，激情勝過理性，而且他們的理念與論述也只局限在本族群的內部交流裡。這種缺乏交集、協商和進一步深化的論述，究竟能在多大程度上開創大馬的民主未來呢？

至於以巫統為主的馬來民族主義者，許先生批評他們的公正論述——「平等概念只適合單一種族國家，馬來西亞這個多元社會必須有差別對待才能達到公平」——是「民族至上」下的「偽公正論述」。自由主義認為每個人在道德上是平等的。我們不能因為性別、年齡、學歷、出身、智商、種族或其他個人歸屬因素而遭受不平等對待。無論社會整體利益、應得(desert)、經濟效率等都無法為不平等作辯護。真要辯護，就要證明某一種不平等對待是為了讓「受益最小者」獲利，而「受益最小者」應是階級而非族群概念。用最通俗的話來說就是，「華人也有窮人，而馬來人也有富人」，應該被扶助的是窮人階級，而非特定族群。因此，馬來至上議程和強調「社會重組」與「種族平衡」的新經濟政策，無疑都違背了最基本的公正觀。許先生批評，馬來民族主義者從不注重人們的「應得」、「責

<hr>

1　許德發，〈華人是大馬民主化最關鍵力量〉，《當今大馬》，網址：http://www.malaysiakini.com/columns/228767。上網日期：2014年5月4日。

任」及「個人選擇」(如在工作和休閒、當前消費和長期儲蓄、避險
與冒險之間不同選擇的權衡)問題。也就是說,他們沒有嚴格認清起
跑線上領先者的個人努力及落後者自身應負的責任。

　　許先生此文以社會正義觀辨析和評價兩大族群之政治理念的論
文,在馬來西亞很少見。從政治哲學來說,價值論述的生命力與合
理性是需要檢視和提煉的,它是國家發展的一個重要提點。沒有價
值論述的政治很容易忽視個體的生活,進而帶來災難。從歷史來看,
平等/公正是馬來西亞華巫兩大族群一直以來最為重視但分歧最大
的理念。從上述簡介可知,許多馬來西亞人未必對這個價值有深入
的理解,但卻常常將之提出來以捍衛立場、爭取權利。梳理、反思
之前的論述,是族群自我及相互理解的一個切入口,也是族群融合、
產生共識的關鍵。

## 三、體制的重組與恩庇政治

　　在接下來的另一場次中,馬來西亞華研學術董事潘永強先生的
報告題為〈華人政治的重組性選舉〉。潘先生嘗試概念化第13屆大
選對華人選民的意義,認為此屆大選乃是一次「重組性的選舉」
(realigning election)[2]。也就是,主要政黨的社會基礎發生重大變動,
而失去原先保持的優勢,使得選民的認同模式出現重組。此屆大選
有八成華人傾向反對黨,而且當中沒有分裂投票,也幾乎沒有地域

---

2　「重組性的選舉」是Angus Campbell等學者針對美國總統選舉劃分
　　出來的選舉類型。見Angus Campbell, Philip E. Converse, Warren E.
　　Miller, Donald E. Strokes, *The American Voter* (New York: John Wiley
　　& Son, 1960).

差異[3]。這使上一屆已顯頹勢的執政國民陣線(國陣)內的華基成員黨,如馬華公會、民政黨、人聯黨之政治地位進一步滑落。其中,馬華公會這個曾經僅次於中國共產黨和台灣國民黨的全球第三大華人政黨,在這屆選舉競逐的37個國會議席及90個州議席裡,只守得住7個國會席次與11個州席次。這些華基政黨的位置已被在野的行動黨和公正黨取代。在政黨政治高度制度化的大馬,主要政黨往往有穩定的社會基礎和選民認同[4]。華社此屆大選的表現因此值得關注。

潘先生指出,在西方民主國家,政黨重組很少源自選民政黨認同的大幅度轉變,而較常是因為人口增加、新選民加入,或社會出現重大議題。但根據他的觀察,大馬華社的集體轉向卻是政黨認同的明顯轉變。目前國陣的權力架構,以巫統為主導,同時收編各族群保守政黨參與政權,以維持多族群分享權力的假象。為了重返政治主流,而非繼續滿足於作為幌子的華基政黨政治參與方式,華社不惜切斷自己與建制的關係,不在乎內閣將失去華人部長,直接面對當家做主的巫統。與其說華社告別的是華基政黨,不如說華社是告別國陣長久以來「分而治之」的模式。

筆者認為華社的勇於告別,與他們的社經條件、教育程度、流

___

3  沒有分裂投票,意指無論國州議席,多把選票投給民聯。另外,一些國陣的傳統票倉,如柔佛、彭亨和砂拉越的華人選民亦紛紛轉向,支持民聯。

4  比起菲律賓、韓國等國,大馬的政治制度化自不待言。即使在政黨認同高度穩定的美國,平均每隔30年、40年,選民還是會根據政策和理念價值調整政黨認同度。英國也發生過類似的政黨重組現象,1910年代英國工黨明確主張國有化政策和社會福利,結果取代自由黨地位而崛起。見潘永強,〈第13屆大選:華人政治的重組性選舉〉,載吳彥華、潘永強編,《未完成的政治轉型:馬來西亞2013年大選評論》(吉隆坡:華社研究中心,2013),頁63-64。

動機會、資訊獲得等條件所能提供的視野與政治想像不無關係。而
且，作為經常受到不平等待遇的「他者」，華社比既得利益者更渴
望突破，儘管他們未必能夠預測推翻巫統的未來是否更好，但迫切
改變現況的心理已超越一切。在華社對伊斯蘭黨的態度從抗拒到支
援的轉變上，即可看得出來這一趨勢。另外，馬來反對勢力的壯大
也增添華社改朝換代的信心，他們已知道巫統的種族主義霸權並非
不可推翻，而推翻的路上也不會形單影隻。這也是為什麼不少華人
已不畏懼「伊斯蘭法將實行於大馬」、「朝中無人難辦事」等長期
發揮作用的威脅。

　　馬來亞大學博士後研究員吳益婷則發表了〈砂拉越的族群與恩
庇政治：延續與挑戰〉的報告。她認為，恩庇政治是東馬砂拉越州
政治體制的特色。所謂恩庇政治，就是藉由提供發展機會或當下利
益以籠絡選民，換取選票。要注意的是，恩庇更接近一種私人關係，
當中含有一種情誼。筆者讀過一則新聞，提到沙巴州原住民選民把
國陣政府當作父親，不敢忤逆[5]。吳女士認為，在地理較為偏遠、國
陣政治影響力較難企及的砂拉越，恩庇政治發揮的影響力不能小
覷。她也發現，砂拉越的恩庇政治之基礎在於強人領袖──首長泰
益瑪目，而非政黨。她懷疑，在泰益離開所屬政黨土保黨之後，該
政黨或會面臨分裂的情況。

　　當然，砂拉越是個複雜的存在。它有城市化的選區，也有鄉下
選區。吳女士發現，在城市選區，恩庇政治往往失效，因為當地選
民人口比較多元，議題較為複雜，而且人口流動量大、資訊傳播速

---

5　見郭史光慶報導，〈「國陣形同父親怎能不投選？」貧困甘榜村民
　　忠貞支持發展牌〉，《當今大馬》，網址：https://m.malaysiakini.
　　com/news/147159。上網日期：2014年5月8日。

度快，不太可能發生資訊壟斷的情況。但鄉下選區沒有這些條件，
而且鄉區資源較為缺乏，吳博士甚至認為，恩庇政治可被理解為選
民參與鄉區展的一種方式，因為他們往往在大選期間「爭取」到或
「獲賜」公家資源。另外，鄉區選民彼此間的密切關係與相互監督
也在一定程度上維繫了自己和領袖之間的感情。這也是在野黨難以
在鄉區紮根的重要原因。

　　與潘先生的報告中所討論的華人選民多居住於城鎮不同，吳女
士的報告焦點集中在砂拉越鄉下選區。城鄉選民的認知差異確實值
得重視。一個城市選民再正常不過的政治傾向及道德理由，在鄉下
選民看來，卻是難以想像和理解的，甚至可能被認為是一種背叛。
第13屆大選中，國陣贏得的133國會議席中，有112席來自鄉郊選區。
當人們把矛頭指向砂州或鄉郊選民，要他們負上無法推翻巫統大業
的重責時，他們的境況又被人了解了嗎？城市選民、華裔選民的視
角畢竟不是一切，認清自己的盲點，盡可能了解鄉下選民的處境，
無疑是人們接下來的努力方向。

## 四、宗教保守化與「贏者全拿」

　　在第三場次中，拉曼大學中華研究院助理教授陳中和先生的報
告題為〈當代馬來西亞伊斯蘭法律體制下的信仰與表達自由：發展
與挑戰〉。陳先生的問題意識在於：大馬伊斯蘭法律地位之高，是
一直以來如此，抑或長期演變而成的？為什麼作為世俗國的馬來西
亞會在後來被理解成回教國？箇中原因與意義為何？

　　根據他的報告，大馬伊斯蘭法地位之高當然是演變的結果。陳
先生指出，伊斯蘭作為大馬國家宗教的意義原本僅限於：一，彰顯
馬來人的特殊法律地位和馬來人對這個國家的傳統主權；二，作為

國家重要官方儀式的一部分；三，賦予馬來族群優勢地位，因官方
可大力支持伊斯蘭教活動，而根據憲法，馬來人都是伊斯蘭教徒，
支持伊斯蘭活動即是支持馬來人活動；四，捍衛馬來人傳統文化的
完整性。從法律角度來看，大馬原本不能被稱為回教國，因為：一，
大馬不是以伊斯蘭為立國原則；二，大馬最高法律，也就是聯邦憲
法以英國法律為基礎，而且它是成文法、普通法，和具有法律效力
的習俗或習慣，不包括伊斯蘭法；三，伊斯蘭法律事務屬於地方政
府事務，而且全國並沒有一個法定伊斯蘭領導人；四，大馬只實施
部分伊斯蘭法律，即只涉及家庭事務、信仰儀式以及個人信仰事務
的法律；五，憲法起草人和開國領袖皆認為大馬是世俗化國家。

　　陳先生指出，伊斯蘭法地位之提升和大馬之邁向回教國，是強
人領袖馬哈迪時代（1981-2003）的產物。在馬哈迪的治理下，以伊斯
蘭價值所指定的一般行政命令或法令陸續出臺，伊斯蘭法體制也有
所擴權。其中，伊斯蘭法院處分之最高刑度提升不少，而且伊斯蘭
法規範事項有所擴張、懲罰內容更趨嚴格及原教旨化[6]。1998年憲法
修正後，伊斯蘭法院的判決甚至不受聯邦法院干涉。雖然伊斯蘭法
管轄範圍仍以個人家庭和宗教事務為主，但因為伊斯蘭法地位的提

---

6　1984年聯邦國會立法將伊斯蘭法院處分的最高刑度由原先為六個
　月的監禁和一千元馬幣的處罰大幅提高為不超過3年的監禁、五千
　元馬幣的罰款、不超過六次的鞭刑或三者兼施。目前此最高刑罰額
　度主要實施在各州的通姦（Zina）罪、男同性性行為（liwat）或女同性
　性行為（musahaqah）上。此外，禮拜五沒有前往回教堂作禮拜、在
　齋戒月不進行齋戒等不履行宗教義務的刑罰也提高不少。除了提高
　罰款額度，全國各州也陸續訂定專門的伊斯蘭刑法，而規範的罪行
　更首次納入男女「幽會或親密行為」（khalwat）的罪行，在這規範下，
　從1980年末起，全國各州的穆斯林情侶原則上已不能在任何場合發
　生未婚的親密行為。

升，個人的宗教義務與生活受到嚴密的規劃與控制。

　　陳先生認為，馬哈迪時代的伊斯蘭體制之面貌，不只顯現馬哈迪欲超越憲法限制與擺脫王權束縛的野心和專制[7]，也和巫統與伊斯蘭黨、民間伊斯蘭勢力的競爭有關。巫統利用馬來民族的民族意識和伊斯蘭信徒意識來凝聚支持，促成一黨獨大的政權。他因此說，馬哈迪政府「肆無忌憚地介入甚至主導伊斯蘭事務，伊斯蘭因此而成為執政黨建構統治霸權的工具」。

　　檳城研究院研究員黃進發先生的〈分裂社會中的贏者全拿：馬來西亞政治體制與社會結構的錯配〉，主要批評的是大馬「頭馬獲勝」（First-Past-The-Post）體制中的「贏者全拿」（Winner-Takes-All）本質與雙極社會（bipolar society）結構的錯配。馬來西亞大選後，由於執政黨雖獲得較少選票卻贏得更多國會議席，因此黃先生所討論的議題顯得更為重要。他引述美國政治學者Garry Cox的分析架構，提到「贏者全拿」的設計可以逼使政黨結合成兩大集團，互相趨中競爭，如此既有全盤的政黨輪替，也有政治穩定和中道政治。但黃先生強調，以上的政治遠景往往在「單極社會」才能實現，而不適用於馬來西亞這個由「馬來人—伊斯蘭教徒」和「非馬來人—非伊斯蘭教徒」組成的「雙極社會」。他認為，「贏者全拿」本質加劇了「雙極社會」的不安全感與焦慮感。在這個體制下，政權的更替涉及的是聯邦到縣市政權的全面更替，而非局部更替，因此政黨得失心很重，而民眾即使對國陣有所不滿，也不太敢把票投給民聯。而且，這種情況下，佔優勢方即巫統會選擇趨向保守，不會冒險改變，因為擔心任何讓步會導致選票流失，一發不可收拾。因此，雙

---

7　大馬憲法明定各州統治者為伊斯蘭領袖，並賦予統治者保護伊斯蘭之責，馬哈迪政府的舉動實際上是違憲的。

極社會仍舊存在，而且情況更加尖銳。黃先生觀察到，在語言駁雜
以致難以界定族群邊界的當代大馬，巫統穩住基本盤的做法是收緊
宗教作為族群的邊界——一方面努力防守流失（脫教、異教婚姻的外
教信徒必須皈依回教），一方面加強內部的監控（對女性、同性戀、
自由派、左派、什葉派）。另一方面，筆者也觀察到，面對民聯執政
的州屬之民主改革，國陣往往無動於衷，而更願意採用民粹的手段，
如派發援助金來穩住民心。

　　面對上述問題，黃先生認為有兩個出路選擇：一，減低政治體
制「贏者全拿」的本質，讓選民更願意冒險；二，降低雙極社會的
對立。面對華巫兩大族群的對立情況，他進一步指出，巫統的政權
局部建立在「華人恐懼」上，當華人沙文主義者恐懼甚至厭惡巫統
與馬來人時，他們反而間接在幫助巫統。他相信，如果華社願意理
解、正視馬來人的問題，甚至伸出援手，即可釜底抽薪，砍斷巫統
所滿足的馬來社會對華人的敵意。

　　黃先生對選舉制度的關切其實其來有自。大馬在野黨和輿論界
在面對選舉問題時，往往只聚焦在幽靈選民、賄選、媒體偏頗報導
等較為顯著的議題上，忽略了選舉制度先天的設計如何拖垮民主化
的進程。黃先生曾在另一篇文章提到，這種對制度的「放過」有兩
個可能：一，在野黨取得過半票數卻未能執政的例子以前未曾出現，
因此對制度設計的普遍危機感不足；二，這樣的制度是大馬選舉性
一黨制國家與「馬來政治支配」制度維繫的重要機制，一旦受到改
革則動搖「國」本，影響深遠，在野黨或希望在不改革選舉制度下
贏得政權，或在取得政權前不談制度改革[8]。但如不重視制度設計的

---

8　黃進發，〈選舉制度定江山？——「頭馬獲勝制」對本屆與來屆大
　　選的關鍵影響〉，載吳彥華、潘永強編，《未完成的政治轉型：馬

問題，下一屆大選或將重演同樣的結果。

　　另一方面，黃先生和陳先生的報告其實可以相互補充。前者從體制分析伊斯蘭宗教邁向原教旨化的原因，後者則從法律條文分析原教旨化的現象與演變過程。這方面的知識是華社相當匱乏的，兩人的說明不啻是一場知識的「及時雨」。值得留意的一點是，伊斯蘭法律與馬來民族意識的「前進」伴隨的是馬來人「個人」的「後退」。他們的個人生活和宗教義務漸漸從私人事務轉變成公共事務，受政府宗教單位嚴密監督。筆者以為，這或許是馬來社會一直和自由與平等價值有所距離的原因，因為他們的個人價值已被宗教與民族的復興大業給取代，又或者說，前者已與後者分不開來。坊間曾流傳一種說法：「如果華人自認是大馬的二等公民，那麼那些對政治、宗教、民族等議題有異議的馬來人其實是三等公民」。因為，任何的異議都會被理解為對宗教與民族的背叛。當然，這樣的情況也可以是一種契機。尤其在這個資訊流通愈加發達與注重人權的今天，這種侵犯到個人價值與生活的政策必定面對更多張力。因此，如何將更多元的資訊帶入馬來(鄉區)社會，鼓勵他們結合自身經驗與體制問題作更多的思考與聯繫，是關心大馬民主化事業的人們不能忽視的方向。

## 五、結語

　　以目前的發展趨勢看來，馬來西亞的政治轉型仍然位在現代化理論的框架內。其中，城市選民、中產階級和知識精英在民主化上的努力功不可沒。但，以上六位學者分析的族群差異、理念分歧、

(續)───────────

　　來西亞2013年大選評論》，頁18。

城鄉差距、制度設計和宗教保守化等確實是大馬相當嚴重棘手的問題，也非短期可以解決的。如果選民與在野黨繼續滿足於改朝換代的激情，而不理性看待與處理上述問題，「改朝換代」則終將只是一個口號。

張康文，馬來西亞蘇丹依德理斯教育大學(Sultan Idris Educational University)碩士生，學術興趣為馬來西亞華人研究、民族主義、中國近現代思想史與生活史等，碩士論文研究魯迅在新馬的影響和形象。

思想
人生

# 湯一介：在歷史漩渦中探索哲學

李懷宇

## 一、「湯、樂」合璧

　　我在三十歲左右時，樂此不疲地採訪老先生，目光投注於九十歲左右的文化人。當時每想起湯一介和樂黛雲夫婦，第一反應是「太年輕」。2007年3月，湯一介先生剛過了八十歲。我到了北京後和他通電話，深為他的儒雅氣息所感染，脫口而出：「湯先生，我們做個採訪吧！」湯先生爽快地答應了，並約好幾天後見面的時間。當我到北京大學朗潤園湯家的樓下，按了門鈴，竟沒回應，再打電話，也沒人接。我隨即給湯先生的至友龐朴先生打了電話，龐先生說，如果湯家沒人，湯先生夫婦可能是到郊外的另一個地方去小住了。於是，我寫了一張字條並留下手機號碼，放在湯家的信箱，信步從北大到圓明園去逛了一個下午。這種經歷在我的訪問生涯中可以說絕無僅有，因此至今難忘。

　　幾天後，我接到湯先生的電話，彼此互相道歉，都說自己記錯了時間。我提到3月15日剛在陳樂民和資中筠夫婦家談得很暢快，建議湯先生和樂黛雲老師一起接受我的訪問。湯先生說：「我們和陳樂民、資中筠夫婦是好朋友，好久沒有見面了。」電話裡聽到他跟

樂黛雲老師商量了幾句,馬上就聽到樂老師爽朗的笑聲。3月17日,
我如約來到他們家。湯一介理性,樂黛雲感性,張弛之間形成有趣
的組合。兩人的談話風格迥然不同,樂黛雲健談,但在訪談中主動
讓丈夫多講一點,只在適當的時候補充。

湯一介提到自己剛剛度過八十歲生日:「我一生走過來也不大
容易,很多運動。八十歲時我講了三點:第一點,我做一個哲學家
的基礎不夠,中外基礎都不夠。我雖然考慮一些問題,但所有這些
問題我都沒有做完。第二點,做中國哲學一定要對西方哲學有非常
好的了解,才能做好,因為這樣才有一個很好的參照系,特別是現
在這個全球化的時代。第三點,我現在做《儒藏》,對我也是一個
考驗,因為我原來是做哲學的,不是做古籍整理的,所以我現在是
非常小心,戰戰兢兢地來做。」

回憶北京大學當年的學風,胡適、湯用彤、馮友蘭、金岳霖、
沈從文一代的風采恍如隔世。再對照當下的學風,湯一介有感而發:
「他們的基礎比我們後來的好得多。像我父親這一代小時候讀私
塾,背了四書五經的,然後又到國外去待了五六年甚至更長的時間,
對西方當時的學術思想都非常清楚,所以這兩方面基礎比我們好得
多。我們沒有原來背四書五經的國學基礎,因為我們是新式學堂出
來的,又沒有機會到國外待五六年。他們這兩個基礎都比我們好,
所以做出成績來。我們這一代包括下一代再下一代都沒有機會,現
在出去留學的人可以在國外待五六年甚至更長時間,但是他們國學
基礎並不好。研究外國的東西研究得再好,也不會比外國人自己研
究的更好,可是研究中國的東西,基礎又不夠,大師還是出不來。」

我發現他們夫婦視野很開闊,曾都多次到海外學術交流,也十
分關注海外學者。湯一介說起從楊聯陞到余英時、林毓生、張灝、
杜維明等學者,交往的故事中,依稀有老北大的作派。

　　樂黛雲介紹夫婦的生活習慣：上午工作，然後一起散步，下午接待各種各樣的人。當時她還在北外招了幾個研究生。湯一介則致力《儒藏》的工作。

　　那次訪談以後，我不時和樂老師通電郵，常向他們請教問題。拙著《訪問歷史》收了他們的訪談稿，我寄了樣書給他們。2009年11月14日清早，我接到湯一介先生的電話，原來他的學生很喜歡《訪問歷史》一書，到他們家紛紛借閱，此書已被學生取走，他想再要一本。我馬上又給他寄去了。

　　2011年4月，得知湯一介先生主持的《儒藏》出版後，我打了一個電話到湯先生家道賀，電話竟不通。我隨即打電話到北大哲學系，哲學系老師說，湯家最近怕電話干擾，為了湯先生身體考慮，把電話停了。我便給樂黛雲老師寫了一個電郵，希望就《儒藏》一事給湯先生做個電話採訪。樂老師即回信：「老湯說很願意和你談，但他最近有病，希望你15日後再聯繫。」隨後告訴了他們家的新電話。不久又來一信：「老湯說，他最近先將一些材料寄給你，請你先看一下，5月8日我們從鄉下回來再約談好嗎？他最近心腎都不大好，醫囑靜養，還望見諒。」並託學生給我快遞了厚厚一批關於《儒藏》的材料。

　　2011年5月12日，我和湯一介先生通電話，感覺他的思路清晰，對《儒藏》的問題胸有成竹，頗有出口成章之妙。一個小時的通話，整理出來便是洋洋灑灑六七千字。以後再也沒有機會跟湯先生電話長談，一般都和樂黛雲老師通電郵，她的簽名常是簡潔的「湯、樂」。

　　2014年9月9日，湯一介先生逝世。

## 二、「左傾」學生

湯一介的父親湯用彤是著名學者，曾任北京大學副校長。1947年，湯一介進入北京大學哲學系，1948年，樂黛雲進入北京大學中文系。湯一介1946年進入北大先修班，1947年才進哲學系，在學習的同時也參加學生運動。1946年底，沈崇事件發生。他說：「先修班有個國文課，兩個班合併上課，沈崇是跟我一個班上課。但是我不認識她，她也不會認識我。」

我問：「沈崇事件在當時是怎麼回事？」湯一介說：「她是北大的學生，『沈崇事件』應該說是大規模的學生運動的導火線。她被美國兵強姦了，因為她是我們北大四院的學生，我們就非常氣憤，動員起來向美國抗議，當然是地下黨組織的，沒有問題。我們開始遊行，慢慢地各個學校都參加了。那些美國兵是駐紮在東單廣場那一帶，我們就集中在東單廣場，要求美國兵撤出中國。本來沒有大規模的學生運動，就是從那開始大規模運動了。我們四院的學生就把美國的國歌變成了反對美國的歌曲了。1947年元旦，胡適給我父親寫了一封信，他要到南京去，說沈崇事件已經決定由法律來解決。這封信正好是我看到了，因為我父親當然不會給我看這封信，我偷看以後，趕緊找了一個會拍照的同學拍下來，所以這封信就保存下來。」

1947年，學界已然左轉。湯一介認為左傾是從西南聯大時就開始了。「從聯大教授隊伍來看，就有些分化。因為抗戰是跟『建國』聯繫起來的，國民黨提的也是『建國』，所以也有一部分教授參加了國民黨，另外一部分教授參加了共產黨或者參加了民盟。參加國民黨的有馮友蘭先生、賀麟先生，他們都是當時聯大的當權派，還

有一些人像聞一多、吳晗參加了民盟，當然大部分學者也不是傾向於那一派，像我父親不願意參加國民黨，也不願意參加共產黨，就是學者。梁漱溟從重慶來找我父親，他們從小就是同學了，勸他參加民盟，我父親說：『不行，我是學者，不參加黨派。』」不過，湯一介感覺蔡元培先生的「相容並包」之風在北大猶在，學術比較自由。「賀麟是訓導長，是國民黨黨員，但是他還是很愛護學生，學生被抓了，他常常要到中南海李宗仁的行轅找他，把學生救出來。」

　　1948年，樂黛雲在貴州考取了好幾個大學，可是她只想讀北大。她父親不願意她北上，以為將來的局面是以長江為界，南北分治，如果她在南京的中央大學讀書，回家方便一點。而樂黛雲嚮往革命，搭上運鹽的「黃魚」車，從貴陽到柳州，再從柳州坐火車一路北上，唱著《解放區的天》一類歌曲到了北大。

　　很快北平圍城了。樂黛雲是民主青年同盟成員，那是地下黨的週邊組織。當年樂黛雲進北大是想考英文系的，據說沈從文看了她的那篇作文，讓她到中文系讀，而她的大一國文是沈從文教的。所以，組織專門派樂黛雲到沈從文家做思想工作，跟他講：不要走，不會有什麼很大的危險。樂黛雲回憶：「我現在想起來覺得很可笑，我一個十七八歲的小孩子，保證他以後絕對沒有問題。其實問題多了。還跟他講：你的好朋友丁玲就是在解放區，她來了一定會關照你的。結果後來恰恰這個山問題。他那時候住在中老胡同，我印象中他的夫人特別漂亮，對他也特別好。」沈從文聽了樂黛雲的一番話，笑一笑，說：「好吧，我再想一想。」樂黛雲回憶：「最後決定不走，應該不是我的工作，他自己想清楚了。沒想到後來丁玲對他那樣冷酷無情，他還保過丁玲，但是丁玲也是怕人家提這一段事情，因為搞不清楚她跟特務什麼關係。」

　　地下黨來找湯一介，問他父親願不願意去解放區？如果願意

去，他們可以保護他父親去到解放區。於是，湯一介回家問父親，湯用彤說：「我不能看見國民黨要失敗了，共產黨要勝利了，就往勝利的方向去。我可以不走，但是我不願意去共產黨那邊。」當時胡適給了湯用彤飛機票，他們全家都可以南下，湯用彤讓妻子準備了兩口箱子，裝了東西放在中央研究院歷史語言研究所。但湯一介表示自己堅決不走。「我母親就覺得我的哥哥、我的妹妹都在抗日戰爭中的昆明死掉了。如果他們南下，把我留在北平，就等於丟了三個孩子了，這樣恐怕不行，就說：『我們不走吧。』我父親本來就動搖了，他也不一定想走，就留下來了。我估計他不想走，但是他跟胡適、傅斯年的關係都非常好，因為他到北大教書，是胡適找他來的，他跟傅斯年通信很多，主要是談聘任教授的事。所以胡適、傅斯年動員，他也是動搖。」

當時湯用彤一家住在中央研究院歷史語言研究所的房子，傅斯年也住在裡面，胡適則住在旁邊東廠胡同一號的房子，兩個門相通。胡適有時候過來找湯用彤。湯一介回憶：「從左派學生看，當然覺得胡適幫國民黨說話，而且批評學生運動，他有一篇文章是批評學生運動的，所以當時大家對他不是很滿意。但是當時他有些主張我覺得還是有意義的，他覺得國民黨不應該在北京大學，黨不應該在學校裡！我覺得這一點是很有眼光的，學校就是學校。在紀念五四運動70周年的時候，中國文化書院開一個會，有位教授在會上講了一句話：『當時胡適敢說國民黨不要在北京大學裡。』」

樂黛雲則對胡適的印象相當好。1948年暑假以後她入學，「反饑餓」已經過去了，學生運動就是「爭溫飽」。「我們從遠方來，都沒有錢，到了冬天，吃飯也成問題，穿衣服連棉襖都沒有，後來我們一兩百人就在校內遊行，遊到胡適辦公的地方。胡適親自出來接見我們，他說：大家都很辛苦，我一定幫你們想辦法。後來給我

們每人一件棉襖，那件棉襖我穿了四年。最低的伙食費也給我們包
下來了。所以當時我們對他的印象還很不錯，他很和氣，穿個黑顏
色的大棉袍，對人很溫和的，好像很有親和力的感覺。我父親當年
考北大英文系，筆試考過了，面試是胡適親自給他面試的，他說：
你的英文口音太重了，念的英文不像英文，你補習兩年再來考。所
以我父親一直在北大旁聽。我覺得胡適對學生還是挺嚴格的。」

## 三、「革命」愛情

　　在如火如荼的運動中，湯一介和樂黛雲都積極參與，從相識而
相愛。

　　湯一介回憶：「我覺得關係更密切的時候可能跟抗美援朝有關
係。當時朝鮮那邊打起來，因為我們都是團幹部了，團中央號召團
員幹部參軍，我們就帶頭組織了好幾個同學給團中央書記寫了一封
信，說我們要參軍打美國佬。我們是愛國主義非常強的青年。這時
候關係就更接近了。她是做北大抗美援朝的小報編輯，每天要出小
報，我是組織學生隊伍到街頭去宣傳。她可能不記得了，我的辦公
室離她的辦公室並不遠，我常常跑到編小報的辦公室去看她。她是
很忙很忙，沒多少時間理我。」

　　樂黛雲馬上接話：「你這說得不太準確。我覺得更早一點，就
是1950年的五六月間，派我代表北京市的學生到捷克去開世界學生
大會。當然我們原來相處就比較好的，去之前就促進了我們關係的
發展。我過兩天要走了，有一天晚上他帶了他家裡的很多唱片，就
在我們總支辦公室放了柴可夫斯基的音樂，我很喜歡，他也很喜歡。
聽了一夜，聽到天亮的時候，我們當時在紅樓靠街的一面，就聽見
手推車賣東西的聲音，才知道天亮了。我們什麼都沒說，反正是聽

了一夜的音樂，也沒有別的什麼，我不知道他怎麼樣，我已經有以心相許的感覺。後來到了捷克，團的領導要我們留下，去上莫斯科大學，我的俄文還可以，可是他們怎麼說，我也不願意留，當然一方面我是怕在那個地方老是搞政治，另外覺得有那麼一個人在那兒等我，我怎麼能不回去呢？」湯一介說：「我也怕你不回來！」

1952年9月13日，樂黛雲一畢業就和湯一介結婚，請了還沒有離校的同班學生參加他們的新式婚禮。樂黛雲說：「當時的想法就是所有的同學都來參加我的婚禮，大家畢業後還沒走散。」湯一介則說：「她希望她班上的同學都能參加她的婚禮。我們是9月13日結婚的，這個日子並不好，因為林彪是9月13日掉下去的。」

婚禮就在湯家的院子裡，大家吃點糖和水果。婚禮上，樂黛雲發表了一番充滿革命豪情的講話。湯一介說：「她在會上發表的講話，應該說是非常糟糕的。」樂黛雲說：「那時候很革命嘛，我的左傾幼稚病特別嚴重。什麼都以革命為上，我說：我最重要的是要和你們這個資產階級家庭劃清界線，我到了你們家，一定不會被資產階級腐蝕的。他父親脾氣挺好的，什麼話也沒說，他媽媽也是什麼話沒說，他們脾氣好得不得了，而且是特別仁厚的人。一般人都覺得這個媳婦怎麼這麼野？他們沒有，他媽媽一直對我都很好。」

第二天，湯用彤覺得長子結婚應該宴請親朋，就在一個比較高級的餐館請了兩桌客。可是，湯一介和樂黛雲並沒有參加，他們覺得這是和資產階級劃清界線的第一步。樂黛雲回憶：「當時我們覺得不去，就是劃清界線的第一步，如果去了就是投降。後來對這件事情我一直非常後悔，很不應該，很傷老人的心。他們很看重這些東西，可是我們一點不體會他們的感情。這是很不對的。太傻了！」

## 四、「哲學工作者」

　　湯一介1951年畢業後，分配到北京市委黨校做教員，樂黛雲1952年畢業後留校。

　　1954年，《人民日報》開批判胡適的會，點名湯用彤參加，而且要他發言。湯一介並沒有參加，聽了張岱年講批判會的情形。「我估計他心情一定很矛盾，他又非批判胡適不可，他心裡還是有想法，腦溢血了。」湯用彤在會後喝了酒，把酒杯打倒了，送回家以後，當天晚上就神志不清了，有接近一個月的時間處在昏迷狀態。當時馬寅初是北大校長，對他很關心，去找了衛生部長，請蘇聯專家幫著在協和醫院給他治病。治了一個多月後，湯用彤甦醒，之後就半身不遂了。湯一介說：「這對他也有好處，就是1954年以後的活動，他全沒有參加了。因為他是政協委員，又是人大代表，這些會他都不出席了，學校的活動他也不參加了，就掛一個副校長的名字，可是他都待在家裡。我記得他病的過程中，除了到醫院，只出外三次：一次是熊十力從上海到北京來，因為他跟熊十力關係很好，去到民族飯店看過一次熊十力；另外一次是陳毅在政協禮堂開新聞招待會，請他去，他跟陳毅談了一段話，那是我陪他；第三次是1963年他身體好一點，到天安門看放煙花，我和孩子陪他去，剛一上天安門就碰見周總理，總理一下就認出他：『你怎麼跑來了？』我父親說：『我現在好一點，來看看。』總理說：『主席在這兒，我帶你去看主席吧。』毛主席問他：『你身體怎麼樣？』我父親說：『好一點。』主席說：『你身體不好，就寫短文吧，不要寫長文。』我們說：『好好好。』就完了。1964年初，他的身體又壞了，住在醫院裡，就去世了。所以基本上沒有參加政治運動，對他有好處。」

　　1956年，湯一介調回北京大學哲學系。當年北大哲學系有二十多個教授，馮友蘭、金岳霖、周輔成、賀麟，都是「資產階級唯心主義學者」。為了讓這些教授學習馬列主義、毛澤東思想，上面請了胡繩、艾思奇來講課，還請蘇聯專家來講課。

　　樂黛雲從學生時代就喜歡現代文學，她的老師是王瑤。樂黛雲去找王瑤：「我要跟你學現代文學。」他很反對：「為什麼要學現代文學？現代文學是很不好學的，你說哪個作家有點缺點有點毛病，他馬上就跳起來跟你爭論，所以很難寫現代文學史。」王瑤原來是研究中古文學的，對魏晉南北朝的文學深有研究。他對樂黛雲說：「你最好是學古典的，古代的人不會從棺材裡爬起來，跟你說你評論他評得很不對。」樂黛雲反問他：「你怎麼放下中古文學來做現代文學？」王瑤也沒說話，笑一下。於是，樂黛雲就跟他學現代文學。

　　對這一選擇，湯一介解釋：「我覺得是分配給王瑤的，要他做。因為我記得後來周一良講他自己，周一良也是研究魏晉南北朝的歷史，非常有成績，大家都說他將來可以成為『陳寅恪第二』。可是一來就讓他搞世界歷史去了，因為他的外文非常好，等於把他原來的基礎丟掉。所以都是分配任務，並不是他的專長。在這一點上，解放後對人才的愛惜是非常差的，沒有愛惜這一批知識分子，沒照顧特長，而且都把他們看成是資產階級知識分子，都是需要改造的，都是需要批判的。從而使中國的學術有一個非常長時間的斷層，從馮友蘭開始，要不是1980年代以後他搞了一點東西，他後面就沒有什麼東西了。朱光潛早年的東西比他晚年好得多了。曹禺這些作家越來越不行了。這是一個大問題，可是我們覺悟都是非常晚的。我們都是在文化大革命以後才覺悟了，不能再那麼幹了，再幹就越幹越糟了。」

　　湯一介讀哲學系是想成為哲學家，可是後來成為哲學工作者。他說：「當時馮友蘭自己也是這麼說，不是我一個人這麼說，你看他的《三松堂自述》就是這樣講：只能成為哲學工作者。因為我們只能解釋馬恩列斯包括毛的思想，或者用他們的思想來解釋歷史的問題和現實的問題，不能有我們自己獨特的思想。馮友蘭很痛苦就是：他老想有一點獨特的思想，為這還挨批判。不僅我沒有成為哲學家，幾乎解放以後就沒有再出哲學家了。金岳霖先生思想也左了，他認為邏輯也有階級性，這麼一推，數學也有階段性了，後來他也沒有大的成果出來。這批知識分子都很可惜，二十世紀三四十年代的精英幾乎毀掉了。」

　　1957年反右運動中，樂黛雲被劃為右派，「雙開」：開除黨籍，開除公職。湯一介堅信樂黛雲不是右派，受到嚴重警告。樂黛雲說：「劃不清界線。他打電話給中文系黨總支說：『樂黛雲絕對不是右派！』他就是搞不通，我原來挺左，怎麼會變成右派了呢？後來我下放了，他多次寫信，稱我是『樂黛雲同志』，讓人家看見了，就告上來了，他還是那麼寫，後來說他又劃不清界線，又受到批判。」

## 五、「梁效」成員

　　文化大革命爆發後，湯一介被打成「黑幫分子」，關在哲學樓，樂黛雲每天晚上坐在哲學樓樓梯上等他回家。1973年，著名的「梁效」寫作班子成立，湯一介受邀加入，在其中搞資料工作，後來也寫了一些文章。

　　我問：「『梁效』是怎麼回事？」湯一介說：「1973年，『梁效』就是『兩校』：北大和清華。其中有馮友蘭、周一良、林庚、魏建功、吳小如和我……」樂黛雲說：「反正有點名氣，有點才氣

的都給弄進去了。」湯一介說：「都是學問不錯的人，才找去的。
怎麼起來的呢？就是清華先編了一個《林彪與孔孟之道》的材料，
送給毛主席，毛主席說：這個不行，他們不懂孔孟之道，你們去找
北京大學的人來做吧。黨委書記就奉命找我們，說：毛主席要你們
去編《林彪與孔孟之道》的材料。從我個人講，我當然很高興，是
毛主席的命令。再加上我有些個人考慮，文化大革命開始我就是『黑
幫』，挨了一兩年批判。1973年正好在反右傾回潮，從學校講，有
一個問題就是我們招了一批工農兵學員，當時我在學校管工農兵學
員的學習，我就覺得過去我們只讓工農兵學員學毛選是不行的，可
以學點邏輯，又和一些教員編了一個《認識論》提綱。反右傾回潮
就說我是右傾回潮：你怎麼要離開毛澤東思想來寫一些東西？大字
報就出來，正好那時候毛主席說你們去編那個東西，我就正好躲過
反右傾回潮這個關了，否則肯定又是挨批判了。我就很高興地參加
了『梁效』。」樂黛雲說：「那時候還有一些人想參加呢，想向裡
擠。」

　　湯一介說，在「梁效」，一開始編《林彪與孔孟之道》，1974
年中央一號檔就是《林彪與孔孟之道》。湯一介在資料上多出些力，
還有一些人主要是寫批判文章的。後來湯一介也參與寫文章。《林
彪與孔孟之道》作為檔發了之後，全國掀起批判林彪與孔孟的高潮。
周一良和湯一介都負責編，上面常常要他們去講解材料。「當時我
覺得聽毛主席的話還是好。我們這一批知識分子傻就在覺得毛總是
對的，我們一定是錯的。編完之後就要我們編《林彪與孔孟之道》
之二，但是這材料編好了之後沒有公開。而且讓我們到林彪住的地
方，林彪的藏書很多，有七萬多冊，讓我們去看他的藏書裡面有
什麼問題。我做了比較多資料。」

　　當時長沙馬王堆出土，江青就找到「梁效」：「這批東西要做

注解，要印大字本，因為毛主席要看。」後來湯一介又參與做了一段時間馬王堆材料的注解。「當時是兩部分人，一部分主要是寫批判文章的，一部分主要搞資料的，我主要搞資料，但是也寫了些文章。」

對於「梁效」，湯一介說：「我覺得我錯了，我是認帳的。我今天還是認帳的，並不是說我沒有錯。但是這裡頭的問題非常複雜，因為跟毛主席有直接的關係。當然我自己覺悟不高，沒有看清楚這裡頭的問題。而且又長期受黨的教育，覺得毛主席一定是正確的。所以毛主席一死，我頭一個想到的問題就是：今後我聽誰的？得了一個結論：今後只能聽自己的。不能聽別人的，聽別人的，你犯了錯誤還不知道怎麼辦呢？說也說不清楚。」

當湯一介在「梁效」的時候，樂黛雲在中文系不能教書，就在資料室替那些講詩、講古文的老師做注釋。「他們有些人古典文學的基礎不是太好，我的古典文學的基礎也不是太好，倒是有兩年的時間重新打下古文的基礎，要翻各種書，不能注解錯了。後來『四清』又下鄉去了一段。他在『梁效』的時候，我帶著工農兵學員到處走，到《河北日報》、《北京日報》去實習，到草棚大學，都是胡搞，也沒有圖書館，也沒有實驗室，還帶學生到井岡山去寫革命故事。從1971年起，我一共帶了三屆工農兵學員。」

在文化大革命當中，湯一介和樂黛雲的思想慢慢發生了變化。樂黛雲說：「開始的時候，我們很擁護文化大革命，他是黑幫，我是右派，可是我們覺得毛主席的話很對。毛主席說那些高層幹部：你們做那麼多壞事，老百姓燒你們一下有什麼關係啊？我們覺得毛主席是要下決心改革社會上的問題。官吏的最高工資不能超過技術工人的最高工資。當時我們覺得這樣很好啊！」湯一介說：「當時的思想可以說是非常混亂。文化大革命整個當然是錯誤的。現在有

一個說法是文化大革命『破四舊』，把傳統的東西都破掉了，這是一面。但是文化大革命應該講是把傳統中最壞的東西發揮了，就是絕對的個人崇拜。『萬壽無疆』這些東西都是對皇帝講的，皇帝講的是金口玉言，所以有『毛主席的一句頂一萬句』這個說法，有『早請示，晚彙報』的這種形式，打電話的時候要先說一句『毛主席萬歲』。這都是過去的專制社會中最壞的一方面，都在文化大革命中間表現出來。它是一面破四舊，一面把原來舊的最壞的保存下來。我們常常只是看到它破四舊的一面，沒有看到它把舊的壞的東西發揮了這一面。文化大革命一面把我們的傳統打斷了，一面又把傳統的壞的東西發揮了，某些東西一直延續到現在。」而對當下電視裡依然充斥著帝王戲，湯一介說：「怎麼能希望出一個好皇帝來拯救世界呢？這是完全錯誤的。要改政治制度才有希望。對毛澤東的崇拜就像封建社會對皇帝的崇拜，而且在封建社會還有一些敢說話的人，可是文化大革命誰敢說話？說不好就打死了，國家主席劉少奇也不行，這在過去封建社會也是非常少有的。」

　　文化大革命結束後，湯一介經過一年多的檢查，恢復了教學和研究。湯一介說：「文化大革命結束以後，我們『梁效』受過一段批判，把我們集中起來做檢查，搞了一年多。到1978年才把我們解放了。」對此，袁偉時先生告訴我：「湯一介後面有一個軍師，叫孫長江。孫長江這個人為人很好，點子多，熱心腸。湯一介要是沒有他，就麻煩了。文革時要湯一介去『梁效』，那是不去都不行的，上面點名讓你去，你敢不去啊？孫長江就給他出點子：你在那裡做什麼，悄悄地記錄下來，而且最好爭取管那些雜務。文革結束後，湯一介如實地講自己做了什麼，很快解決問題了。聽到四人幫抓起來了，孫長江連夜蹬自行車到北大告訴湯一介。很難得的熱心人。」

## 六、「返本開新」

　　1981年，樂黛雲到哈佛大學做訪問學者，致力於比較文學的研究。樂黛雲說：「我去做哈佛燕京的訪問學者，當時不讓我們倆一起出國，扣一個人做『人質』，怕兩個人一起出去就不回來了。」

　　1983年，湯一介第一次出國到哈佛大學做訪問學者，與海外學者交流中國哲學研究。回國後，湯一介寫了〈論中國傳統哲學中的真善美問題〉和〈再論中國傳統哲學中的真善美問題〉。「我把中西作了比較，把孔子和康德作比較，老子和黑格爾作比較，莊子和謝林作比較，說中西哲學有一個非常大的不同，就是西方哲學家都想建立一個知識的體系，而中國哲學家的思考是要追求一種人生境界，找到一個安身立命的境界。」湯一介說，「後來我考慮的問題就是受余英時啟發，余英時提出中國哲學和西方哲學有一個不同，西方哲學是外在超越，我們是內在超越。我覺得他這個想法不錯，西方的外在超越是容易建立政治法律制度的，中國哲學講心性之學，是靠個人的修養。我就想，西方的外在超越有一個好處，可以建立一個外在的標準。我就設想建立一套把外在超越和內在超越放在一起的哲學體系。我把問題提出來，但是我沒有完成它，我沒法做，因為有很多限制，因為對外國哲學了解得還很差。所以我就沒有再繼續做下去了。」

　　在新時期，夫婦都非常懷念老北大的學術精神。湯一介說：「當年不僅是西方的不同流派可以進來，中國的不同流派也可以進來。什麼學術都可以在這裡講，才是真正的相容並包、學術自由的空氣。政治上可以有指導思想，但是學術上不能有指導思想，如果有指導思想就沒有辦法發展學術了。」

　　1980年代末，湯一介思考中國哲學中「和諧」的觀念，到1990
年代則提出建立中國詮釋學的體系。1990年，湯一介六十三歲，想
做《儒藏》工程。在他看來，中國已經有《佛藏》、《道藏》，可
一直沒有《儒藏》，但是明清兩代有些學者就提出要做《儒藏》，
最終沒有實行。中國傳統「儒、釋、道」三家並稱，儒家作為主流
思想反而沒有集大成的著作，似乎和中國傳統文化的地位不相稱。
湯一介說：「一個學者到了晚年的時候，要出非常多新的思想是有
點困難。因此我考慮做一些帶有資料性又有用的東西，就選擇了《儒
藏》工作。同時，我有機會更多地接觸儒家的著作。」《儒藏》編
纂與研究工程2003年12月31日立項，湯一介任首席專家。

　　早在1970年代末，日本大學者島田虔次就對中國文化大革命的
「批儒批孔」提出批評：「你們要知道，孔子的儒家思想不僅僅是
中國的精神文明，也是東亞的精神文明。」這句話給湯一介留下了
深刻的印象。2006年，湯一介到日本訪問，特別地去找著名的儒學
家戶川芳郎交流，他非常同意島田虔次的這句話。因此，湯一介帶
領中國、日本、韓國、越南近四百名學者參加《儒藏》工程，用繁
體豎排的排印並有簡明校勘記的形式出版。

　　湯一介寫過多篇文章討論普世價值的問題。「因為有一些人反
對普世價值的這個提法。我認為，現在講自由、民主、人權具有普
世價值的意義，我覺得是對的。但是，我想，各個民族文化中應該
都有普世價值意義的因素，那麼，儒家思想中間到底有沒有普世價
值的因素呢？我從這個問題開始考慮，寫了一些文章，講中國儒家
思想裡面的普世價值。1993年，在美國芝加哥開的世界宗教大會發
表了一個全球倫理宣言，就認為『己所不欲，勿施於人』是道德金
律，等於承認『己所不欲，勿施於人』具有普世價值，這當然是儒
家思想。我後來也發現，在佛教、基督教的經典裡，都有類似於『己

所不欲，勿施於人』的說法。」

　　湯一介認為《儒藏》中的儒家著作所包含的思想中確有某些普世價值的思想資源，如「天人合一」的思想。「當今環境污染十分嚴重，所以我們就特別重視『天人合一』的思想，也就是說要調整好『人』和『自然』的關係。其實不僅我們重視『天人合一』的思想，現在西方也提出來類似於我們的這種思想，比方說過程哲學和近日出現的建構性的後現代主義等。後現代主義有一個發展的過程，原來的後現代主義是『解構的後現代主義』，就是把現代性進行解構，現代社會到底有哪些問題？要把它揭露出來。這是有重要意義的，可是發展到現在，有的主張後現代主義的學者提出來，光是揭露現代社會的問題是不夠的，恐怕還應該建構一個能有助於人類社會和諧發展的後現代社會的學說。他們的後現代社會理論根據的是在1920-30年代西方已經流行的『過程哲學』——process philosophy，過程哲學的主要人物就是懷德海，他提出的主要思想『人和自然是一個生命共同體』，這個思想跟『天人合一』是非常接近的。建構性的後現代主義就是來源於懷德海的思想，後現代不僅只是『解構性的後現代』，而且是一個建構性的後現代，根據懷德海的哲學，他們就提出一套宇宙觀，叫做『整體有機的宇宙觀』，這和《易經》的思想有相同的地方。而且，他們還提出一個口號：第一次啟蒙運動是『解放個人』，那麼，現在我們應該接著第一次啟蒙運動進行第二次啟蒙運動，就是『關心他者』，這就是人和他人之間的問題了，而不是個人的問題，是一個社會問題了。而這樣一個問題恰恰也跟儒家思想有若干的關係，先秦儒家，特別講一個觀念就是『禮』，禮是講人和人之間的關係。孔子有一句說『克己復禮』，費孝通的解釋很有意義，他認為『克己』是講你自己的修養，『禮』是講你和他人的關係，你個人修養不管怎麼好，都要進入社

會，就有一個和他人的關係。那麼，他人關係的問題，就是『禮』
的問題了，所以在先秦的時候，講『禮』都是講人與人之間的一種
相對應的關係。比方講父親跟兒子，應該怎麼相處，就應該『父慈
子孝』，不應該只有一方面的權利和義務，而沒有另外一方面的權
利和義務，就是雙方都有權利和義務，『父』必須是『慈』，那『子』
才有『孝』，或者必須是『子孝』，那『父』才是『慈』，它們是
對應的關係。比方講『君義臣忠』，『君』講『義』，講道義，臣
子『忠』才有意義。比方講『兄友弟恭』，這都是講對應的關係。
在《禮記》中講對人與人之間的關係，都是一種對應的關係。現在
西方也有人注意到『禮』的意義，夏威夷大學的安樂哲就注意到，
他有一本書叫《通過孔子而思》，認為不僅僅要了解中國的著作，
還要從裡面看到對今天社會有幫助的東西，他認為『禮』就有幫助，
因為儒家是從社會的觀念來定義『人』的，不是從個人的觀念來定
義『人』，是從關係來定義，就是從『父慈子孝』等等的關係來講
人，不是就個人講『人』。」

　　晚年主持《儒藏》工程，湯一介的出發點是，任何一個民族要
復興，必須找到自己文化的根。因此，編纂《儒藏》為從源頭上研
究儒學及其歷代的發展提供基礎。「西方有一位大學者雅斯貝爾斯，
提出『軸心時代』的思想。他認為在西元前五百年前後，在世界不
同的地方，大約同時出現了非常偉大的思想家，比方在古希臘出現
了蘇格拉底、柏拉圖，在印度就出現了釋迦摩尼，在中國出現老子、
孔子這樣的思想家，但是他們之間沒有互相影響，以後兩千多年來，
人類文明的發展都是靠他們來推動的，當然他們之間就慢慢互相有
影響了，形成了人類文明的寶庫。因此，每一次文化的復興，往往
都要回歸去考查自己文化的源頭，比方說，文藝復興就回到古希臘，
考查它的文化源頭，而中國的宋明理學就回到先秦，返回到『六經』，

就是孔孟的思想。那麼，今天中華民族要復興的話，就要考查自己的文化源頭，所以我認為當前中國文化，應該『返本開新』，就是要返回到自己文化的源頭，找到文化發展的根子，『開新』必須『返本』，但是『返本』是為了『開新』，『返本』更重要的是為了『開新』，不能不『返本』就『開新』，不找自己文化的根子想開出一個新的東西來，那是根本不可能的。現在，我們正處在這樣的一個歷史階段，要很好地了解自己的文化源頭是怎麼發展過來的，把這個作為創建新文化的起點。如果割斷了這個根子，自己就沒有生命力。」

　　湯一介，1927年生於天津，1951年畢業於北京大學哲學系。北京大學哲學系教授，中國哲學與文化研究所名譽所長，中國文化書院創院院長。著有《郭象與魏晉玄學》、《魏晉南北朝時期的道教》、《中國傳統文化中的儒道釋》、《儒道釋與內在超越問題》等。

　　李懷宇，傳媒人，作品有《訪問歷史》、《世界知識公民》、《知人論世》、《訪問時代》、《思想人》等。

# 致讀者

　　最近香港爆發的公民街頭運動，一如今年三月在台灣發生的太陽花學運，所涉及的問題需要從跨越了運動本身的宏觀視野來掌握。運動之所以出現，當然有明確具體的當下原因。不過在這兩個運動的背後，似乎均有幾個共同的歷史趨勢在發生作用，為運動提供了豐沛的動力與特定的方向。這包括了一、中國崛起對於周邊社會所造成的衝擊日形強大，迫使港台社會必須從維護自主性的角度思考與中國大陸的互動方式；二、這些社會內部的政治支配結構（代議體制與主流政黨）凍結在上一個階段的記憶中，無法反映社會的多元動態與新生的訴求，從而很難凝聚共同體的意志與決策；三、年輕世代業已形成新的價值觀，嚮往一種個人化而摻雜了美學情調與道德想像的自我感覺方式，對於嬰兒潮世代價值體系的運作方式感到壓抑與疏離。這三方面的問題都很複雜棘手，但既不可能迴避，也是這些社會中的宏觀思考者需要面對的問題。

　　今年年初開始規劃本期的「香港：本土與左右」專輯時，我們當然不可能預料後來事態會如何發展。不過不言而喻，香港正面臨一個其來有自的歷史時刻，需要歷史與結構性的分析與展望。「本土與左右」這個主題，呈現了幾位作者探討香港問題的共同焦點。本期的香港專輯並不是時事評析，而是從香港百餘年積累下來的身份認同問題著眼，回顧香港的歷史、社會、文化，以及族群、階級等多個面向之間的糾結。如今，學運之後的局面仍然混沌，香港的政治面貌還在蛻變之中，但香港的自我意識畢竟發生了重大的質

變。值此之時，這個專輯對於理解當前香港的困局有其可觀的啟發。

在此或可預告，針對台灣的太陽花學運，本刊在未來一期也將推出專輯，邀請多位作者提出檢討與反思，相信讀者們會有興趣。

本期《思想》除了聚焦香港，還有文章分別梳理中越邊界的戰爭記憶、探討馬華文學中的身分認同問題、也介紹了馬來西亞華人政治思考的一些糾結之處。此外，秦暉先生對比分析「綠色」(環保)議題在中國與西方所處的政治脈絡之不同，問題意識獨特，見解犀利，對關心環境議題的讀者會很有啟發。

《炎黃春秋》是一份馳名海內外的重要刊物，其總編輯吳思先生則以《潛規則》一書，為中文創造了一個傳神而耐咀嚼的概念兼流行新詞。在陳宜中先生對吳思的訪談中，讀者可以認識到「潛規則」這個概念的來由、含意，以及它所涵蓋、說明的廣泛現象。吳思對中國政治轉型的看法也很獨特，並不贅詞於民主的應然，而是強調民主轉型的成本與利益，寄希望於既得利益者「算通利害關係」。這種想法不免會引起爭議，不過吳思先生對中國各層級的政治均積累了深厚的認識，思路踏實而又敢言直言，讀者可以取為參考。

編　者
2014年秋

# 《思想》徵稿啟事

1. 《思想》旨在透過論述與對話，呈現、梳理與檢討這個時代的思想狀況，針對廣義的文化創造、學術生產、社會動向以及其他各類精神活動，建立自我認識，開拓前瞻的視野。

2. 《思想》的園地開放，面對各地以中文閱讀與寫作的知識分子，並盼望在各個華人社群之間建立交往，因此議題和稿源並無地區的限制。

3. 《思想》歡迎各類主題與文體，專論、評論、報導、書評、回應或者隨筆均可，但請言之有物，並於行文時盡量便利讀者的閱讀與理解。

4. 《思想》的文章以明曉精簡為佳，以不超過1萬字為宜，以1萬5千字為極限。文章中請盡量減少外文、引註或其他妝點，但說明或討論性質的註釋不在此限。

5. 惠賜文章，由《思想》編委會決定是否刊登。一旦發表，敬致薄酬。

6. 來稿請寄：reflexion.linking@gmail.com，或郵遞110台北市基隆路一段180號4樓聯經出版公司《思想》編輯部收。

思想26

# 香港：本土與左右

2014年10月初版　　　　　　　　　　　　　　　定價：新臺幣360元
2016年7月初版第二刷
有著作權・翻印必究
Printed in Taiwan.

| | | | | | |
|---|---|---|---|---|---|
| 編　　　著 | 思 想 編 委 會 | | | | |
| 總　編　輯 | 胡 | 金 | 倫 | | |
| 總　經　理 | 羅 | 國 | 俊 | | |
| 發　行　人 | 林 | 載 | 爵 | | |

| | | | |
|---|---|---|---|
| 出　版　者 | 聯經出版事業股份有限公司 | 叢書主編 | 沙　　淑　　芬 |
| 地　　　址 | 台北市基隆路一段180號4樓 | 校　　對 | 劉　　佳　　奇 |
| 編輯部地址 | 台北市基隆路一段180號4樓 | 封面設計 | 蔡　　婕　　岑 |
| 叢書主編電話 | （02）87876242轉212 | | |
| 台北聯經書房 | 台北市新生南路三段94號 | | |
| 電　　　話 | （02）23620308 | | |
| 台中分公司 | 台中市北區崇德路一段198號 | | |
| 暨門市電話 | （04）22312023 | | |
| 郵政劃撥帳戶 | 第0100559-3號 | | |
| 郵撥電話 | （02）23620308 | | |
| 印　刷　者 | 世和印製企業有限公司 | | |
| 總　經　銷 | 聯合發行股份有限公司 | | |
| 發　行　所 | 新北市新店區寶橋路235巷6弄6號2F | | |
| 電　　　話 | （02）29178022 | | |

行政院新聞局出版事業登記證局版臺業字第0130號

國家圖書館出版品預行編目資料

**香港：本土與左右** / 思想編委會編著 .
初版 . 臺北市：聯經，2014年10月 .
336面；14.8×21公分 .（思想；26）
ISBN　978-957-08-4481-8（平裝）
[2016年7月初版第二刷]

1.中國政治制度　2.政治思想史　3.文學
4.香港特別行政區

573.938　　　　　　　　　　103021025